Für Martin Clapen, ...

... HR-Prof. ...

... Frank ...

D1722442

Rolf Th. Stiefel

•

Führungskräfte-Entwicklung als Beruf und Leidenschaft

„In the business of consulting, the person is the product.“

Block, Peter: Foreword, in: *Harrison, Roger:* Consultant's journey. A dance of work and spirit, San Francisco 1995, S. XI.

Führungskräfte-Entwicklung als Beruf und Leidenschaft

Spuren ziehen statt ausgetretene Wege gehen

von
Dr. Rolf Th. Stiefel

Bibliografische Information der Deutschen Nationalbibliothek
Die Deutsche Nationalbibliothek verzeichnet diese Publikation in der
Deutschen Nationalbibliografie; detaillierte bibliografische Daten sind im Internet über
http://dnb.d-nb.de abrufbar.

ISBN 978-3-7143-0196-0

© LINDE VERLAG WIEN Ges.m.b.H., Wien 2011
1210 Wien, Scheydgasse 24, Tel.: 0043/1/24 630
www.lindeverlag.at

Satz: deleatur.com, 1050 Wien, Hartmanngasse 15
Druck: Hans Jentzsch & Co. GmbH, 1210 Wien, Scheydgasse 31

Inhaltsverzeichnis

1. Einführung

Ich bin in diesem Jahr, 2011, über 40 Jahre als Trainer, Entwickler und Berater für Führungskräfte tätig. In meiner Arbeit mit Unternehmen und anderen Organisationen als Auftraggeber und in der direkten Trainings- und Entwicklungsarbeit von Führungskräften habe ich interessante Erfahrungen und Entdeckungen gemacht, aber auch eine Vielzahl von Beiträgen geleistet, die ich in dem „MAO-Lehrgebäude" meinen Klienten zur Verfügung gestellt habe – durch die Qualifizierung von unternehmensinternen und -externen Trainern, mit der Einrichtung von ganzen Systemen der Führungskräfte-Entwicklung (FKE) in Unternehmen und nicht zuletzt durch meinen MAO-Informationsbrief, mit dem ich meine Leser seit 1979 über das Lernen von und in Organisationen vierteljährlich irritiere, verunsichere und auch weiterbilde.

Mit MAO skizziere ich meine Sicht des Arbeitsgebiets der Entwicklung von Führungskräften. Mit der Begrifflichkeit der **„Management-Andragogik",** die ich 1967 geprägt habe (*Stiefel* 1967, S. 439 ff.), wollte ich den Anspruch unterstreichen, dass FKE im Wesentlichen eine Frage des **„Lernens von Erwachsenen mit Führungsverantwortung"** ist. Später dehnte ich mein Konzept der Management-Andragogik unter dem Einfluss der nordamerikanischen *Organization Development* zum **MAO-Akronym** aus.

Ich möchte die MAO-FKE als mein langjähriges Arbeitsfeld und als meine Karriere in unterschiedlichen arbeitsbiografischen Stationen als eine persönliche „Entdeckungsreise" ausfalten und dabei Einblicke und Einsichten vermitteln, die ich als **reflektierender Praktiker** gewonnen habe – und die ich als eine Art „Lektionen" weitergeben möchte. Angeregt zu dieser Form einer persönlichen Entwicklungsgeschichte der FKE wurde ich durch *Roger Harrison*, der mit seinen beiden Bänden einen persönlichen Bericht der Entwicklung der „Organisationsentwicklung" und seiner arbeitsbiografischen Etappen veröffentlicht hat (*Harrison* 1995).

Mit meiner persönlichen „Geschichte der MAO-FKE" möchte ich die Entfaltung eines Arbeitsgebietes, das der FKE, skizzieren und damit ein Credo unterstreichen, dass ein professionelles Verständnis der Gegenwart stets auch Kenntnisse der Vergangenheit erfordert. *„If one wishes to understand how things are now, and why, one needs to know a good deal of how they were."* (*Guba/Lincoln* 1989, S. 77) Und auch der amerikanische Management-Historiker *Bedeian* (2004, S. 96 f.) bestätigt diese These, wenn er sagt: *„The gift of professional maturity comes only to those who know the history of their discipline."*

Zu meiner „Geschichte der MAO-FKE" gehören aber auch Geschichten, mit denen ich als „Vertreter einer subjektorientierten Bildungsarbeit" – so der Wirtschaftspädagoge *Wolfgang Wittwer* in einer persönlichen Mitteilung – meinen Prozess der Erkenntnisgewinnung umschreiben möchte.

Ich werde die Einsichten darlegen, die ich als reflektierender Praxis-FKE-ler und nicht als „Veranda-FKE-ler" (in Anlehnung an *van Maanen* 1988, S. 16 ein FKE-ler, der die Wirklichkeit des Entwicklungs- und Veränderungsgeschäfts von einer sich in das Geschehen nicht involvierenden Position aus verfolgt) gesammelt und zusammengetragen habe. Damit habe ich – so es „wissenschaftsmethodisch" interessiert – auch bereits meine wichtigsten Gewährsleute angesprochen: *Donald Schön* (1983), *David E. Hunt* (1987), *John van Maanen* (1988) und *Peter B. Vaill* (1996).

Zu meiner persönlichen „Geschichte der MAO-FKE" gehört eine Vielzahl von Wegbegleitern, die für mich eine Bedeutung gehabt haben. Aber ebenso gehören auch einige „Wegversperrer" dazu, denn oft sind gerade sie es, die einem rückblickend geholfen haben, den eigenen Weg überhaupt erst zu finden, wie mir anlässlich einer Hommage von *Fritz Senn*, dem großen *Joyce*-Interpreten, bewusst geworden ist (*Döring* 2007, S. 34).

Das, was sich heute nach über 40 Jahren reflektierender Tätigkeit als Trainer und Berater in der FKE in etwas unscharfen Umrissen als „MAO-Lehrgebäude" darstellt, ist eine **handlungsanleitende Erfolgslehre** für angestellte Profis in der FKE und Personalentwicklung, aber auch für selbständig tätige Solo-Berater und -Trainer in diesem Arbeitsgebiet. Solos deshalb, weil der Umstieg in die trainierende und beratende Freiberuflichkeit eine relativ häufig praktizierte Karriereoption für angestellte Mitarbeiter in FKE- und PE-Abteilungen, aber auch in Instituten und Akademien der Weiterbildung von Führungskräften ist. Die **MAO-FKE** betont heute im Kern den betrieblichen **Existenzgrund der Strategieumsetzung und Mentalitätsveränderung**, mit denen imitationsgeschützte Wettbewerbsvorteile im Management-Verhalten verfolgt werden (*Stiefel* 2010). Daneben möchte ich mit meiner **Akteursperspektive** insbesondere die Handelnden selbst im zeitlichen Längsschnitt in ihrem Berufsbild stärken, was sich in der Wichtigkeit von Karrierethemen in der MAO-FKE niederschlägt.

MAO steht in ganz engem Zusammenhang zu mir als Person und meinen Erfahrungen. Das „berufliche Lebensmaterial", das ich im Folgenden ausbreiten möchte, zeigt an, dass meine arbeitsbiografische Stationen mehr waren als lediglich einzelne berufliche Etappen. Die FKE war von Anbeginn meines Berufslebens ein Anliegen, das ich mit Leidenschaft verfolgte, und Leidenschaft im Beruf ist wie ein Feuer, das jemanden antreibt.

Wenn man heute als Professional erfolgreich sein will – sei es als angestellter Profi oder freiberuflicher Solo in der FKE –, dann muss man seine Arbeit mit einem bestimmten **„beruflichen Anliegen"** verfolgen, zu dem Werte und Überzeugungen gehören. Diese Position möchte ich mit der Ausfaltung meiner persönlichen Geschichte der FKE in Form meines MAO-Gedankenguts vermitteln und dadurch vielleicht auch mit meinem „Feuer" den einen oder anderen jüngeren FKE-ler „anzünden".

2. Berufliche Entwicklung – ein Berufsleben in sieben Phasen

Ich kann in meinem Berufsleben sieben Phasen oder Etappen ausmachen, in denen jeweils ein Prozess der Reifung abgelaufen ist oder ein Abschnitt zu Ende ging.

2.1. Zugänge zur Management-Weiterbildung und erste berufliche Erfahrungen (bis 1969)

Mein Interesse für die Management-Weiterbildung resultiert aus der Zeit des Studiums der Wirtschaftspädagogik, als ich – etwas frustriert über das Klima der Veranstaltungen des wirtschaftspädagogischen Lehrstuhls, der in Nürnberg im Wesentlichen wirtschaftsschul- und „lehrlingspädagogisch" ausgerichtet war – nach Alternativen suchte. Zwei Vorträge – einer des damaligen Daimler-P-Vorstands und späteren Arbeitgeberpräsidenten *Schleyer* (1965) und einer des belgischen Professors *Vlerick*, des Namensgebers der heutigen Management-Schule an der Universität Gent – hatten mein Interesse geweckt, insbesondere *Vlericks* Auffassung, dass die Ausbildung von Führungskräften als pädagogisches Thema noch wenig Bedeutung hat. Etwa zeitgleich hatte ich, als ich um ein Studenten-Abo nachsuchte, von einer neuen Unternehmerzeitschrift des Uhu-Eigentümers (Uhu-Klebstoffe) das Angebot erhalten, einmal darüber zu schreiben, wie Studenten gegenwärtig studieren. Der anschließende Aufsatz über „Mängel beim betriebswirtschaftlichen Studium" (1965, S. 40 ff.) markiert den Beginn einer bis heute währenden kritischen Position, die den bereits zitierten Wirtschaftspädagogik-Professor *Wittwer* veranlasste, in Anlehnung an *Tankred Dorst* daraus ein Motto für meine gesamte Entwicklungsarbeit abzuleiten: „Wer lebt, stört."

Vor der Aufnahme meines Studiums hatte ich die Erfahrung als Stammhauslehrling im Hause Siemens gemacht und unbewusst die starken sozialisatorischen Kräfte auf mich einwirken lassen, die in dieser Ausbildung für den zukünftigen Führungsnachwuchs verfolgt wurden. Eine Stammhauslehre mit anschließender Weiterqualifizierung sollte bei Siemens den kaufmännischen Führungsnachwuchs sichern, ohne dass die Absolventen ein betriebswirtschaftliches Studium noch anhängen. Die Ausbildung war sehr intensiv und gehörte in der damaligen Zeit, Anfang der 60er Jahre, zu den attraktivsten kaufmännischen Lehrberufen. Die Stammhauslehre vermittelte mir nicht nur im Vergleich zu anderen Studenten eine gehörige Portion Vorsprungwissen, das mich das Studium nach relativ kurzer Zeit abschließen ließ, obwohl ich während der Semesterferien und punktuell auch in den Semestern selbst arbeiten musste. Bei der kaufmännischen Lehre hatte ich auch eine gewisse Arbeitsmethodik für das Studium erworben. Erst Jahre später habe ich mit der Lektüre eines *Schein*-Klassikers verstanden, was organisationale Sozialisation während der Stammhauslehre bedeutet hat: *„One of the important functions of organizational socialization is to build commitment and loyalty to the organization. How is this accomplished? One mechanism is* *to invest much effort and time in the new member and thereby build up expectations of being repaid by loyalty, hard work, and rapid learning."* (*Schein* 1971, S. 7) Und noch Jahrzehnte später, zu der Zeit, als die Korruption von Siemens die Schlagzeilen in der Presse von 2007 bis 2009 füllte, habe ich aufgrund meiner eigenen Sozialisationserfahrungen nachvollziehen können, wie stark kaufmännische Führungskräfte durch die ausgeübten Sozialisationskräfte zu dem wurden, was man später dem ehemaligen CEO von *Pierer* vorgeworfen hat, dass sie sich wie „Unternehmenskrieger" verhalten sollten – sich bedingungslos für das Unternehmen einsetzen.

Eine zweite Erfahrung, während des dritten Semesters, hat mich erst zum Studium der Wirtschaftspädagogik als Vorbereitung auf den Lehrerberuf gebracht. Ich wurde wegen einer scheinbaren akuten Tuberkulose-Erkrankung in ein Lungensanatorium eingeliefert und hatte dort Zeit, über meine Zukunft nachzudenken. Mein Studium der Betriebswirtschaftslehre mit Schwerpunkt Marketing war plötzlich in weite Ferne gerückt. Dort hatte ich mich gedanklich mit der Wirtschaftspädagogik dann so angefreundet, dass ich mich auch fortan nach der attestierten Fehldiagnose im Sanatorium der neuen Studienausrichtung zuwandte.

Die berufliche Zukunft von Studierenden wird sehr stark von der Wahl ihrer Diplomarbeit bestimmt. Dabei meine ich nicht die zugeteilte Bearbeitung eines Themas mit der Befristung von drei Monaten, sondern die freie Wahl eines Themas, für dessen Bearbeitung keine Zeitvorgaben vergeben werden. Ich wählte an meinem Lehrstuhl für Wirtschaftspädagogik ein allgemeines Thema aus der Management-Weiterbildung und war einer der wenigen Studenten im Seminar, die sich mit der Betriebspädagogik beschäftigten.

Die Prägung des Begriffs „Management-Andragogik" fällt in das Jahr 1967 und damit in die Zeit nach der Bearbeitung meiner Diplomarbeit. Sie ist u.a. als Reaktion auf ein persönliches Treffen mit *Fassbender,* dem damaligen Geschäftsführer des Wuppertaler Kreises, des Dachverbandes gemeinnütziger deutscher Management-Institute, zu verstehen. Ich hatte mich während der Erstellung meiner Diplomarbeit mehr als eine Woche in der Bibliothek des Deutschen Instituts zur Förderung des industriellen Führungsnachwuchses in Köln aufgehalten und hatte während dieser Zeit auch einmal Gelegenheit, für eine halbe Stunde *Fassbender* zu sprechen. Dieser war in den 60er Jahren mit einer Reihe von Arbeiten zur Weiterbildung von Führungskräften hervorgetreten und wirkte zu jener Zeit gerade an der Denkschrift des Deutschen Instituts zur Förderung des industriellen Führungsnachwuchses mit, die dann zur Gründung des Universitätsseminars der Wirtschaft, des USW, führte (*Arndt/Fassbender/Hellwig* 1968). Als er mich nach meinem Studiengang befragte und dann – mehr kopfschüttelnd – seine Frage zum Ausdruck brachte, was es denn für einen Wirtschaftspädagogen in diesem Bereich zu suchen gebe, empfand ich darin eine starke Abwertung dieser Fachdisziplin. Immerhin war mir zu jener Zeit bereits klar geworden, dass Management-Weiterbildung im Kern ein pädagogisches oder besser andragogisches Gebiet war, obwohl die Mehrzahl der zeitgenössischen deutschsprachigen Arbeiten von Volks- und Betriebswirten, wie *Fassbender* ja auch einer war, verfasst wurde.

Diese Arbeiten hatten in der Regel alle etwas gemeinsam: Sie äußerten deklamatorische Aussagen und rezitierten angloamerikanische Erfahrungen, sie befassten sich aber so gut wie nie mit der didaktischen und methodischen Gestaltung von Unterricht für Management-Lernen. In meiner Sicht war die Weiterbildung von Führungskräften primär eine Domäne des „Lernens von Erwachsenen in Organisationen". Dieses Gebiet wollte ich allerdings von der „Ideologie" der allgemeinen Erwachsenenbildung befreien, da mir diese einerseits zu volkshochschulorientiert war und andererseits mit den unreflektierten emanzipatorischen Postulaten zu wenig die Bedingungslage von Führungskultur und Führungsleitsätzen berücksichtigt wurde, die die determinierenden Größen für den Lern- und Entwicklungsrahmen der teilnehmenden Führungskräfte darstellte. Der von *Pöggeler* (1964) als einem Vertreter der katholischen Erwachsenenbildung in Anlehnung an *Hansmann* vorgeschlagene Begriff der Andragogik war sehr einseitig belegt. In der Wortverbindung **Management-Andragogik** sollte die **Besonderheit des Lernens von professionell arbeitenden und sich entwickelnden Erwachsenen mit Führungsverantwortung in Organisationen** zum Ausdruck kommen.

Der Zürcher GSBA-Gründer *Stähli* (Graduate School of Business Administration) hat sich des Begriffs der Management-Andragogik später in unseriöser Weise bedient, um seine dubiosen Master-Produkte mit einer anspruchsvolleren Etikette zu versehen. (*Stähli* 2001) Die GSBA ist 2009 von *Peter Lorange,* dem früheren Leiter des bekannten IMD in Lausanne, einer respektierten Management-Weiterbildungseinrichtung, übernommen worden, der sich mit dieser „Spielwiese" eine Altersbeschäftigung sichern wollte.

Mein Berufsziel, in irgendeiner Form in der Management-Weiterbildung tätig zu sein, habe ich zunächst mit einer Dissertation über eine Art „Unterrichtslehre für europäische Management-Schulen" der damaligen EAMTC (European Association for Management Training Centres)-Mitglieder bei dem Wiener Wirtschaftspädagogen *Krasensky* verfolgt (*Stiefel* 1969). Dieser war zugleich Leiter des Instituts für Betriebswirtschaftslehre und Bank-BWL und neben *Schwarzfischer* an der Université de Fribourg in der Schweiz zur damaligen Zeit der einzige Inhaber eines Doppellehrstuhls für Wirtschaftspädagogik und Betriebswirtschaftslehre, was für mein Thema eine ideale Voraussetzung war. In dieser Arbeit wurde das Konzept der Management-Andragogik ausführlich beschrieben und auch von *Krasensky* selbst in Vorträgen benutzt. Allerdings hat mir die professorale „Gutsherrenart" als Spielregel im Umgang mit Doktoranden und deren Arbeiten auch frühzeitig gezeigt, dass das klassische Lehrstuhl-Milieu im deutschsprachigen Raum nicht meine Zukunft wird.

Während meiner Arbeit an der Dissertation habe ich auch die Zentrale der EAMTC in Brüssel besucht und *Revans* kennengelernt, mit dessen kritischer Position zur traditionellen Management-Weiterbildung ich jedoch zu jener Zeit wenig anfangen konnte. *Revans* arbeitete an einem neuen action-learning-basierten Programm zur Förderung oberer Führungskräfte, das in seinem Buch von 1971 beschrieben wurde.

Sein Konzept von Action Learning wurde in jener Zeit nicht verstanden oder wollte nicht verstanden werden. Ende der 60er Jahre und in den 70er Jahren war man überall stolz darauf, neue Business Schools oder akademisch ausgerichtete Management-Institute zu gründen. *Revans* selbst hat nach der Gründung der London Business School und der Manchester Business School auf Empfehlung des Lord-*Franks*-Reports aus Überzeugung Großbritannien verlassen und sein handlungsorientiertes Konzept des Führungslernens in Belgien realisiert.

Revans' Arbeit wurde im akademischen Europa der Management-Weiterbildung nicht beachtet und fand erst auf Umwegen über die amerikanische „*Workout*"-Methode (*Ulrich* et al. 2002) und die Betonung der Erfahrung im Lernen von Führungskräften (*Kayes* 2002, S. 137 ff.) wieder eine stärkere Beachtung. Allerdings hat man die Übertragung auf die Praxis bislang auf *Revans'* Konzept des Action Learning begrenzt. Ich habe in der gesamten Zeit bis heute keine einzige Veröffentlichung kennengelernt, die sich mit den drei Systemen des Lernens von *Revans*, die er ebenfalls in der Veröffentlichung von 1971 ausfaltet, systematisch auseinandergesetzt hat.

Noch während meiner Arbeit an der Dissertation hatte ich Mitte 1968 eine Tätigkeit an einem amerikanischen College im Großraum Stuttgart – nominal als Business Manager – angenommen, die eine besondere Bedeutung für mein späteres Weltbild hinsichtlich akademischer Grade gewinnen sollte. Der charismatische Professor des neugegründeten Schiller College, ein Religionsphilosoph, hatte begonnen, diverse Schlösser mit Unterstützung des Denkmalschutzes zu restaurieren, die früheren adeligen Besitzer wurden zu Campus-Direktoren ernannt, und mit dem fast ausschließlichen Betrieb auf der Basis von amerikanischen *Sabbatical*-Professoren, denen nur wenig bezahlt werden musste, weil sie noch von ihren Heimat-Universitäten unterstützt wurden, konnte eine lukrative „Hochschuleinrichtung" aufgebaut werden. Mir wurde die spätere Möglichkeit der Abhaltung von Management-Veranstaltungen in den ehrwürdigen Räumlichkeiten in Aussicht gestellt, was für mich der Köder war. Das knappe Jahr war ausgesprochen lehrreich und vermittelte mir mannigfache Einsichten in das Produkt „akademische Grade" und einen Blick hinter die Kulissen von „*degree grinding factories*". Die Erfahrung sollte sich erst Jahre später so richtig lohnen, als ich mich anlässlich von dubiosen MBA-Graden in der Szene vor dem Hintergrund meiner Schiller-College-Erfahrungen über die Voraussetzungen zur Gründung von privaten Hochschulen kundig machte.

Ich hatte nach meiner ersten Führungsposition, bei der ich ins kalte Wasser geworfen wurde, eine ganze Reihe von Lernerfahrungen gemacht – insbesondere auch die, dass die Verfolgung meiner fachlichen Interessen mir wesentlich wichtiger als Führen war und dass man sich nicht von attraktiven finanziellen Bedingungen in der Wahl seiner Tätigkeit beeinflussen lassen sollte. Zudem spürte ich, dass man mit seinen eigenen Wertvorstellungen in eine Organisation passen muss – und wenn sich hier Friktionen ergeben, gerät man in Loyalitätskonflikte.

Meine Tage am Schiller College waren gezählt. Nach knapp einem Jahr hatte ich unmittelbar nach dem Erwerb des Doktorats gekündigt und stand nun das erste Mal vor einer Karriereentscheidung, nämlich mein Interesse für die Management-Weiterbildung firmenintern oder an einem Management-Institut einzusetzen.

Ende der 60er Jahre stellte sich die Situation der Management-Weiterbildung so dar, dass sich firmenseitig die Weiterbildung von Führungskräften auf die Meisterweiterbildung und auf die Weiterbildung auf der Gruppenleiterebene erschöpfte und die interessanteren Projekte an Management-Instituten stattfanden. Man richtete sich in Unternehmen zu jener Zeit an Instituten aus – die „Musik der Management-Weiterbildung" spielte ganz eindeutig auf der externen Bühne.

Die Management-Weiterbildung befand sich Mitte bis Ende der 60er Jahre am Übergang von der lehr- zur lernorientierten Entwicklungsstufe. Es war schick, sich neuer aktivitätspädagogischer Lehrmethoden zu bedienen, von denen Rollenspiele und Planspiele besonders attraktiv waren. Dazu kam allmählich die Gruppendynamik auf, die ohnehin nicht auf der Weiterbildungsagenda in Unternehmen stand.

Meine ersten Gespräche in Weiterbildungsabteilungen machten schnell deutlich, dass man Gefahr lief, in Unternehmen als angelernter Trainer im betrieblichen Seminargeschäft „verheizt" zu werden. Alles sprach somit dafür, dass meine Fachkenntnisse aus der Dissertation durch eine praktische Tätigkeit bei einem der Institute ergänzt werden sollten und dort das wesentlich größere Lernpotential lag.

Ich hatte mich bei verschiedenen Management-Instituten beworben und dann auch mehrere Angebote erhalten. Ich entschied mich für das CEI (Centre d'Etudes Industrielles) in Genf, ein Vorläuferinstitut des heutigen IMD in Lausanne. Ich suchte so etwas wie eine Art Praktikum als Management-Andragoge und für diesen Zweck war die Position als Forschungsassistent bei einem Projekt über die „Effizienz von Lehrmethoden in der Management-Weiterbildung" geeigneter als beispielsweise die enge Tätigkeit als Verfasser von Fällen, die mir am IMEDE in Lausanne ebenfalls auf meine Briefaktion angeboten wurde.

Ich hatte instinktiv und ohne Unterstützung die – aus der Blickstellung Jahre später – richtige Entscheidung für meine berufliche Zukunft getroffen, obwohl die Tätigkeit viele negative Aspekte und Erfahrungen enthalten sollte. Würde ich aus meiner **ersten wichtigen Karriereentscheidung** Erkenntnisse für mich ziehen, dann wären es die folgenden **Einsichten**:

- Wenn man in einer frühen Karriereposition nichts mehr lernt, sollte man sich nicht von finanziellen Verlockungen länger als notwendig festhalten lassen.
- Man sollte ein Karriere-Anliegen haben, das einem die Richtung weist, ohne dass man sich auf zu enge Zielpositionen festlegt. Nur dann kann man von den Karrierezufällen profitieren, die ich Jahre später als *„planned happenstance theory"* entdeckt habe – *„planned happenstance theory is a conceptual framework extending career counseling to include the creating and transforming of unplanned events into opportunities for learning."* (*Mitchell* et al. 1999, S. 117)
- Eine wichtige Überlegung für oder gegen eine Position ist ihr Potential für die Begründung neuer Karriereoptionen – oder: Man sollte nicht nur an die nächste, sondern immer auch an die übernächsten Karrierestationen denken.

- Je nachdem, wofür man sich in seiner ersten wichtigen Karriereherausforderung entscheidet, wird der Verlauf eines gesamten Berufslebens beeinflusst.
- Es gibt wichtige Richtungsentscheidungen – gleichsam Weichenstellungen – in der beruflichen Entwicklung, bei denen ein erfahrener Karriere-Coach allfällige blinde Flecken aufzeigen und die persönlichen Prämissen hilfreich hinterfragen kann.

2.2. Phase des euphorischen Novizen (bis 1971)

Die wichtigste Einsicht aus der Zeit bis Mitte 1969 war, dass ich mir mit der Management-Weiterbildung ein thematisches Anliegen zu eigen machte, bei dem ich hoffte, dass es längere Zeit tragen würde und für Erkundigungen und „Entdeckungsreisen" im wahrsten Sinne des Wortes genügend Faszination enthielt.

Eine weitere Einsicht war für meine spätere Karriere ungemein wichtig: Obwohl ich mit meinen akademischen Graden und mit meiner Ausbildung im Hause Siemens über eine hervorragende „Lebenslauf-Papierform" für Personalchefs verfügte, war mir bewusst, dass mir die „praktische Essenz" der Entwicklungsarbeit mit Führungskräften fehlte und diese Lücke ein echtes Manko war. Ich brauchte die Erfahrung in der Praxis.

Schließlich hat mir bei meiner anstehenden Entscheidung für eine Kontinuität der Arbeit in der FKE geholfen, dass Geld und Einkommen für mich nicht wichtig waren. Obwohl ich mein Studium zum größten Teil selbst finanzieren musste und ich bis zum Ende meiner Tätigkeit beim Schiller College nie ein Auto besessen hatte und eigentlich arm wie eine Kirchenmaus war, spielte die Höhe des Einkommens in der anstehenden nächsten Berufsphase überhaupt keine Rolle. Ich war davon überzeugt, dass mit der richtigen Wahl der nächsten Arbeitsstation ein momentaner finanzieller Verlust später mehr als kompensiert werden konnte – und mir vor allem die Möglichkeit erschloss, das zu tun, was ich immer tun wollte. Die Begrifflichkeit von „*flow*" gab es Ende der 60er Jahre noch nicht in der Fachliteratur, aber im Grunde war dies immer eine unscharf ausgeprägte Karrierevision. Was mir jedoch sehr klar war: Um berufliche Wunschpositionen aufzubauen, braucht es eine vorgängige Investition in den eigenen Kompetenzaufbau und die Bereitschaft, zunächst finanziell auch Opfer zu bringen. Ganz konkret hat dies für meinen Umstieg vom Schiller College an das CEI sogar eine reale Einkommenseinbuße bedeutet.

Die **zweite Phase** meiner kritisch-bilanzierenden Zeitreise als einer biografischen Collage beginnt mit dem **Eintritt in das Centre d'Etudes Industrielles (CEI) in Genf**. Dieses gehörte in jener Zeit zu den etwa 30 Mitgliedern des EAMTC, des Dachverbandes der europäischen Management-Institute. Deutschland war in der EAMTC mit dem Deutschen Institut zur Förderung des industriellen Führungsnachwuchses in Köln vertreten, das die Baden-Badener Unternehmergespräche organisierte, der C. Rudolf Poensgen-Stiftung in Düsseldorf und dem Institut für Führungslehre an der Technischen Akademie Wuppertal. Der einzige österreichische Vertreter in der EAMTC war das Institut für Moderne Industrieführung der Vereinigung Österreichischer Industrieller in Wien.

In der deutschsprachigen Schweiz gab es keine EAMTC-Mitglieder. Lediglich das IMEDE in Lausanne war neben dem CEI das einzige weitere Schweizer EAMTC-Mitglied. Das EAMTC vergab mit seiner exklusiven Mitgliedschaft indirekt eine Art Qualitätssiegel für die einzelnen Institute und hatte mit der 1966 gegründeten ERGOM (The European Research Group on Management) auch eine eigene Forschungsgruppe zusammengestellt.

Anfang Mai 1969 trat ich als Forschungsassistent beim CEI ein und sollte mich im Wesentlichen bei einem Forschungsprojekt über die „Wirksamkeit partizipativer Lehrmethoden" engagieren. Daneben führte ich in den meisten Veranstaltungen des CEI ein Planspiel durch und lernte auf diese Weise, insbesondere durch die Beobachtungen der Teams in den Entscheidungssitzungen, den eigentlichen Wert dieser neuen Lehrmethode kennen. Dazu muss man wissen, dass in den 60er Jahren im Wesentlichen Fälle als Lehrmethode in der Management-Weiterbildung dominierten. Das erste bekanntere Planspiel wurde 1958 in der Harvard Business Review veröffentlicht (*Andlinger* 1958, S. 115 ff.).

Neben dem Forschungsprojekt und der Planspieldurchführung erlebte ich die Hochglanz-Management-Weiterbildung als „teilnehmender Beobachter": Am Institut und in den Gremien, wie beispielsweise bei den monatlichen *„Faculty Meetings"*, stellte sich bald heraus, dass sich die Realität deutlich von meinen Erwartungen unterschied. In meiner **„Phase des euphorischen Novizen"** – wie ich diese Zeit am CEI überschreiben möchte – stellte sich eine ganze Reihe von **Desillusionierungen** ein:

- Besonders negativ fiel mir die Diskussion mancher Agenda-Punkte in den „Faculty Meetings" auf, die den Eindruck vermittelten, dass es den Professoren eher um Geld als um die Bearbeitung realer Unternehmensbedarfe ging. Das Kreieren immer neuer Kursangebote orientierte sich im Wesentlichen an den vorhandenen inhaltlichen Modulen, über die die einzelnen Referenten bereits verfügten – es wurde eine Art „Plattform"-Strategie verfolgt, anstatt die Bedarfe neuer Zielgruppen vorab systematisch zu erheben. Aus dieser Erfahrung resultierte später beispielsweise meine „iterative Programmplanung" mit ihren zehn Stufen, die ich in „Lehren und Lernen in der Management-Schulung" veröffentlichte (*Stiefel* 1973, S. 15 ff.). Letztere stellt insgesamt eine Art Gegenentwurf zu der am CEI erlebten Hochglanz-Management-Weiterbildung dar.
- Ein zweiter Eindruck war, dass man sich am Institut sehr wenig um das Lernen der Teilnehmer bemühte. Solange die Teilnehmer mit der Vermittlung von attraktiven Themen zufriedengestellt werden konnten, sah man keine Veranlassung zur Veränderung. Zufriedenheits-Ratings waren die entscheidenden Steuergrößen.
- Mein Forschungsprojekt über die „Wirksamkeit partizipativer Lehrmethoden" interessierte so gut wie keinen. Wenn die Ford Foundation nicht eine relativ große Summe jährlich bezahlt hätte, wäre dieses Projekt vom CEI auch nicht bearbeitet worden. Eine kleine illustrierende Episode: Als ich mich mit einem bekannten amerikanischen Gastprofessor im Lehrgebiet *„Corporate*

Strategy" über die Gestaltung von Unterricht unterhielt, eröffnete er mir, dass er sich in Rhetorik weiterbilde und Schauspielunterricht nehme.

- Als ich als „management-andragogischer Frischling" in das CEI eintrat, hatte ich die Vorstellung, dass über dem Lehrstuhlinhaber an einer deutschen Universität der Management-Professor an einer Business School an einsamer Spitze steht. Ich war angetan von der amerikanischen Managementlehre, die mit ihrem interdisziplinären Ansatz den arbeitenden Menschen in Organisationen ein ganz anderes Gewicht einräumte. Bis dahin hatte ich die deutsche Betriebswirtschaftslehre als relativ dröge Organisations- und Ablauflehre kennengelernt, in der Führungskräfte höchstens als dispositiver Faktor – wie sie der damalige „BWL-Papst" *Gutenberg* nannte – existierten. Diese Wertschätzung der Managementlehre hatte ich auch auf die Lehrpersonen am CEI und die eingeladenen Gastprofessoren übertragen. Sehr viel später habe ich in dem Buch der beiden Financial-Times-Journalisten *Mickelthwait/Wooldridge* über *„The witch doctors"* den durchaus treffenden Satz gefunden: *„Amerikanische Geschäftsleute sprechen bei Management-Professoren und bekannten Beratern gerne von Gurus, weil sie nicht wissen, wie man Scharlatan auf Englisch buchstabiert."*

- Während meiner Zeit am CEI habe ich auch *Revans* noch einmal getroffen, genauer gesagt auf einer Konferenz, bei der eine ganze Reihe von Management-Institutsleitern von EAMTC-Mitgliedern anwesend war. *Revans* hatte für seine Idee des Action Learning geworben, das mittlerweile mit großem Erfolg in einem Top-Management-Programm in Belgien eingesetzt wurde. Ich war beeindruckt und sprach auch andere Konferenzteilnehmer darauf an, erhielt jedoch zumeist nur Achselzucken oder den Hinweis, dass sich ihre Teilnehmer in Sandwich-Programmen sehr wohl in den Zwischenphasen mit realen Problemen befassten. Es gab so gut wie keinen Institutsleiter, der sich mit *Revans* Ende der 60er Jahre intensiv befasst hätte. Mein damaliges Fazit: Außenseitermeinungen sind irrelevant und haben nur irritiert. Mein späteres Fazit, als ich diverse Leiter von Management-Instituten näher kennengelernt hatte: Die meisten verkörperten eine Form von arroganter Einfältigkeit, und ihre fehlende fachliche Substanz hat ihnen schlichtweg verunmöglicht, sich auf anspruchsvollere Design-Fragen in der Management-Andragogik einzulassen.

Ich war als euphorischer Novize in das Lernumfeld eines führenden Management-Instituts eingetreten und hatte ohne Zweifel sehr viel gelernt. Vor allem aber hatte ich auch gesehen, wo es Lücken gab, die die Hochglanz-Management-Weiterbildung kaschierte. In meiner Dissertation hatte ich die Management-Andragogik als spezielles Fachgebiet der Weiterbildung begrifflich kreiert. Ich musste jedoch feststellen, dass um 1970 das Interesse an andragogischen Themen nicht groß war. In Verbindung mit der großen Arbeitsbelastung, die sich aus meinem Aufgabenbündel ergab, suchte ich nach Alternativen zu der aufreibenden Tätigkeit. Dabei reifte der Wunsch, mit Forschungsmitteln eine Auszeit zu nehmen, um die in der Erwachsenenbildung und in der Unterrichtslehre „herumliegenden Konzepte" auf ihre Tauglichkeit für die Management-Weiterbildung zu überprüfen. Das CEI bot in der Sache selbst wenig, um in den erkannten Lücken kompetenter zu werden. Es hatte jedoch durch sein *„Standing"* und sein Image und durch die Professoren und Teilnehmer, die man dort kennenlernte, eine hervorragende „Trampolin-Funktion".

Ich hatte durch die Arbeit in meinem Forschungsprojekt und in der Zusammenarbeit mit einem klassischen Hochschulforscher, der sich an der etablierten „Erbsenzähler-Methodologie" in seinem Fach Psychologie orientierte, für mich die Erfahrung gemacht, dass diese Art von Forschung nicht zu meinen primären Interessen gehörte. Ich sah mich eher in einer Mittlerrolle zwischen durchzuführenden Forschungsprojekten in der Management-Weiterbildung und den Nutzern dieser Projekte – Dozenten, Studienleitern oder FKE-Verantwortlichen in Unternehmen –, die für ihre Führungskräfte eine forschungsbasierte Strategie der Entwicklungsarbeit verfolgten.

Neben den vielen „Negativ-Eindrücken" als teilnehmender Beobachter der Hochglanz-Management-Weiterbildung am CEI gab es den unbestrittenen Vorteil, dass ich zahlreiche bekannte Persönlichkeiten aus der amerikanischen Managementlehre kennenlernen konnte, die für mich – nach den Erfahrungen des bisher mir bekannten Ordinarienmilieus – einen völlig ungezwungenen Umgang zuließen. Dazu gehörten beispielsweise *Igor Ansoff*, der das neue Thema *„Corporate Strategy"* lehrbar gemacht hatte, und *Victor Vroom*, der mit seinem *Vroom/Yetton*-Modell bereits eine hohe Reputation genoss und der auch in einem Beirat meines Forschungsprojekts saß.

Obwohl ich keine Karriere als Hochschullehrer anstreben und keine weiteren Forschungsprojekte durchführen wollte, war die Bewerbung um ein *„Postdoctoral Fellowship"* ein Wunschprojekt, wenn ich bei der Mittelverwendung an einer Hochschule in Nordamerika relativ viele Freiräume erhielt. Was mir klar war: Meine „Papierform" und meine *„connections"* waren sehr gute Voraussetzungen, um an eine derartige selbstgesteuerte Forschungsfinanzierung heranzukommen.

Einer meiner Kontakte war *David Leighton*, ein bekannter kanadischer Marketing-Professor, mit dem ich mich über mein Anliegen unterhielt. Er erwähnte in diesem Gespräch ein neugegründetes Institut an der Universität Toronto, in dem die Erwachsenenbildung besonders stark ausgebaut war, und bot sich an, mir den Weg für einen Aufenthalt zu ebnen. Mit dem auf diese Weise erhaltenen *„W.L. Grant*-Fellowship" (nach einem bekannten kanadischen Erwachsenenbildner) war es dann relativ einfach, die finanziellen Mittel für ein Forschungsstipendium zu erhalten.

Der Erhalt des *„W.L. Grant*-Fellowship" war nicht nur meinen *„connections"*, sondern auch den zeitgeistigen Umständen in der nordamerikanischen Erwachsenenbildung zu verdanken. *Malcolm Knowles* hatte gerade, 1970, ein vielbeachtetes Buch über die Andragogik herausgebracht, das eine große Verbreitung an Hochschulen und in der praktischen *Human Resource Development* (HRD)-Szene hatte. Da ich in meinem Schriftenverzeichnis mit der Management-Andragogik bereits einige Jahre vorher „unterwegs" war, sah man in mir einen würdigen Kandidaten für das *„W.L. Grant*-Fellowship".

Ich ließ mich zunächst für ein Jahr vom CEI beurlauben, um im September 1971 mit einem finanziellen Stipendium des Canada Council als „*W.L. Grant-Fellow*" am Lehrstuhl für Erwachsenenbildung der University of Toronto anzutreten. Die „Phase des euphorischen Novizen" ging mit Desillusionierungen zu Ende, der Forschungsaufenthalt mit möglichem „Rückfahrschein" nach Genf war meinem Sicherheitsbedürfnis geschuldet. Mein Sabbatical diente primär meinen fachlichen Interessen, sollte aber auch eine „Auszeit" sein und andere Erfahrungen ermöglichen, zumal ich für mich festgestellt hatte, dass ich seit dem Abitur 1961 zehn intensive Jahre „unter Strom stand". Im Unterschied zu vielen Zeitgenossen, die sich in der zweiten Hälfte der 60er Jahre real oder kokettierend mit linken Themen befassten, habe ich meine Studienzeit im Anschluss an eine kaufmännische Lehre sehr straff „gemanagt" und nach elf Semestern mit zwei Diplomen und dem Doktorat abgeschlossen. Anstatt mich gegen den verstaubten Hochschulunterricht aufzulehnen, wollte ich die Sache mit dem Studium relativ rasch hinter mich bringen, wohl wissend, dass man außer den akademischen Zertifikaten als Eintrittskarte in eine – vielleicht – „multioptionale Karriere" nicht viel mitgenommen hat.

Mein zweieinhalbjähriger Aufenthalt in Genf war im Rückblick eine Art „*boot camp*" mit vielen „*hardships*", deren Sinn mir später bei der Lektüre von *McCall/Lombardo/Morrison* (1995) erst so richtig klar geworden ist. In diesem Buch, das ich zu den besten und gleichzeitig völlig verkannten Fachbüchern über FKE zähle, habe ich den positiven Umgang mit Erfahrungen kennengelernt, die immer Lernpotential für einen besitzen, auch wenn sie noch so negativ waren – vorausgesetzt, man ist trotz Vorbehalten gegenüber diesen Erlebnissen in der Lage, daraus Erkenntnisse für sich abzuleiten. Ich lernte am CEI viel über mich und vor allem über schwache Vorgesetzte, wie sie ihre Positionsmacht zur Verfolgung ihrer Interessen einsetzen.

Inhaltlich hatte ich viel über die Hochglanz-Management-Weiterbildung gelernt, so z.B. auch, wie man ein Institut am Markt positioniert. Daneben sind mir jedoch ebenfalls meine Werte und Präferenzen bewusst geworden und die lagen ganz eindeutig nicht beim Management-Entertainment. Ich war neben *Klaus Schwab*, dem späteren Gründer der Davoser Symposien (WEF – World Economic Forum), der einzige Deutsche in der „*Faculty*" und hatte als CEI-Vertreter gute Kontakte zu deutschen Instituten und Top-Führungskräften erhalten. Dennoch bin ich nicht in die Falle einer scheinbar attraktiven Karriere geraten, sondern habe mein thematisches Anliegen verfolgt, mit beträchtlichen finanziellen Einbußen, zugegebenermaßen jedoch mit wenig Risiko – aber dem Wunsch, Neues zu entdecken. Man muss von einer Sache überzeugt sein, um den Versuchungen zu widerstehen, denen ich als Vertreter des CEI in deutschen Chefetagen begegnet bin, wenn ich zur Präsentation der Hochglanz-Programme eingeladen wurde. Diese Vorzugsbehandlung habe ich auch in späteren Jahren als erfolgreicher PE-/FKE-Berater nie mehr in Firmen erlebt – ein Indikator dafür, welche Eindrücke ein Hochglanz-Institut bei deutschen Vorständen hinterlassen hat. Man kann diesen Effekt auch anders deuten – zumindest haben diese Erfahrungen zu meinem Urteil über die Kompetenz von obersten Führungskräften in Sachen Management Development beigetragen.

Eine weitere Karriereweisheit lehrte mich das CEI: Man sollte sich von seinen persönlichen Überzeugungen nicht durch den gutgemeinten Karriereratschlag eines Vorgesetzten abbringen lassen. Vorgesetzte haben immer eigene Interessen, die von Karriereveränderungen eines Mitarbeiters tangiert werden. Sie können somit kaum die ehrliche Rolle eines Mentors im Sinne der Unterstützung einer optimalen Förderung einnehmen. Ich sehe heute in dem immer wieder positiv gerahmten Fördergespräch des Vorgesetzten mit seinen Mitarbeitern einen völlig falschen Mythos, den man in der FKE in Unternehmen aufgebaut hat. **Fördergespräche mit Vorgesetzten sind heimtückische Karrierefallen!**

Nach dem Schiller College lernte ich eine zweite akademische Institution kennen, die – wenngleich viel subtiler als die erste Einrichtung – mit zweifelhaften Elementen im Auftritt nach außen ausgestattet war und in der Durchführung ihrer Programme einen hohen Nimbus beanspruchte. Eine Beratung des Poensgen-Instituts in Düsseldorf, für die das CEI den Auftrag bekam und an dessen Ausführung ich punktuell beteiligt war, bestätigte mich in meiner Einschätzung, dass in der Szene viel „Hochglanz-Potemkin" bei wenig ausgeprägter fachlicher Substanz vorhanden war. Daran änderten auch die wohlklingenden Namen in den immer vorhandenen Beiräten nichts – die gesamte externe Management-Weiterbildung war um 1970 ein Arbeitsfeld, das sich lehrinhaltlich definierte und für andragogische Fragestellungen wenig Beantwortungsinteresse zeigte.

In meinem Forschungsprojekt über die „Wirksamkeit partizipativer Lehrmethoden" hatte ich die Möglichkeit, klassische empirische Unterrichtsforschung zu betreiben. Dabei wurden Datenerhebungsmethoden wie die Unterrichtsprozessbeobachtung mit Hilfe von *Flanders*-Kategorien eingesetzt, bei der alle 15 Sekunden das Interaktionsverhalten des Dozenten eingeschätzt wird. Außer der Erkenntnis, dass man eigentlich nicht mehr von Lehrmethoden, sondern immer von Lernorganisation in seiner dynamischen Entfaltung unter zwingender Einbindung des Dozentenverhaltens sprechen muss, wäre ein anschließendes Dozenten- und Trainerfeedback hilfreich und notwendig gewesen. Dafür bestand jedoch kein Interesse. Ein anschließender Beitrag in einer renommierten kanadischen Fachzeitschrift (*Papaloizos/Stiefel* 1971, S. 179 ff.) hat mir zwar als Autor geholfen, später an weitere Forschungsgelder zu kommen; das Lehren und Lernen am Hochglanz-Institut CEI blieb davon jedoch unberührt.

Meine Erfahrungen mit der empirischen Unterrichtsforschung als Mittel der Veränderung der institutionellen Szene veranlassten mich, Forschung als *„desk research"* der verstreuten vorhandenen Konzepte zu betreiben und anschließend mit Interessenten deren Anwendung zu diskutieren, damit sie daraus Veränderungsprojekte via Aktionsforschung auf die Schiene setzen. Dabei lieferten meine Fehlerfahrungen am CEI die grobe Vorgabe für die Agenda der zu explorierenden Fragenkreise.

2.3. Phase der andragogischen Professionalisierung (bis 1974)

Im September 1971 begann für mich ein neuer Abschnitt meines Berufslebens, den ich im Rückblick als die eigentliche Zeit meiner andragogischen Professionionalisierung sehe. Ausgestattet mit einer zunächst auf ein Jahr begrenzten finanziellen Unterstützung des Canada Council verfolgte ich ein Projekt, das sehr allgemein formuliert war, um mir einen maximalen Freiheitsgrad in dessen Bearbeitung zu ermöglichen. Ich wollte die vorhandenen Konzepte in der Andragogik, aber auch der Curriculum-Planung und der Unterrichtsdurchführung auswerten, welche Bedeutung sie allfällig für die Weiterbildung von Führungskräften haben. Entgegen den üblicherweise eingerichteten Designs von Forschungsprojekten zur Förderung im Rahmen von Nachdoktorats-Programmen war mein Vorhaben mehr als allgemein. Zudem hatte ich mich für die Disziplin der Erwachsenenbildung entschieden, was für den DAAD (Deutscher Akademischer Austauschdienst), der die sechs Canada-Council-Stipendien auswählte, ungewöhnlich war. Ein Malus in meiner Bewerbung war auch, dass ich für eine zukünftige Karriere als Hochschuldozent an einer deutschen Hochschule von einer Business School kam. So wurde ich vom DAAD nur als Reservekandidat nominiert, was anschließend von der kanadischen Seite bei der endgültigen Entscheidung korrigiert wurde. Ich erwähne diese Situation aus dem Grund, weil ich aufzeigen wollte, dass man auch in normierten Kontexten wie der Bewerbung für ein Forschungsstipendium mit seinen gezeigten Werten und seiner Überzeugung den üblichen Spielregeln bei derartigen Wettbewerben aus dem Weg gehen kann – und es war eine frühe Bestätigung für viele meiner späteren Verhaltensweisen im Berufsleben, in denen ich die ausgetretenen Wege verlassen habe, um Spuren zu ziehen, was allerdings nicht immer gelang!

Ich lernte am OISE (Ontario Institute for Studies in Education/University of Toronto) eine Erwachsenenbildungsabteilung mit über zehn Professoren kennen. Zudem gab es im zwölfstöckigen Gebäude noch andere pädagogische und psychologische Vertreter – z.B. eine eigene Abteilung über *„Evaluation and Measurement"* –, so dass man von einem wahren Mekka für mein Vorhaben sprechen konnte. Ich hatte zu Beginn dieser neuen Phase den sicheren Eindruck, die richtige Entscheidung getroffen zu haben, zumal Toronto als internationale Großstadt um 1971 aus dem viktorianischen Schatten herauszutreten schien und zu Entdeckungsreisen in die ethnischen Viertel geradezu einlud. Dazu muss man wissen, dass es in Kanada für Einwanderer nie den aus USA bekannten Anpassungsdruck gab, der aus jedem Ausländer einen ethnisch eingefärbten Amerikaner machen wollte.

Ab Ende des Jahres 1971 verfolgte ich – beinahe schreibwütig – das, was ich in Genf vermisst hatte. Schwerpunkte meines Literaturstudiums und *„desk research"* in der Bibliothek waren zunächst drei Themenkreise, mit denen ich die lehrinhaltlich orientierte Referenten- und Trainertätigkeit in der Management-Weiterbildung auf eine neue professionelle Ebene anheben wollte:

- Betonung des Lerntransfers anstelle bloß schöner Seminare mit hoher Teilnehmerzufriedenheit

- Differenzierung der Trainertätigkeit in
  - Gestaltung von Unterricht mit Führungskräften
  - Programmplanung (also Curriculum-Planung für die Management-Weiterbildung) sowie
- Evaluierung im Sinne eines umfassenderen Konzepts, nicht lediglich als Kontrolle von Lernerfolgen.

Je tiefer ich in die Themenkreise einstieg, um zu prüfen, was an möglichen innovativen Konzepten für die Management-Weiterbildung verwertbar erschien, desto größer wurden die Zweifel, ob die ursprünglich beabsichtigte Rückkehr nach Genf noch sinnvoll war. Ich hatte gegen Ende meiner Tätigkeit am CEI auch ein Lehrgebiet, *Management Development*, zu vertreten, worüber erstmals auch ein Zweiwochenkurs angeboten wurde. Daneben hätte es jedoch nur noch die Rolle des „pädagogischen Gewissens" gegeben, wozu ich bei dem Institutsklima, das ich verlassen hatte, nicht bereit war; es wäre eine völlig undankbare Aufgabe gewesen.

Meine einjährige Beurlaubung empfand ich als Sabbatical, in dem ich auch über neue Karriereoptionen in der FKE nachdenken wollte, bzw. besser gesagt, in dem ich neue Optionen entstehen lassen wollte. Für diesen Prozess bietet der normale Alltag, während dessen man die temporäre Unzufriedenheit erlebt, keine Gelegenheit. Ich habe in diesen Situationen die Erfahrung gemacht, dass man sich die Zeit nehmen muss, neue Optionen wachsen zu lassen, man tut sich selbst keinen Gefallen, wenn man eine Entscheidung forciert.

Meine „Schreibtischforschung" am OISE schlug sich in einer ganzen Reihe von Veröffentlichungen nieder. Entsprechend meiner Vorstellung, **„Forschung mit Impact"** durchzuführen, entwickelte ich ein Konzept, mit ausgewählten deutschen Institutionen Veranstaltungen über meine Arbeit abzuhalten und meine so gewonnenen Erkenntnisse mit Trainern, Weiterbildnern und auch Institutsleitern in Seminaren zu diskutieren. Meine bestehenden Kontakte zum RKW in Frankfurt und dem ÖPWZ in Wien manifestierten sich nach einiger Zeit in der Vision, jährlich in zwei einmonatigen „Gastspielreisen" – jeweils im Frühjahr und im Herbst – meine neuen Erkenntnisse vorzustellen.

Bei diesen Treffen, die ich in der Folgezeit mit Erfolg realisieren konnte, hatte ich jeweils eine größere Zahl von Trainern und betrieblichen Weiterbildnern kennengelernt. Man stand meinen Themen zunächst offen gegenüber – sonst wäre man ja nicht zu diesen Veranstaltungen gekommen; aber ich habe auch erhebliche Widerstände gegenüber der Neuausrichtung von Trainings in Richtung einer stärkeren Lerntransfersicherung erfahren. Speziell bei freiberuflichen Trainern trat erschwerend die Einstellung hinzu, dass ihr finanzieller Erfolg auch gleichbedeutend mit Qualität war und man sich ungern mehr Arbeit machen wollte, wenn es auch anders ging. Schließlich bedeutete eine transferorientierte Unterrichtsgestaltung immer mehr Arbeit als Trainer. Ich wurde mit meinen Ansätzen zur Professionalisierung der Trainerqualifizierung in der Management-Weiterbildung als „theoretisch" abgestempelt, weil meine Veröffentlichungen sich durch differenzierte Darstellung, akribische Quellennachweise und zuweilen auch durch eine akademische Diktion auszeichneten und somit von den zu jener Zeit üblichen Veröffentlichungen der Trainer im Verlag Moderne Industrie erheblich abwichen. Dieses „theoretische Image" haftete mir später noch lange an.

In der übrigen Zeit widmete ich mich den Themen auf meiner management-andragogischen Agenda und führte ausgedehnte Reisen durch. Ich hatte mit dem temporären Ausstieg aus einer Business-School-Karriere auch den Wunsch nach einem anderen Lebensstil, zog in Toronto in eine WG und brachte einen VW-Camper mit, um meine Auszeit auch für die Entdeckung Nordamerikas zu nutzen. Ich klinkte mich mit Hilfe der Netzwerkknoten aus der Genfer Zeit jeweils für einige Wochen in ausgesuchte Universitäten ein, diskutierte dort mit Fachkollegen, sammelte Material und veröffentlichte regelmäßig Aufsätze. Auf diese Weise kürzte ich beispielsweise den kanadischen Winter etwas ab, indem ich im März 1972 *Igor Ansoffs* neue „Graduate School of Management" in Nashville besuchte, dem ich anlässlich des ersten WEF-Forums ein Jahr vorher in Davos assistiert hatte. Das WEF 1971 war ursprünglich als Geburtstagskonferenz zum 25-jährigen Jubiläum des CEI abgehalten worden und hatte sich nachträglich aufgrund gravierender strategischer Fehler der damaligen CEI-Leitung verselbständigt.

Eine zweite längere Forschungsreise ließ mich den Sommer 1972 an der Stanford University verbringen, wo ich auch an der kalifornischen Küste mit den neuen Bewegungen der „Humanistischen Psychologie" in Berührung kam. Das Hochglanz-Image des CEI hatte bei einigen amerikanischen Professoren zumindest zu einem „Türöffner-Effekt" geführt, der mir immer einen Arbeitsplatz, die Nutzung der Bibliothek und den Zugang zum *„Faculty Club"* ermöglichte. Ich begann in diesem ersten Jahr meiner Auszeit die Figur des *„Visiting Scholar"* zu leben, ein Arbeits- und Lebensentwurf, in dem ich mich zunehmend wohlfühlte – heute würde man *„flow"* dazu sagen.

Es entwickelte sich der Wunsch nach Verstetigung dieser Erfahrungen. Dabei erkannte ich, dass es ein relativ leichtes Unterfangen war, in der Forschungsmittelbeschaffung erfolgreich zu sein und eine Anschlussfinanzierung zu erhalten – vorausgesetzt, man kannte die „Töpfchen" und die entsprechenden Stiftungen – und die Spielregeln in diesen Verfahren. So beantragte ich im Sommer 1972 zunächst eine Verlängerung meines Canada-Council-Fellowships, um die begonnenen Projekte weiterzuführen, was mir für weitere vier Monate eingeräumt wurde. Parallel dazu hatte ich bei verschiedenen Institutionen um eine Förderung eines hochschuldidaktischen Projekts für 1973 nachgesucht, bei dem ich an dem neu eingerichteten „Center for Learning and Development" (CLD) an der McGill University in Montreal bereits einen Arbeitplatz – als *„Visiting Scholar"* – hatte. Ich war zuversichtlich, dass ich die Forschungsmittel von einer der nachgesuchten Stellen bekam, und hatte meine Auszeit in Genf um ein weiteres Jahr verlängert. Die Zusage für Letzteres war etwas unverbindlich, man entwickelte jedoch allmählich Interesse für das, was ich machte. Zudem hatte ich gelegentlich Aufträge für das CEI wahrgenommen, wie beispielsweise die Einschätzung eines Business-School-Professors an einer US-Universität für den Einsatz in einem bestimmten CEI-Programm.

Die an allen namhaften nordamerikanischen Universitäten zwischen Ende der 60er und Anfang der 70er Jahre eingerichteten „Centers for Learning and Development" verfolgten das Ziel, methodische Innovationen in der Hochschullehre einzuführen und/oder zu verstärken. Dass ich auf diese hochschuldidaktische Spur kam, verdanke ich einem klassischen Beitrag von *Roger Harrison* (1967, S. 431 ff.), den ich für meine Arbeit über „Lehren und Lernen in der Management-Schulung" herangezogen hatte, und einem Sammelband über *„The changing college classroom",* bei dem *Harrison* Mitherausgeber war (*Runkel/Harrison/Runkel* 1969). Der Kontakt zur McGill University entstammte einer Anregung des dortigen Schweizer CLD-Leiters *Marcel Goldschmid.* Dessen „Lernzelle" als Alternative zur Vorlesung wollte ich näher kennenlernen. Später entstand u.a. daraus und aus dem Ergebnis eines Forschungsprojekts über kooperative Lernformen in der Management-Weiterbildung meine Arbeit über „Lernen im Zweierteam" (*Stiefel* 1980).

Die **Hochschuldidaktik** passte als Arbeitsgebiet sehr gut in mein **Interessen-Portfolio**:

- Meine ersten studentischen Erfahrungen hatten mir gezeigt, dass der Hochschulunterricht in der erlebten Form keine Zukunft hat. Es mussten früher oder später Innovationen in der Lehre erfolgen.
- Die Hochschuldidaktik konnte von der Management-Weiterbildung nur profitieren, zumal man dort mit neueren Lehrmethoden schon länger experimentierte.
- Die Erfahrungen aus Weiterbildungs- und späteren PE-Abteilungen in Unternehmen waren für mich eine wertvolle Wissensquelle, um sie in die Hochschuldidaktik einzubringen. Schließlich ging es in beiden Systemen, Hochschule und Unternehmen, um die Einführung von bedarfsgesteuerten Innovationen.

Es gab zudem noch **drei persönliche Treiber**, die mich für die Hochschuldidaktik als Anschlussprojekt motivierten:

- Montreal war eine faszinierende Metropole und die McGill University mit dem CLD lag genau im Zentrum, um täglich die Stadt mit ihren Winkeln zu explorieren. Quebec als eigenständige Provinz begann sich zu jener Zeit überall stärker zu manifestieren.
- Die Beschäftigung mit Hochschuldidaktik schien mir ein attraktives Arbeitsgebiet für eine finanzielle Förderung zu sein, weil sich die meisten Hochschulvertreter in ihrer Disziplin über Forschungsthemen und nicht über die Professionalisierung der Lehre weiterentwickeln wollten. Damit konnte man sich hinreichend von dem Gros der vielen anderen differenzieren, die ebenfalls um Forschungsmittel nachsuchten.
- Mit einem Förderungsprojekt in der Hochschuldidaktik und einem *„Visiting Scholarship"* an einem hochschuldidaktischen Centre wollte ich mir einen „Karriere-Joker" in der Hinterhand schaffen, der mir den Zuschlag für eine spätere Leitungsfunktion in einer Weiterbildungseinrichtung ermöglichen

sollte – so ich wieder in die „Karriere-Normalität" eines angestellten Management-Andragogen zurückkehren sollte.

Meine Rechnung ging auf: Ich erhielt ein finanziell attraktives Forschungsstipendium der Deutschen Forschungsgemeinschaft für das Jahr 1973.

Mein temporärer Ausstieg aus Genf schien Ende 1972 allmählich überzugehen in die **Verfestigung eines ungeplanten Geschäftsmodells: den schreibtischforschenden *Visiting Scholar*, der anschließend seine Erkenntnisse in Seminaren vermittelt.** Ich war, ohne es zu wollen, in einer unternehmerischen Phase der eigenen Lebens- und Karrieregestaltung angekommen, in der ich mich zunächst nur mir selbst gegenüber verantwortlich fühlte – meine formal noch vorhandene Anbindung an das CEI spielte eine immer untergeordnetere Rolle.

Jahre später beschrieb der Karriereforscher *Tim Hall*, den ich 1972 auf einer Feier bei dem Leadership-Professor *Robert House* kennengelernt hatte und der mich für das Karrierethema seit damals auch theoretisch für das Gebiet interessierte, dieses Verhalten als *„protean career"* (*Hall/Mirvis* 1996, S. 15 ff.). Dies nicht als *„name-dropping"*, sondern als Beispiel dafür, wie gerade in der Ferne das Genfer Hochglanz-Institut noch wirkte und auch für Networking-Zwecke benutzt werden konnte. Dass man gerade in Nordamerika für *„glamour"* in der Außendarstellung sehr aufgeschlossen war, hatte schlichtweg damit zu tun, dass man auch selbst außer der Fallstudiendidaktik nichts Nennenswertes im Design von Management-Lernen vorzuweisen hatte. Der Wert eines Instituts wurde durch die Attraktivität der Lehrinhalte und durch Werbeberater entschieden – dies war auch jenseits des Atlantiks die Messlatte, ob ein Institut ein attraktiver Partner werden konnte. Wenn man die Jubiläumsausgabe des Harvard Businessmanager „100 Jahre Harvard Business School" (Heft 2/2008) kritisch durchschaut, wird man noch heute viele Hinweise auf Lehrinhalte und Netzwerkkontakte, aber so gut wie nichts über das Lernen von Führungskräften finden – außer der dort praktizierten Vermutung, dass erfolgreiches Führungskräfte-Lernen eine Funktion von mehr oder weniger anspruchsvollen Lehrinhalten über Management ist.

Meine Zeit am CLD in Montreal führte zu einer Reihe von Einsichten, insbesondere auch jenen, die man von „falsch aufgehängten" PE-Abteilungen kennt, die man mit der Erwartung einrichtet, größere Veränderungen in Unternehmen einzuleiten (*Stiefel* 1974, S. 23 ff.). Auf der anderen Seite bestärkte mich der Kontakt zu der kleinen Gruppe der CLD-Professoren in meiner Einschätzung, dass die Hochschuldidaktik von der Management-Weiterbildung und der OE sehr viel profitieren konnte (*Stiefel* 1975, S. 68 ff.). 30 Jahre später hat man dieses Potential auch in der deutschsprachigen Hochschullandschaft wiederentdeckt, als der Innsbrucker PE-Professor *Laske* sich anschickte, PE-Konzepte auf die Hochschule zu übertragen (*Laske* 2004). Ein entscheidender Webfehler der gesamten CLD-Konstruktionen bestand darin, dass man meinte, mit der Entwicklung neuer „Produkte für den Lehrbetrieb" – neuer Lehrmethoden und Lernorganisationen – und deren positiver Evaluierung bereits genügend Anreize dafür zu schaffen, dass sie von den professoralen Klienten übernommen werden.

Ich verwandte meine Zeit am CLD neben der Sammlung von Erfahrungen, auch bei Beratungseinsätzen an der Lehrfront, im Wesentlichen dafür, die „Produkte" eines CLD an einer Business School weiterzuentwickeln. Im Laufe meines Aufenthalts deuteten sich die Konturen an, wie der weitere Karriereverlauf nach einer Rückkehr nach Genf oder an eine andere Management-Weiterbildungseinrichtung aussehen könnte. In dieser Zeit komplettierte ich insbesondere meine Vorstellungen zur Programmplanung, die jetzt auch in angelsächsischen Fachkreisen geschätzt wurden (*Stiefel* 1974, S. 97 ff.), und wandte mein Modell auf ein Beratungsprojekt an, den Aufbau einer neuen Führungsakademie in der öffentlichen Verwaltung in Bonn. (*Stiefel* 1973)

Der **wichtigste Impuls** für meine weitere Entwicklung aus der Zeit in Montreal 1973 entstand aus meiner **Teilnahme an der Jahreskonferenz der AHP** (Association for Humanistic Psychology). Dabei lernte ich verschiedene „Szene-Figuren" der Humanistischen Psychologie wie *Carl Rogers* oder auch *Fred Massarik* persönlich kennen und machte mich auch mit dem Life-Styling-Konzept von *John McCamy* in einem Workshop vertraut, der einige Passagen aus einem geplanten Buch vorstellte (*McCamy/Presley* 1975).

Das Life-Styling-Konzept von *McCamy* war präventionsmedizinisch geprägt, genau genommen nannte er seinen Ansatz als Arzt *„predictive medicine"*, mit dem er aus der Lebensführung von Personen und anderen Indikatoren in Verbindung mit Sterbetafeln von Lebensversicherungen das Versagen bestimmter Organe mit einer statistischen Wahrscheinlichkeit prognostizierte. Mit dieser so vorgenommenen Diagnose begann er dann seine „Patienten" zu einer neuen Lebensgestaltung zu motivieren, unterstützt durch eine individualisierte Vitamin- und Mineralientherapie. Dazu kamen eine Neuausrichtung der Essgewohnheiten, ein Bewegungsprogramm sowie ein Abbau der Stressoren bzw. ein Lernprogramm zum Umgang mit dem, was die einzelnen Patienten jeweils als überbordenden Stress empfanden. Da ich an selbstgesteuerter Karrieregestaltung aus eigenem Erleben und als Thema zunehmend Interesse hatte, spürte ich in den Ansätzen von *McCamy* ein großes Potential – und meinte auch in der Begrifflichkeit von Life Styling die passende Bezeichnung für eine selbstgesteuerte Lebens- und Berufsgestaltung zu finden, für die heute der neue Begriff des Lebensunternehmens steht.

Nach dem Besuch der AHP-Konferenz im Sommer 1973 in Montreal ist mir sehr schnell klar geworden, dass mit dem Gedankengut der AHP ein neuer Ansatz der Weiterbildung von Führungskräften entwickelt werden konnte, der nicht nur eine stärkere Humanisierung von Unternehmen im Sinne ihrer Entwicklung zu einer Y-Kultur (im *McGregor*schen Sinne) zur Folge hat, sondern der auch gesamtgesellschaftliche Konsequenzen hat. Mir war ein klassisches Zitat des *Revans*-Doktoranden *Mosson* in Erinnerung: *„The training of managers is no longer a matter which can be left to individual companies; it is today of profound concern to the whole community."* (1966, S. 24) Eine Management-Weiterbildung, basierend auf den Prinzipien der Humanistischen Psychologie und der damit verwandten „konfluenten Pädagogik", war die neue Herausforderung.

McGregor war mit seinem Klassiker *„The human side of enterprise"* (1960) zu einer Referenzfigur für die gesamte Bewegung der amerikanischen Organisationsentwicklung geworden. *McGregor* wollte mit seiner Arbeit, in der er sich für eine *„Theory Y"* stark machte, einen Gegenpol zu der vordem weitgehend durch *Taylor*sches Gedankengut beeinflussten *„Theory X"* im Management postulieren.

„Theory X" und *„Theory Y"* sind idealtypische Ausprägungen und stehen jeweils für eine entsprechende Führungsphilosophie.

So gehört es beispielsweise zu einer **Theorie-X-Annahme**, dass

- der durchschnittliche Mitarbeiter arbeitsunwillig ist, es ihm an Ehrgeiz mangelt, er verantwortungsscheu und Veränderungen gegenüber unaufgeschlossen ist und geführt und angeleitet werden muss.

Eine korrespondierende **Theorie Y** beinhaltet, dass
- Mitarbeiter motiviert und von Natur aus bereit sind, Verantwortung zu übernehmen,
- Mitarbeiter persönliche Ziele haben, die mit den Zielen einer Organisation in Einklang stehen können, und
- Mitarbeiter nicht ständig kontrolliert werden müssen. Vielmehr kann ihnen die Kontrolle übertragen werden, wenn sie sich mit den angestrebten Zielen identifizieren.

Für die FKE hat *McGregor* insofern Bedeutung, als die Trainings- und Entwicklungsarbeit in einem Unternehmen entweder eher zu einer Theorie-X-geleiteten mechanistischen Lern- und Entwicklungskultur oder mehr zu einer Theorie-Y-beeinflussten humanistischen Lern- und Entwicklungskultur tendieren kann. Die systematische Gestaltung von mehr Theorie-Y-Ideologie in der Lern- und Entwicklungskultur, als es die Teilnehmer an ihrem Arbeitsplatz gewöhnt sind, kann über den Transfer von Meta-Zielen (oder Meta-Effekten aus der erlebten Lernkultur) auch deren Abteilungskultur in Richtung von mehr Theorie Y verändern.

Dies war in groben Zügen die neue Projektidee aus der AHP-Konferenz.

Ich war zwischenzeitlich zu einem Experten in der Forschungsmittelbeschaffung geworden und hatte keine Mühe, für mein neues Projekt finanzielle Unterstützung zu erhalten. Sowohl das Gottlieb-Duttweiler-Institut in Zürich unter der damaligen Leitung eines Herrn *Pestalozzi*, der in den späteren Jahren eine gewisse Bekanntheit auf der Szene erlangen sollte, als auch die Konrad-Adenauer-Stiftung waren für mein Projekt sehr zugänglich. Mit dem Ende des kanadischen Sommers in Quebec, Anfang Oktober 1973, nahm ich mit meinem VW-Camper Kurs auf Florida, um ein neues Kapitel meiner „andragogischen Professionalisierung" zu beginnen, dieses Mal an der University of South Florida, wo ich mit dem Networking-Potential von Genf meinen „Arbeitsplatz" als *„Visiting Scholar"* für die nächste Zeit eingerichtet hatte. Ich wählte Tampa an der Westküste Floridas als neuen Standort aus Life-Styling-Gründen, aber auch um die Arbeit von *John McCamy* näher kennenzulernen, der dort eine Praxis für *„Predictive Medicine"* unterhielt. Die Universität selbst gehörte zur Kategorie der *„Tennis Universities"* und bot keine besondere Attraktivität, was mich jedoch nicht weiter störte. Mein Arbeitsprogramm für 1974 war mit der intensiveren Beschäftigung mit der Humanistischen Psychologie relativ klar; ich benötigte lediglich Zugang zu einer guten Bibliothek.

Ich ging in das dritte Jahr meiner selbstinitiierten Beurlaubung und wusste, dass dieses „Spiel" nicht ewig weitergehen konnte. Im Januar 1974 war ich noch für einige Wochen in Genf, um meinen Status aufzufrischen und an Projekten zu arbeiten, aber ich gehörte irgendwie nicht mehr ganz dazu. Am Ende meines Einsatzes hatte man mir dann formal gekündigt, weil man mit meinen Vorstellungen wenig anfangen konnte und ich in einer lehrinhaltlich ausgerichteten Einrichtung keinen richtigen Platz hatte. Das CEI stand etwas unter Druck, weil einige Fakultätsmitglieder, die nur über ein *bachelor degree* verfügten, etwas für ihre *„academic credentials"* tun mussten. Dafür wurden traditionelle Doktoratsprogramme an amerikanischen Business Schools ausgewählt – mit traditionellen Themen aus der Managementlehre, an andragogischen Fragen bestand kein Interesse.

Mit der erhaltenen Kündigung war die Beziehung zum CEI als meinem zweiten Arbeitgeber nach dem Studium beendet. Ich war jetzt nur noch freiberuflicher Management-Andragoge mit zugesagter finanzieller Unterstützung bis Ende 1974 und machte mich nach meiner Rückkehr ins sonnige Florida Ende Januar an die Bearbeitung meines neuen Projekts, das Konzept einer humanistischen Management-Weiterbildung detailliert auszufalten.

Das CEI fusionierte einige Zeit später, zwischendurch umfirmiert als IMI (International Management Institute), aus mir nicht näher bekannten Gründen mit dem IMEDE in Lausanne: es entstand das heutige IMD. Der Genfer Standort wurde aufgegeben – meine Vermutung war, dass das CEI fusionieren „musste". Der damalige Leiter *Hawrylyshyn*, der als Kanada-Ukrainer am CEI nach einer Entsendung durch die Firma Alcan, die ursprünglich 1946 das CEI begründet hatte, „hängenblieb" und mit seiner Story „Vom Holzfäller zum Leiter eines Management-Instituts" gerne kokettierte, war etwas zum Problemfall geworden, nicht zuletzt auch durch seine mit Plagiatsvorwürfen behaftete Dissertation (*Hawrylyshyn* 1977). Zudem fehlte es dem Institut an einem langfristigen Konzept der Marktbearbeitung, die mit der Illustrierung der am CEI üblichen Praxis keine Zukunft hatte. Ein für Marketing zuständiger Schwede gehörte verwandtschaftlich zum „Dunstkreis" des *Wallenberg*-Clans. Sein Marketing bestand im Wesentlichen darin, dass er die *Wallenberg*-Firmen durchtelefonierte, wenn in Programmen noch Teilnehmer fehlten, was dazu führte, dass das kleine Land Schweden in jedem Kurs regelmäßig mit einer überdurchschnittlich hohen Zahl von Managern vertreten war. Die Erfüllung der jeweiligen Zulassungsvoraussetzungen der Programme war bei dieser Art der Teilnehmerakquisition natürlich eher zufällig.

Ich hatte mit viel Engagement und Verve mein „Praktikum" als doktorierter Management-Andragoge an einem zur damaligen Zeit renommierten europäischen Institut der Management-Weiterbildung aufgenommen und bin Ende 1973 sehr ernüchtert ausgeschieden, nachdem ich eine Vielzahl von Manifestationen der Hochglanz-Management-Weiterbildung kennengelernt hatte. Dass sich Institute wie das CEI so lange am Markt halten konnten, hatte auch damit zu tun, dass es in den teilnehmerentsendenden Unternehmen keine fachliche Kompetenz gab, um die Potemkin-Fassaden derartiger Institute zu dekuvrieren.

Es entbehrt nicht einer gewissen Ironie, dass das IMD als Nachfolgeinstitution 2004 mit einer Arbeit über das Lernen in *Executive-Education*-Programmen im Kontext von Ausführungen über *„high impact learning"* auch die Erwachsenenbildung entdeckte (*Strebel/Keys* 2004, S. 3 ff.) und damit vor allem gegenüber amerikanischen Konkurrenzinstituten eine Differenzierung suchte, wie auch einem Sonderheft über *„Executive Education"* der „Academy of Management Learning and Education" (6. Jg., Heft 3/2007) zu entnehmen war, das von zwei IMD-Professoren herausgegeben wurde.

Wenn ich diesen Karriereabschnitt jedoch ganzheitlich bewerte, dann würde ich diese Erfahrungen im „Rückspiegel" als ganz besonders wertvoll einschätzen, weil sie mich zu einem Kenner der institutionalen Management-Weiterbildung gemacht haben und weil ich sehr bewusst die „Surferwellen" für meine eigenen Forschungsprojekte genutzt habe, die mit dem Auftritt der Hochglanz-Management-Weiterbildung kreiert wurden. Ohne die „offizielle" Anbindung an das Genfer Institut hätte ich nicht die Möglichkeiten gehabt, die mir während meiner Forschungsaufenthalte an verschiedenen nordamerikanischen Universitäten geboten wurden.

Mit meiner ursprünglich als einjährige Auszeit geplanten Beurlaubung im Herbst 1971, die auf meine Initiative hin immer wieder verlängert und Ende Dezember 1973 aufgelöst wurde, war ich im Januar 1974 angelangt und hatte zunächst noch immer Interesse, mit meinen Forschungsarbeiten weiterzumachen, zumal ich erneut bis Ende 1974 eine Förderungszusage hatte.

Ich habe bei dieser Auszeit, die als zeitlich begrenzte Phase der andragogischen Professionalisierung angelegt war, die Erfahrung gemacht, dass man nie im Voraus weiß, welches Projekt sich als verfolgenswert ergeben wird – vorausgesetzt, man geht mit offenen Augen sein Sabbatical an und nützt auch die Chancen, die sich auf dem geplanten Weg mit einer groben Richtung einstellen. Meine Erfahrungen mit der Hochglanz-Management-Weiterbildung hatten bei mir das Bedürfnis geweckt, das Lernen von Führungskräften als andragogisches Thema zu verfolgen und nicht als ausschließlich lehrinhaltliches Anliegen zu betrachten. Das Projekt einer **Humanistischen Management-Andragogik** ist erst durch neue Begegnungen entstanden, durch Teilnahme an Workshops auf Konferenzen und durch Gespräche mit anderen, die ich auf meinen Studienreisen in Nordamerika kennengelernt hatte.

Mein neues Projekt, das im Folgejahr als fünftes Buch in der RKW-Schriftenreihe erschien (*Stiefel* 1975), war so etwas wie ein vorläufiger Abschluss meiner „Schreibtisch-Forschung". Angeregt durch die Werte der OE, die in der ersten Hälfte der 70er Jahre einen wahren Aufschwung nahm, und durch die Arbeit von *John McCamy*, bei dessen Gruppen ich auch mitwirkte (*McCamy/Presley* 1975), entstand in der ersten Hälfte der 70er Jahre ein **Konzept der FKE**, das eine **enge Verwandtschaft mit der OE** aufwies und als **management-andragogische Antwort im Bereich der FKE und PE** gedacht war. Man konnte nicht Veränderungsprojekte nach der Ideologie der OE und mit neuen Interventionen der OE in Unternehmen vorantreiben und die Weiterbildung von Führungskräften nach einem tradierten Klassenzimmer-Lehrkonzept organisieren.

Das Umfeld an der damals noch unverbauten Westküste Floridas war ideal, um sich schreibend am kilometerlangen Sandstrand mit neuen Themen wie Life Styling oder mit neuen Aufgaben wie der Laufbahn- und Lernberatung des damals unter der Bezeichnung „betrieblicher Weiterbildner" tätigen Experten in Unternehmen auseinanderzusetzen. Ich schrieb nicht nur über Life Styling – ich lebte einen Lebensentwurf, den mancher urlaubende Zeitgenosse am Strand als ultimativen Lebensstil charakterisierte.

Ich hatte gelegentlich Diskussionen mit Professoren an der Business School der University of South Florida, doch hielt ich mich relativ fern von dem, was man im „*mainstream*" schrieb und dachte – eine Erfahrung, die sich auch in meinen innovativen Ansätzen während der ganzen Jahre niedergeschlagen hat. Ich bin überzeugt, dass ich nie die Kreativität entwickelt hätte, mit der ich die Praxis bedient habe, wenn ich in all den Jahren in einem festen universitären Gefüge mit Rollenerwartungen von Kollegen und etablierten Professoren eingeklemmt und deren Einflüssen ausgesetzt gewesen wäre.

Auf meinen bereits angesprochenen zweimal im Jahr stattfindenden „Gastspielreisen" in Deutschland und Österreich mit dem Thema „Lernpartnerschaft Management-Weiterbildung", organisiert vom RKW in Frankfurt und vom ÖPWZ in Wien, konnte ich das jetzt vervollständigte Konzept meiner Management-Weiterbildung diskutieren und überprüfen. Das, was ich den Praktikern in eigens entwickelten Workshop-Designs mit dem vorgängig ausgegebenen Fragebogen zur Aktivierung der Lernvergangenheit präsentierte, war sehr weit weg von dem, was diese Vertreter aus Unternehmen und freiberuflichen Trainer um 1974 als Weiterbildung betrieben. Für manche war das Neue aber auch Rohmaterial für eine berufliche Vision – in dieser Zeit entstanden Kontakte, die Jahrzehnte andauern sollten. Ich hatte mir mit neuen Vorstellungen zur betrieblichen FKE und der PE aber auch das Etikett des „Theoretikers" eingehandelt, das noch jahrelang mein Image am Markt bestimmen sollte. Mein Vorgehen, für damalige Verhältnisse ungewöhnlich viel und exakt vor allem angelsächsische Literatur zu zitieren, war beim Gros der damaligen Praxisvertreter unbekannt und passte wenig zu ihrer Praxis. Man konsumierte unkomplizierte „Sofalektüre" und studierte die gelegentlich veröffentlichten Zeitschriftenbeiträge über FKE, die ebenfalls nur wenig stimulierend waren.

In der **deutschsprachigen Hochschul-Szene** war die **Management-Weiterbildung** um **1974 kein Thema.** Die Wirtschaftspädagogik befasste sich in ihrem – unterentwickelten – Teilbereich der Betriebspädagogik im Wesentlichen mit der dualen Ausbildung; die FKE war als akademisches Identitätsobjekt nicht existent. In der BWL dominierte noch immer die Struktur- und Ablauflehre. Personalmanagement wurde vereinzelt betrieben – so z.B. von *Guido Fischer* in München oder *Marx* in Mannheim. Eine Ausnahme von den BWL-Vertretern bildete *Bleicher*, der sich als einer der Ersten in Deutschland mit Planspielen befasste und als Schriftleiter der damaligen ZfO (Zeitschrift für Organisation – heute Zeitschrift Führung + Organisation) auch eine Rubrik Management-Andragogik in den Rezensionsteil einführte. Er wollte sich auch mit der neuen Begrifflichkeit „Management-Andragogik" profilieren: Im Herbst 1974 organisierte er in Kassel eine Konferenz über **„Beiträge der Management-Andragogik für die Praxis der Führungskräfte-Weiterbildung"**. *Bleichers* professoraler „Status" – den ich Jahre später persönlich in St. Gallen erleben durfte – hat es ihm natürlich nicht erlaubt, die Quellen seines Profilierungsprojekts offenzulegen. Die Verwendung der Begrifflichkeit wurde jedoch in der ZfO rasch wieder eingestellt – *Bleicher* hat sich später nur noch inhaltlich mit der Management-Weiterbildung befasst und sich als *Ulrich*-Nachfolger an der Hochschule St. Gallen (HSG) über Modelle der Unternehmensführung ausgelassen. Als ausgemusterter Emeritus, der sich selbst noch wichtig nimmt, doch bei den heutigen HSG-Weiterbildungsprojekten nicht mehr gefragt ist, tritt er jetzt noch bei einer unbedeutenden privaten Business School in St. Gallen auf. Über das Lernen von Führungskräften gibt es von *Bleicher* seit seinem Kasseler Profilierungsversuch keine Spuren mehr.

Die deutschen Hochschulen haben sich – mit einigen wenigen Ausnahmen wie in Mannheim – in der ersten Hälfte der 70er Jahre nicht bei der Weiterbildung von Führungskräften engagiert. Wenn doch etwas aus dieser Richtung veröffentlicht wurde, dann waren es Beiträge über Lehrinhalte, die von der angloamerikanischen Managementlehre übernommen wurden. Ein noch während meiner Genfer Zeit veröffentlichter Beitrag in der renommierten BFuP (Betriebswirtschaftliche Forschung und Praxis) über die Einrichtung management-andragogischer Lehrstühle blieb ohne Resonanz. (*Stiefel* 1970, S. 525 ff.)

So war es natürlich, dass man als **Praktiker** auf der Suche nach **fachliterarischen Wegweisern** immer wieder auf **Arbeiten des Wuppertaler Kreises** zurückkam, der sich als Dachverband der gemeinnützigen Management-Institute besonders wichtig nahm. Zu dieser Selbstwahrnehmung trug noch die räumliche Unterbringung bei: Über den zu jener Zeit einflussreichen *Fassbender* waren die Geschäftsführung des Wuppertaler Kreises und die Geschäftsstelle für die Organisation der Baden-Badener Unternehmergespräche in einem Haus in Köln untergebracht; diese verstand sich schon damals – neben dem USW – als deutsche Flaggschiff-Veranstaltung für die Weiterbildung oberer Führungskräfte.

Vor diesem praktischen und fachliterarischen Hintergrund der FKE hoben sich meine Veröffentlichungen, die bis 1974 in zahlreichen Aufsätzen und vor allem in der RKW-Schriftenreihe erschienen waren, markant ab. Da auch der Stil punktuell bereits in Richtung der späteren Diktion in meinem Informatonsbrief MAO ging und insbesondere „Lehren und Lernen in der Management-Schulung" (*Stiefel* 1973) als eine Abrechnung mit der Hochglanz-Management-Weiterbildung verfasst war, verschaffte ich mir in dem deutschen Management-Weiterbildungs-Establishment bestenfalls Respekt, aber keinen „Freundeskreis".

Das Jahr 1974 stand ganz im Zeichen meines Projekts der „Humanistischen Management-Andragogik" und von Life Styling als Erfahrungsfeld. Im Spätsommer hatte ich noch einmal die Jahrestagung der Association for Humanistic Psychology (AHP) in New Orleans besucht und bemerkt, dass mich manche Workshops und Themen nicht mehr so wie früher ansprachen. Ich war durch mein Projekt zum Experten geworden. Ein wichtiges Feedback kam von *Fred Massa-*

rik, dem ich meine Arbeit zur Verfügung stellte und der mir vorschlug, mich um eine englische Übersetzung zu bemühen. Aber das Thema war für mich aus der „Schreibtischtäter-Perspektive" durch. Mehr als ein englischsprachiger Beitrag in einer Fachzeitschrift ist nicht mehr zu diesem Thema herausgekommen. (*Stiefel* 1975, S. 156 ff.)

Auch zu einer weiteren Fortsetzung meines „*Visiting-Scholar*"-Lebens verspürte ich allmählich wenig Lust. Im vierten Jahr meiner Auszeit wollte ich mich mit etwas anderem beschäftigen, insbesondere mit etwas, bei dem ich nicht nur lehrend auftreten, sondern in gewisser Hinsicht auch Spuren hinterlassen konnte. Die „Gastspielreisen" nach Europa waren – unter dieser Intention betrachtet – wenig befriedigend und auch mein expandierendes Schriftenverzeichnis mit Büchern und Aufsätzen hielt nur noch einen rasch abnehmenden motivationalen Grenzertrag bereit. Dazu kam, dass die wiederholten Fahrten zwischen dem Süden der USA und Kanada, unterbrochen durch die Reisen nach Europa, allmählich ermüdend wurden.

Im Herbst 1974 wurde mir aus einem Netzwerk-Kontakt heraus die längerfristige Mitarbeit an einem UNESCO-Projekt in Teheran angeboten. Da ich ohnehin nach einer neuen Herausforderung suchte und für einen internationalen Einsatz grundsätzlich offen war, stand einer Zusage von meiner Seite her nichts im Wege. Ich wurde bei dem Projekt von einer sehr einflussreichen Person bei der UNESCO gesponsert, was dazu führte, dass meine offizielle Bewerbung ohne weitere Assessments erfolgreich war. Ab Anfang 1975 war ich nach Teilnahme an einem kurzen Vorbereitungslehrgang in Paris Mitarbeiter bei einem Management-Weiterbildungsprojekt in Teheran – einem der vielen Projekte, mit denen Schah Reza Palavi die industrielle Entwicklung seines Landes beschleunigen wollte. Die UNESCO spielte dabei eine besondere Rolle, was auch darin zum Ausdruck kam, dass Prinzessin Ashraf, die Schwester des Schahs, Botschafterin ihres Landes bei der UNESCO war.

Die **Einmündung meiner beruflichen Interessen in die Tätigkeit eines *International Civil Servant*** bei einer UN-Behörde fühlte sich nur kurzzeitig etwas ungewöhnlich an. Da mein „*Getting-high*"-Karriereanker erfüllt zu werden schien, ein hohes steuerfreies Gehalt die Alimentierung meiner bisherigen Projekte ablösen sollte und der Iran ein spannendes Land zu sein versprach, hatte ich keine Bedenken. Jahre später entdeckte ich in der Karriereanker-Arbeit von *Derr* eine Untergruppe der „*Getting-high*"-Typen: den Untertyp mit Abenteuer-Orientierung. Ihm wurde bei dem neuen Projekt voll entsprochen. (*Derr* 1986, S. 193 ff.)

Es kam hinzu, dass ich bereits während meiner Genfer Zeit gelegentlich mit Fachkollegen aus der MD-Abteilung des Internationalen Arbeitsamts (ILO) zusammengetroffen war und schon damals gedacht hatte, dass eine spätere Tätigkeit bei einer UN-Stelle in Genf, Paris oder New York irgendwann eine interessante Karrierefortsetzung darstellen könnte. Da meine Phase der andragogischen Professionalisierung Ende 1974 zu Ende ging und eine neue Karriereherausforderung im Folgejahr beginnen sollte, führte ich im Spätherbst noch einmal eine „Gastspielreise" durch und besuchte in dieser Zeit auch die MD-Stelle des ILO, um gleichsam „frühzeitig" mein neues Arbeitsfeld zu rapportieren. Das ILO war mit seinen Projekten im Vergleich zur UNESCO insgesamt die interessantere Organisation, weil sie wesentlich mehr Projekte für die Ausbildung von Führungskräften in der Dritten Welt durchführte. Bei diesem Besuch wurde mir auch ein kurzzeitiges Trainingsprojekt von acht Wochen auf den Philippinen angeboten, bei dem ich betriebliche Weiterbildner qualifizieren sollte. Aufgrund meiner Bereitschaft für dieses Projekt wurde mein Einsatz in Teheran nach Rücksprache der ILO mit der UNESCO um diese Zeit verschoben, so dass ich Anfang Januar 1975 nach dem Vorbereitungslehrgang bei der UNESCO zuerst auf die Philippinen flog und dann von dort Anfang März direkt nach Teheran weiterreiste. Dieser vorgelagerte Einsatz auf den Philippinen sollte für meine späteren Erfahrungen im Iran nicht ohne Bedeutung sein.

Ich hatte nach über drei Jahren eines beneidenswerten Lebensentwurfs eine gewisse Ermüdung mit der sich einschleichenden Monotonie verspürt und suchte nach einer neuen Herausforderung. Dabei spielte sicherlich auch eine Rolle, dass man mit Anfang Dreißig eine gewisse **berufliche Identität** braucht und sich bei einer Aufgabe engagieren möchte, die über das Schreibtisch-Forschen, Veröffentlichen und gelegentliche Workshops auf meinen „Gastspielreisen" in Österreich und in Deutschland hinausgeht. Ich war noch nicht bereit oder so souverän, das Leben eines im VW-Camper herumreisenden Scholars mit temporären Domizilen zu verstetigen und daraus ein „Geschäftsmodell" mit innovativem Lebensentwurf dauerhaft zu etablieren. Meine schwäbische Herkunft hätte darin alles andere als eine ordentliche Lebensführung gesehen.

2.4. Phase der beruflichen Desorientierung und Neuausrichtung (bis 1978)

Das Jahr 1975 begann mit ungewöhnlicher Hektik. Ich hatte vor meiner Abreise aus Nordamerika meinen Umzug nach Teheran vorbereitet, bei dem einiges organisiert werden musste. Anschließend nahm ich in Paris an einem Vorbereitungslehrgang für neue UNESCO-Projektmitarbeiter teil, bei dem ich bereits ambivalente Eindrücke bezüglich der professionellen Ausrichtung gewann. Wenn man einen „verdienten Senior der Organisation" als Leiter eines Lehrgangs für eine derart sensitive Tätigkeit abstellt, kann es mit der Professionalität nur besser werden. Fast erleichtert verließ ich die UNESCO-Zentrale, um zunächst auf den Philippinen diverse Workshops für Weiterbildner durchzuführen und dann anschließend meinen Dienst in Teheran mit einem Dreijahresvertrag anzutreten.

Um es vorwegzunehmen: **Der Ausflug in das neue berufliche Terrain ging schief.** Als ich in Teheran das erste Mal mit meinem neuen Vorgesetzten, dem Projektleiter, über meine Projektmitarbeit sprach, ging es bei dem Projekt nicht mehr um die Einrichtung von beruflichen Weiterbildungs- und Management-Trainingszentren, sondern um funktionale Alphabetisierung. Analphabeten, die in einem handwerklichen oder industriellen Tätigkeitsbereich arbeiteten, sollten mit der beruflichen Unterstützung ihrer Arbeit gleichzeitig Lesen und Schreiben erlernen. Mir war diese Aufgabe der Erwachsenenbildung vom Erwachsenenbildungslehrstuhl am OISE in Toronto bekannt, ich hatte jedoch weder die Fähigkeit noch die Neigung, mich für die nächsten drei Jahre mit dieser gegenüber den ursprünglich vermittelten Projektinhalten veränderten Aufgabenstellung zu befassen. Als ich mit Kollegen aus anderen UN-Projekten dieses Dilemma besprach, wurde dies vor dem Hintergrund des damals bestehenden Chaos in Teheran – es gab etwa 800 Projektmitarbeiter an UN-Projekten zu jener Zeit – als normal beschrieben. Der Schah hatte ein gigantisches Wachstumsprogramm für sein Land verfolgt, bei dem die natürliche Entwicklung auf der Strecke blieb.

Nun rächte sich, dass ich ohne intensive Vorgespräche, nur mit dem Rückenwind eines hochrangigen UNESCO-Botschafters aus meinem erweiterten Netzwerk, die Position erhalten hatte. Zudem war ich interkulturell sehr einseitig vorgeprägt – ich hatte bis zu diesem Zeitpunkt zwar mit verschiedenen Nationalitäten arbeitsmäßig zu tun, aber meine gesamten interkulturellen Erfahrungen bewegten sich im europäisch-amerikanischen Kulturkreis. Auf dem Papier war ich zwar international überdurchschnittlich erfahren, doch war die Erfahrung relativ einseitig. Daran änderte auch mein dem Iran vorangegangenes Projekt auf den Philippinen nichts, die an der Business-Oberfläche eine Art erweitertes Hawaii darstellen. Mein schon nach kurzer Zeit einsetzender Kulturschock im Iran, ergänzt um die Erkenntnis, dass man nach der festen Domizilierung auch als UN-Mitarbeiter mit „blauem Pass" ein Ausreise-Visum benötigte, wenn man das Land verlassen wollte, in Verbindung mit der völlig veränderten Aufgabenstellung im Projekt ließ bei mir sehr schnell den Plan reifen, nach Paris zurückzufliegen, um mit meinem zuständigen *„Personnel Officer"* meine Situation zu erörtern. Da meine erste längere Begegnung mit dem Projektleiter vor Ort im Konflikt endete, habe ich keine Veranlassung gesehen, meinen Plan mit ihm zu besprechen. Mein Fachmann-Anker versperrte mir die Anpassungsstrategie der übrigen UN-Kollegen, die sich ihren Frust mit einem hohen steuerfreien Gehalt kompensieren ließen. Nach wenigen Wochen, während eines langen iranischen Feiertages, verließ ich – ohne Abmeldung – Teheran, nachdem ich längere Zeit auf einen freien Sitzplatz in einer Swissair-Maschine gewartet hatte. Ich hatte sogar noch einen Koffer im Hotel als meinem temporären Domizil zurückgelassen, um so unauffällig wie möglich zu agieren.

Jetzt lernte ich die UNESCO als beamtenhafte Rollenkultur kennen. Mein Personalbetreuer bei der UNESCO ließ mir übermitteln – zu einem Termin kam es erst gar nicht –, dass ich gemäß einem bestimmten Paragraphen im Vertrag mit den internationalen Behörden ein „Deserteur" wäre – ich höre noch heute seinen Satz: *„You have deserted your post"* – und er erst wieder mit mir verhandeln würde, wenn ich nach Teheran zurückgekehrt sei. Dies war das Ende meiner Tätigkeit als „internationaler Beamter", bevor sie richtig begonnen hatte, und meine erste schmerzhafte Erfahrung mit dem Typ des P-Juristen.

Ich ging natürlich nicht zurück nach Teheran, sondern wandte mich direkt an den Secretary General der UNESCO, was meinem Fall eine erhebliche Publizität in der Organisation brachte, wie mir informal zugetragen wurde. Ich blieb zunächst in Wartestellung, die Organisation weigerte sich jedoch, mit mir zu sprechen. Eine Schadensersatzforderung wegen Vorspiegelung falscher Arbeitsinhalte habe ich nach Prüfung mit einem Anwalt verworfen, weil die UN-Organisationen einen Sonderstatus im Rechtsverkehr haben und ein Prozess sehr aufwendig gewesen wäre. Meine Beziehung mit der UNESCO endete damit, dass ich das erhaltene Einrichtungsdarlehen von 20.000 US$ als Ausgleich des entstandenen Schadens betrachtete; rechtlich wurde dies nie beanstandet.

So fand ich mich im Frühsommer 1975 plötzlich wieder in der Situation des freischaffenden Management-Andragogen, dieses Mal jedoch ungewollt und ungeplant – und durchaus auch mit dem **Gefühl eines erlebten Karriereabsturzes**. Es begann jetzt die **Phase der beruflichen Desorientierung und Neuausrichtung**, in der ich mich zunächst neu „sortieren" musste, zumal ich dann auch noch informal erfahren hatte, dass ich durch meinen vorzeitigen Abgang aus Teheran als *„blacklisted"* für eine erneute Verwendung bei internationalen Organisationen generell galt.

Bevor ich mich mit der neuen Phase intensiver beschäftige, möchte ich im Rückspiegel meinen damaligen **Karriereabsturz reflektieren**:

- Ich habe durch meinen Wechsel vom projektfinanzierten „Schreibtisch-Forscher" zum Projektmitarbeiter in einem völlig fremden Kulturkreis eine markante Karriereveränderung verfolgt, ohne Austausch mit einem erfahrenen Karriere-Coach. Damit blieben viele Ungereimtheiten meiner Karriereentscheidung unentdeckt.

- Netzwerk-Kontakte bieten nicht nur Chancen, sondern sind oft auch spätere Karrierefallen, weil es sehr selten den ausschließlich altruistischen Netzwerker gibt. Mit anderen Worten: Netzwerker, die einem „Zutritte" und „Zugänge" als eine Art „Türöffner" verschaffen, verfolgen zumeist auch persönliche Interessen. In meinem Fall stellte sich später heraus, dass mein hochrangiger UNESCO-Sponsor enorm unter Druck stand, für das Projekt in Teheran einen Mitarbeiter zu finden, nachdem zuvor schon zwei Mitarbeiter das Projekt verlassen hatten.

- Das Ausbleiben von jeglichen Assessments auf Seiten der UNESCO hätte mich eigentlich hellhörig machen müssen. Heute sehe ich in einem differenzierten Assessment nicht nur die Vorteile für eine Organisation, den richtigen Mitarbeiter zu finden, sondern auch die Vorteile für den Neuen, für sich zu prüfen, ob sich die spätere Realität mit seinen Erwartungen deckt. Man täuscht sich selbst, wenn bei netzwerk-initiierten Positionen eine „Abkürzung" eingeräumt wird.

- Es gibt immer eine Passung der Persönlichkeit des Einzelnen zur Kultur einer Organisation. Ich war gewohnt, in einer leistungsorientierten Aufgabenkultur zu arbeiten, und habe mich mit einer beamtenhaften Rollenkultur eingelassen. Die Wahrscheinlichkeit, dass die fehlende Passung von Persönlichkeit und Unternehmenskultur zu Friktionen führt – speziell in einem Alter mit relativ wenig Arbeitserfahrung und in einer ausführenden Rolle –, ist sehr hoch. Der mir später zugängliche Unternehmenskultur-Klassiker von *Roger Harrison* (1972, S. 119 ff.) hat mir deutlich gemacht, wie wichtig diese Passung ist.

- Ich lebte über mehr als drei Jahre die Rolle als Karriereunternehmer mit einem maximalen Freiheitsgrad und begab mich in ein Arbeitsumfeld mit einem hohen Grad an Fremdbestimmung. Dies musste zu Problemen führen.
- Ich bin heute der festen Überzeugung, dass man bei wichtigen richtungsändernden Karriereentscheidungen, die sich wie eine Weggabelung darstellen, unbedingt einen Sparringspartner braucht. Es ist in hohem Maße fahrlässig und auch gegenüber einer unternehmerischen Lebensgestaltung eigentlich unveranwortlich, wenn man in diesen Karrieresituationen allein mit scheinbar analytischem Sachverstand entscheidet.
- Die UNESCO-Erfahrung hatte mich auch gelehrt, dass die rationale Karriereplanung ein Mythos ist und man sich besser für den Umgang mit Karrierezufällen und auch -unfällen wappnen sollte.

In meiner Phase der beruflichen Desorientierung stand zunächst an, für mich zu klären, ob ich wieder nach Nordamerika zurückgehe oder in Deutschland bleibe. Ich war seit Mitte 1974 *„Landed Immigrant"* in Kanada. Toronto war trotz meiner häufig wechselnden Aufenthalte während dieser Jahre zum „gefühlten Lebensmittelpunkt" geworden. Aber Kanada hatte als Einwanderungsland auch subtile Formen der Diskriminierung für alle Neuen, die ins Land kamen. Solange ich mit Forschungsmitteln meine Projekte bearbeitete, hatte ich mich daran nicht gestört. Jetzt aber hätte eine Phase der Integration in die kanadische Wirtschaft und Gesellschaft angestanden, bei der ich die Rolle des *„New Canadian"* sehr wohl erlebt hätte. Zum Zweiten habe ich befürchtet, dass ich mich in einer Fremdsprache – obwohl ich bereits in Englisch veröffentlicht hatte – nie in den Nuancen würde ausdrücken und mich der sprachlichen Facetten und Feinheiten bedienen können wie in der Muttersprache. Ich entdeckte für mich, dass schriftliches Kommunizieren für mich wichtig ist und zukünftig auch bleiben wird.

Ich entschied mich, zunächst in Deutschland zu bleiben und von hier aus wieder Ordnung in mein berufliches Leben zu bringen. Ich setzte an den Stellen an, die ich mit meinen „Gastspielreisen" bereits „beackert" hatte, und führte für betriebliche Weiterbildner Seminare und Workshops zur Lerntransfersicherung, Train-the-Trainer und Management-Weiterbildung durch. Eine Festanstellung vermied ich nach meiner UNESCO-Erfahrung. Dennoch war ich angesichts meiner punktuellen freiberuflichen Tätigkeit nicht davon überzeugt, dass dies nach meinem Karriereabsturz die neue Herausforderung werden sollte.

Es war für mich doch etwas gewöhnungsbedürftig, beispielsweise die Trainer und Berater von RKW-Landesgruppen in den Hinterzimmern von Landgasthöfen in die Arkana der Humanistischen Programmplanung einzuführen oder mit ihnen den Einsatz von transferbeschleunigenden Lerninstrumenten zu besprechen, damit diese primär ihre umsatzmaximierenden Interessen befriedigen konnten. Früher hatte ich auf meinen „Gastspielreisen" diese persönliche Unzufriedenheit nicht erlebt, weil ich ja anschließend wieder in meine Welt der „Schreibtisch-Forschung" eingetaucht war. Aber jetzt war ich mehr oder weniger ein Kollege der zu dieser Zeit doch zumeist kognitiv sehr flachen freiberuflichen Trainer, was mir hinsichtlich der beruflichen Identität etwas zu schaffen machte.

In meiner Phase der beruflichen Desorientierung habe ich auch eine Zeitlang eine Hochschultätigkeit erwogen. Ich hätte in der Wirtschaftspädagogik eine Lehrstuhlvertretung *("sine spe")* übernehmen können; als ich mich dann jedoch etwas intensiver mit dieser Perspektive beschäftigt hatte, wurde mir klar, das es zu weit von meinem wirklichen thematischen Anliegen, der Management-Weiterbildung, entfernt war. Ich studierte zwar regelmäßig die ausgeschriebenen Positionen an Universitäten und Fachhochschulen; zu einer Bewerbung ist es jedoch nie gekommen. Nach einiger Zeit legte ich diese Richtung einer möglichen Karrierefortsetzung zu den Akten, weil ich zum einen mit meinen Interessen zwischen wirtschaftspädagogische und betriebswirtschaftliche Lehrstühle fiel und zum anderen ich mir nicht vorstellen konnte, in einem Hochschulapparat als Rollenkultur mein berufliches Leben fortan zu verbringen. Dies war eine der Lernerfahrungen aus der UNESCO-Rollenkultur.

Mein primäres Arbeitsfeld war die institutionale und funktionale Management-Weiterbildung, die ich auch jetzt in den Nachwehen eines Karriereabsturzes nicht aus den Augen verlor. Ich hatte zwar mit einer „Delle" in meinem professionellen Ego zu kämpfen: Mein Karrierezug war „entgleist". Als jemand, für den „Karriere" ein verfolgenswürdiges Fachgebiet darstellt, versuchte ich jedoch das Beste aus dieser Erfahrung zu machen, und dazu gehörte zumindest, den Fehler nicht zu wiederholen.

Ich besann mich nach meinem Karriereabsturz darauf, was ich konnte, wo ich bislang erfolgreich war, was mein *„competitive advantage"* gegenüber anderen im Markt darstellte und wo ich *„flow"* erlebte. Dabei kam ich nahezu zwangsläufig darauf, mich in der damaligen Situation meinem **primären Erfahrungsgebiet der Management-Institute** zuzuwenden und für diese so etwas wie eine Art Auftragsforschung zu besonders virulenten Problemkreisen anzubieten – ohne meine Zeitsouveränität aufzugeben. Begünstigend wirkte sich die Tendenz aus, dass sich gegen Mitte der 70er Jahre der Bedeutungsvorsprung externer Management-Institute für Unternehmen immer mehr abgeschwächt und die betriebliche Weiterbildung der Führungskräfte und Mitarbeiter in Unternehmen zugenommen hatte. Ein Grund war das beginnende Lerntransfer-Bewusstsein der teilnehmerentsendenden Unternehmen, dem ein externes Institut nicht so leicht wie eine interne Weiterbildungsabteilung entsprechen konnte. Ein zweiter Grund waren auch manche Leiter der Institute, die sich für das Konzept des Lerntransfers wenig aufgeschlossen zeigten und meinten, nach wie vor mit interessanten Lehrinhalten, garniert mit teilnehmeraktivierenden Lehrmethoden, den Kundenbedürfnissen zu genügen.

Einen zweiten begünstigenden Faktor für meine berufliche Neuausrichtung entdeckte ich in den vorhanden Forschungsmitteln für die Weiterentwicklung der Management-Weiterbildung im „Mittelstandstöpfchen" des Bonner Wirtschaftsministeriums, die als eine Art Gegengewicht zu den hohen Summen eingerichtet wurden, die man in jener Zeit für die gewerkschaftsnahen Projekte der Humanisierung der Arbeit (HdA) ausgegeben hatte.

Vor diesem Hintergrund habe ich zwischen Mitte 1975 und 1978 eine ganze Reihe von Forschungsprojekten über den Wuppertaler Kreis als Dachverband der gemeinnützigen Institute durchgeführt. Ich konnte als Privatperson nicht mehr – wie früher – direkt die Projektanträge an die Vergabestellen einreichen, sondern brauchte jeweils ein Institut des Wuppertaler Kreises, das gleichsam den Antrag unterbreitete und bei dem dann auch eine Pilotveranstaltung aus dem Projekt mit der interessierten Öffentlichkeit durchgeführt wurde.

Bei dem Besuch verschiedener Institute hatte ich in dem neuen Leiter des Instituts für Führungslehre an der Technischen Akademie Wuppertal einen aufgeschlossenen Partner gefunden. Zudem gab es auch beim Wuppertaler Kreis neue Köpfe, die den Staub aus der *Fassbender*-Zeit beseitigen wollten.

Dass meine Recherche und meine Kontaktbesuche vor Ort nicht immer so reibungslos und glatt verliefen, zeigte sich bei einem Besuch der Zentrale des Deutschen Gewerkschafts-Bunds (DGB) in Düsseldorf. Bei einem Termin wollte ich den obersten Verantwortlichen für Bildung davon überzeugen, dass meine Humanistische Management-Andragogik in ihrer Ausdehnung auf die gesamte betriebliche Weiterbildung und FKE ein kompatibles Konzept zur HdA wäre, um Betriebsratsmitglieder für ihre partizipative Rolle in der betrieblichen Weiterbildung fit zu machen. Mir wurde sehr entschieden klargemacht, dass der DGB kein Interesse an einer Qualifizierung der Betriebsratsmitglieder durch mich hatte, weil ein Betriebsrat für den DGB zuallererst ein politisches Organ war und man befürchtete, dass die politische Stoßkraft durch eine Professionalisierung stumpf würde. Zudem hatte der DGB gerade seine eigene Führungsakademie in Bad Zwischenahn aufgebaut und lehnte eine Zusammenarbeit mit mir rundweg ab.

Thematisch gab es in meiner **Phase der beruflichen Desorientierung und Neuausrichtung mehrere Stränge**, die ich verfolgte:

- Als Schreibtisch-Forscher kannte ich die nordamerikanische OE-Literatur. Mir fehlte dabei eine Verzahnung der klassischen Weiterbildungsarbeit mit der OE. Aus dieser Einsicht heraus entstanden **spezifische Ansätze**, wie eine **betriebliche Weiterbildungsabteilung** sich in dem **neuen OE-Thema** engagieren konnte. Dieses Vorgehen setzte sich bewusst von den rein prozessorientierten Gruppendynamikern ab, die insbesondere in Nordamerika die Wurzeln der OE-Bewegung waren. Die betriebliche Weiterbildungsabteilung sollte – mit Unterstützung von externen Partner-Instituten des Wuppertaler Kreises – weg vom reinen Seminaranbieter und zukünftig mit neuen Angeboten mit OE-Bezug für ihre Klienten auftreten.

  So entstand in dieser Zeit beispielsweise ein vom nordrhein-westfälischen Wirtschaftsministerium gefördertes Projekt über „Der Betrieb als Lerngemeinschaft", in dem Know-how-Träger aus dem Unternehmen mit Bedarfsträgern aus dem Unternehmen zusammengebracht werden sollten, statt auf Trainer vom Markt für Seminare zurückzugreifen. Man sprach damals noch nicht von Wissensmanagement. Die Idee hatte ich in der alternativen Hochschulszene in Toronto kennengelernt, in der Börsen zum Austausch von Fertigkeiten eingerichtet wurden (Beispiel: *„Suche Einführung in Spanisch"* – *„Biete Wartung von Motorrädern"*). Leider war die Stoßrichtung für die Beteiligten zu ungewöhnlich; das Projekt wurde dann später unter dem eher flachen Titel „Einsatz von Fach- und Führungskräften als nebenamtliche Trainer" geplant, bevor der Verlag daraus „Chefs müssen ihre Mitarbeiter wieder selbst trainieren" machte (*Stiefel/Mühlhoff* 1978). Der forschungsmittelbeschaffende Institutsleiter durfte bei den Veröffentlichungen immer als Co-Autor auftreten.

Ein anderes OE-orientiertes Projekt befasste sich mit der **Einrichtung von autonomen Lerngruppen**. Diese stellten für mich eine Fortsetzung der Seminare „Aktionsplanung auf dem Prüfstand" dar, die in der lerntransferorientierten Weiterbildung einen festen Platz hatten. Indem die Teilnehmer aus unterschiedlichen Seminaren zusammenkommen und über ihre individuell verschiedenen Umsetzungserfahrungen reflektieren, thematisieren sie gleichzeitig auch allgemein bestehende Innovationshemmnisse eines Unternehmens.

Ein weiteres Thema meiner OE-orientierten Projekte setzte beim **Induktionsprozess von neu rekrutierten Mitarbeitern** an (*Stiefel* 1979), um mit ihrer Betreuung in der Einführungsphase auch beabsichtigte Veränderungen in Unternehmen zu realisieren. Damit war auch der Weg der Weiterbildung zur Personalentwicklung vorgezeichnet, denn neue Mitarbeiter waren zunächst ja überhaupt keine Zielgruppe in der klassischen Weiterbildung.

In einem anderen Projekt in der OE-Kategorie habe ich das **kooperative Lernen** in mannigfachen Formen der Lernpartnerschaft exploriert. Diesem Projekt war die Hypothese unterlegt, dass die Teilnehmer durch andere Erfahrungen des gemeinsamen Lernens in Seminaren auch Veränderungen im betrieblichen Umfeld in Gang setzen. Mit dem Erlebnis einer andersartigen Lernkultur und dem Transfer dieser Meta-Ziele sollte auch die Arbeitskultur verändert werden. Die Anregung dazu stammte noch aus meiner Zeit an der McGill-University in Montreal, realisiert wurde das Projekt dann an der Technischen Akademie Esslingen (*Stiefel* 1980).

- Ein besonderes Anliegen meiner Auftragsforschung hatte ganz direkt die **Verbesserung der Arbeit externer Institute** zum Ziel. Aufbauend auf meinen früheren Arbeiten über Lerntransfer entstand an der TA Wuppertal gemeinsam mit einer Projektgruppe ein Praxisleitfaden, wie Institute verstärkt transferorientiert in ihrem Seminarangebot auftreten konnten. (*Stiefel* et al. 1979)

  Ein anderes Projekt, mit dem ich die externen Institute wieder zu attraktiven Partnern für die immer selbstbewusster auftretenden internen Weiterbildungsabteilungen machen wollte, befasste sich explizit mit **der Entwicklung neuer Kooperationsformen zwischen externer und interner Weiterbildung**. Ich wollte den Instituten die Möglichkeit geben, von ihrem eindimensionalen Serviceangebot für die Wirtschaft wegzukommen und einen mehrdimensionalen Service für ihre Klientenunternehmen zu bieten. (*Stiefel* 1980, S. 73 ff.)

- In einem anderen thematischen Strang meiner Forschungsarbeit in der Zeit nach meinem Karriereabsturz habe ich mich intensiv noch einmal mit der **Auslandsvorbereitung von Fach- und Führungskräften** auseinandergesetzt und dafür ein persönliches Projekt von der Konrad-Adenauer-Stiftung finanziert erhalten, die Benchmark-Erfahrungen des amerikanischen Peace Corps und des kanadischen Entwicklungsdiensts (CIDA – Canadian International Development Agency) auszuwerten. Meine Fehlerfahrungen mit der UNESCO und auch mein persönliches Schicksal in Teheran waren wichtige Treiber, um mich gezielt dieses Themas anzunehmen. Das Ergebnis aus diesem Projekt ist in der RKW-Schriftenreihe als dort letzte Arbeit von mir erschienen. (*Stiefel* 1978)

Die Auftragsforschung ist nach meinem Karriereabsturz bis Ende 1978 ein wichtiger Teil meines Aufgaben-Portfolios geworden. Mit dieser an frühere *„Flow"*-Erfahrungen anknüpfenden Tätigkeit, bei der ich mich als eine Mischung aus Life Styler und Forschungsprojektunternehmer verstand, konnte ich auch die *„Bread-and-butter"*-Seminare aushalten, die ich nach wie vor für Institute, aber zunehmend auch für Firmen durchgeführt habe.

Ein hoher Grad an Zeitsouveränität war mir immer wichtig. Dazu kamen immer Aufenthalte in Toronto, wo ich an meinem früheren Institut der Universität Kollegen traf und für jedes Projekt die vorhandene angelsächsische Fachliteratur aufgearbeitet und auswertete, beispielhaft illustriert mit der umfangreichen Literaturauswertung zum Thema „Autonomes Lernen", mit der ich so manchen Praktiker auch überfordert habe. (*Stiefel* 1978, S. 99 ff.) Das persönliche Life Styling kam ebenfalls nicht zu kurz, am besten illustriert durch den Kauf eines neuen VW-Camper, mit dem ich 1976 für ein halbes Jahr auf einem Frachter nach Nordamerika übergesetzt habe. Dazwischen kam ich für einen Monat zurück, um Seminare durchzuführen.

In dieser Zeit führte ich das bereits erwähnte Projekt der Auswertung der amerikanischen und kanadischen Entwicklungshilfe durch. Es war aber auch noch einmal der Versuch, den früheren Lebensentwurf zu testen, mit dem ich von 1971 bis 1974 einen hohen Grad an Zufriedenheit erfahren hatte, als ich als ein sich selbst finanzierender „Forschungsunternehmer" mit gelegentlichen Workshops in Deutschland und in Österreich unterwegs war. Dabei merkte ich, dass diese Phase mit meinen neuen Erfahrungen nach meinem Karriereabsturz abgeschlossen war und ich auch als Regression empfunden hätte. Wenn man im Berufsleben in einer Phase Schwierigkeiten hat, entsteht sehr schnell der Wunsch, sich in eine frühere Phase zurückzusehnen. Diese Art von Problembewältigung stellt sich in der Karriere so gut wie immer als eine Falle dar.

Meine Phase der beruflichen Desorientierung hatte sich allmählich stabilisiert und am **Ende 1978** zu Erfahrungen geführt, bei denen man an ein **„verstetigendes Geschäftsmodell"** denken konnte:

- Ich hatte durch die Auftragsforschungsprojekte meine Sichtbarkeit im Markt gesteigert, wenngleich die Institutsleiter des Wuppertaler Kreises am wenigsten die Ergebnisse dauerhaft umgesetzt haben. Ich war für einige Zeit auch Mitglied des „Didaktik/Methodik-Ausschusses" des Wuppertaler Kreises und habe aus dieser Zeit nicht gerade positive Eindrücke von den Institutsleitungen mitgenommen. So wurde beispielsweise die Leiterposition an der Technischen Akademie Wuppertal 1977 mit einem leitenden Manager neu besetzt, für den als redundant gewordenen Chef der Forschung und Entwicklung eines Großunternehmens ein neuer Posten gesucht werden musste. Meine Meinung über die Verwendung von Instituten als Abschiebestationen für ausgemusterte Führungskräfte hielt ich nicht zurück – was auch die Zusammenarbeit mit der TA Wuppertal beendete.

- Nach meinem Karriereabsturz bin ich im Sommer 1975 als unfreiwilliger Solo im Markt aufgetreten und habe bis Ende 1978 die Entwicklungsphase eines Solos zum „legitimierten Wertschöpfungspartner" von Unternehmen geschafft.

    Im beruflichen Leben eines jeden Solos gibt es eine Schwelle des „Geschafft-Habens", die in dem jungen *Entrepreneurship*-Fachgebiet als *„legitimacy threshold"* bezeichnet wird (*Rutherford/Buller* 2007, S. 78 ff.). *„This made-it feeling is a general feeling of relative permanence as opposed to a general feeling of impending failure. We term the point where this occurs the legitimacy threshold (LT), because the made-it stories told by entrepreneurs almost always involved the endorsement – or legitimizing – of the entrepreneur's organization by some major stakeholder."* (S. 78)

    Unterhalb dieser Schwelle gibt es einen ständigen Überlebenskampf, wobei das „Überleben" nicht nur eine finanzielle Dimension, sondern vor allem auch eine existenzbestätigende Dimension durch andere beinhaltet. *„Legitimacy cannot be taken, rather, it must be granted by influential stakeholders."* (S. 79) Die wichtigste Bestätigung erfolgt durch die Kunden. Man muss sich somit die Legitimation als Marktteilnehmer verdienen. Diese ist dann vorhanden, wenn man für Kunden als seriöser Wertschöpfungspartner interessant ist.

    Mittlerweile gehörten beispielsweise BMW, Daimler und auch das Haus Siemens mit größeren Projekten zu meinen Klienten, wobei in den meisten Fällen meine Anbieter-Autorität via Veröffentlichungen am Markt ausschlaggebend war. Bei Siemens hat man mit mir insbesondere wegen meiner früheren Stammhauslehre zusammengearbeitet, was offensichtlich in der damaligen Szene bei P-, PE- und FKE-Leitern noch recht bedeutsam war.

- Obwohl ich bereits einen Nachfrageüberhang nach meinen Serviceleistungen gegen Ende dieser Phase hatte, blieb ich Solo aus Life-Styling-Gründen und habe für einzelne Projekte zum Teil auch bereits Trainer aus Unternehmen für andere Unternehmen eingesetzt.

- Die Zusammenarbeit mit Instituten, die meine klassischen Seminarthemen am Markt verkauft haben, wurde immer kritischer, so dass ich erwog, als Solo direkt mit einem überbetrieblichen Angebot für PE-ler aufzutreten.

- Meine Strategie der Auftragsforschung, mit der ich mich vor allem mental von der als relativ flach erlebten Freiberufler-Szene absetzen wollte, stellte sich auf den zweiten Blick als „finanzierte Produktentwicklung" für den Markt der Institute und Weiterbildungs- und PE-Abteilungen und somit als cleverer Schachzug dar.

- Eine Bestätigung für meine Arbeit schien ich aus der deutschsprachigen OE-Szene zu erhalten, um die ich mich nicht weiter gekümmert hatte, die aber im Frühjahr 1978 ein Treffen in Frankfurt organisierte, zu dem ich auch eingeladen wurde. Unter den sieben OE-lern waren u.a. *Lauterburg, Riekmann* und *Eva Renate Schmidt*, die sich mit dem Anliegen befassten, wie man die OE in Deutschland organisieren und als Profession fördern könnte. Auf dem im selben Jahr noch stattfindenden ersten deutschen OE-Kongress in Aachen (es blieb bei dem ersten) des *Stehle*-Lehrstuhls und seines Assistenten *Trebesch* übernahm ich einen Workshop über „Betriebspädagogische Strategien der OE".

- Im Unterschied zu meinen früheren „Gastspielreisen", an die sich stets die Rückkehr nach Nordamerika angeschlossen hatte, bin ich nach meinem Karriereabsturz intensiv in die deutschsprachige Weiterbildungs- und FKE-Szene eingetaucht und habe mannigfache Erfahrungen gesammelt. Nachdem ich den Newsletter-Journalismus in Nordamerika kennengelernt hatte, plante ich ein eigenes Fachorgan für den Dialog mit meinem zukünftigen Markt: Weiterbildungs-, FKE- und PE-Abteilungen sowie freiberuflichen Trainern, die sich etwas mehr fachliches Profil aneignen wollten. Ich wählte dafür das Akronym **MAO**: Mit **M**anagement-**A**ndragogik wollte ich die fachwissenschaftliche Disziplin unterstreichen und mit dem O für **O**rganisationsentwicklung die Verbindung zur Praxisdisziplin der OE, die ich nicht ausschließlich den Gruppendynamikern überlassen wollte. Dass ich auch eine kommunikative Plattform suchte, um mir vieles, was ich in den Jahren von 1975 bis 1978 erlebt hatte, als Frust von der Seele zu schreiben, war ebenfalls ein Treiber für MAO – vielleicht war die Suche nach der eigenen Plattform für die Katharsis sogar stärker als das Bedürfnis, allfällige Klienten über neue fachliche Konzepte und Veröffentlichungen zu informieren.

Mit der ersten Nummer meines MAO-Informationsbriefes im Frühjahr 1979 endete für mich eine schmerzhaft begonnene Phase nach der Teheran-Erfahrung und es stand jetzt die Vision im Raum, dauerhaft die Qualifizierung von Trainern, FKE- und PE-lern zu verfolgen – und dies mit einem Geschäftsmodell, das sich von anderen Anbietern im Markt markant unterscheidet. Am Beginn von MAO im Frühjahr 1979 blickte ich seit meinem Einstieg in das Management-Institut in Genf auf zehn Jahre forschungsbasierte Arbeit in der Management-Weiterbildung und verwandten Themenkreisen zurück, mit denen ich mir vorstellte, für längere Zeit eine attraktive Rolle im Markt zu spielen – und mich dabei von Mitanbietern abzuheben. Ich kannte mittlerweile sehr gut die Praxis und die Szene und habe als **differenzierende Positionierung** insbesondere meine **fachliteraturbasierte Arbeit** gesehen.

Die Rolle von MAO als meinem Informationsbrief war mir ursprünglich nicht so klar, außer dass es auch als *„Flow"*-Projekt gedacht war. Mit dem zukünftig anvisierten direkt vermarkteten überbetrieblichen Programm wollte ich mich von den Instituten unabhängig machen, mit denen ich immer unzufriedener geworden war. Gleichzeitig sollte das überbetriebliche Programm als Instrument der Marktbearbeitung dienen, um immer wieder an neue Klienten zu kommen und so auch unabhängig von einzelnen Auftraggebern zu sein. Und schließlich hatte ich mir vorgestellt, dass die selbstbestimmte Planung meiner Veranstaltungen in einem überbetrieblichen Programm mehr Zeitsouveränität schaffen konnte – meine Life-Styling-Ansprüche sind auch in der Phase der beruflichen Neuorientierung nicht untergegangen. Obwohl ich mich jetzt selbst in Richtung eines eigenen größeren Instituts hätte bewegen können, war für mich der Solo als Trainings- und Beratungs-Unternehmer eine unverrückbare Option geworden – und mein VW-Camper eine symbolische Rückversicherung, dass es bei einem Freiberufler nicht nur um das Ökonomische geht.

Zum **Ende** meiner **Phase der beruflichen Desorientierung und Neuorientierung** noch einige **Aspekte meiner reflektierten Erfahrungen in dieser Zeit:**

- Karriereabstürze sind nicht nur persönliche Krisen, sondern auch Chancen, um neu durchzustarten. Ob ein persönlich bedeutsames Karriereereignis ein Erfolg oder ein Misserfolg ist, hängt auch immer vom Zeitpunkt der Bewertung ab.
- Man sollte auch in schwierigen Zeiten nie aus den Augen verlieren, was für einen wichtig ist und was das persönliche und berufliche Anliegen ist.
- Ich habe mir in dieser Zeit unbewusst die Basis für eine spätere Tätigkeit geschaffen, die mir in diesen Jahren gefehlt hat: die karriereberatende Rolle eines Sparringspartners, mit dem man in schwierigen Phasen seine Karrieresituation besprechen kann.
- Wenn man in einer beruflichen Phase Schwierigkeiten hat und Unsicherheiten spürt, lohnt es sich, nicht einseitig nachzudenken und zu analysieren, sondern neue unterschiedliche Erfahrungen zu machen und diese für sich auszuwerten. Ab irgendeinem Zeitpunkt sollte man jedoch nicht länger Optionen für sich aufbauen, sondern sich für eine bestimmte Karriereoption entscheiden. Man erhöht mit dem Aufbau von beruflichen Optionen nicht seine Unabhängigkeit, sondern lähmt nur seine Stoßkraft, sich voll für eine Sache einzusetzen. Jahre später habe ich im Rahmen meiner mittlerweile karriere-coachenden Tätigkeit auch das Buch von *Ibarra* entdeckt. Im Vorwort wird die Essenz einer beruflichen Neuorientierung so zusammengefasst: *„We learn who we are – in practice, not in theory – by testing reality, not by looking inside. We discover the true possibilities by doing – trying out new activities, reaching out to new groups, finding new role models ... To launch ourselves anew, we need to get out of our heads. We need to act."* (*Ibarra* 2003, S. XII)

2.5. Phase der Etablierung als Solo-Berater und Begleitung von Weiterbildungsabteilungen zu strategisch ausgerichteten PE- und FKE-Abteilungen (bis 1989)

Ich habe es innerhalb von vier Jahren geschafft, nach einem Karriereabsturz und „entgleisten Karrierezug" bei der UNESCO ein respektierter Berater mit einem soliden Geschäftsmodell zu werden. Und dies mit einem gelebten Life-Styling-Konzept, bei dem ich keine Abstriche gemacht habe.

Mit MAO begann für mich ein neuer beruflicher Abschnitt. Ich hatte mich entschlossen, mich als PE- und FKE-Berater-Solo am Markt dauerhaft zu etablieren. Das als Ausfluss des Aachener OE-Kongresses einsetzende Interesse an OE war in der Szene markant spürbar – auch als Nachfrage von Weiterbildungs- und PE-Abteilungen, wie man sich des neuen Themas annehmen könnte. In die OE-Szene selbst, die sich aus dem ursprünglichen Frankfurter Kreis von OE-lern und um „Kongress-Nachlese-OE-lern" des Aachener Kongresses wie *Trebesch* gebildet hatte, habe ich mich nicht mehr eingebracht. Ich war immer ein „Solo-Arbeiter" oder *„lonely cowboy"*, der keine Geduld für die Pirouetten Einzelner in diesen Gruppierungen aufbrachte. Ich bevorzugte eher ein loses Netzwerk von professionellen Kollegen, mit denen ich mich fallweise austauschte und die ich auch in Projekten einsetzte. Zudem war mir der Einfluss der Gruppendynamiker zu groß, insbesondere, weil in meinen Augen die Prozessdimension kein Selbstzweck in der Bearbeitung von Projekten war. Und umgekehrt war den „echten OE-Jüngern" meine Arbeit zu wenig „OE-haft". Innerhalb dieser neuen OE-Gruppierung gab es zudem Puristen wie *Sievers*, der den ersten deutschen OE-Lehrstuhl in Wuppertal innehatte und der als Vertreter der Tavistock-Richtung einen besonderen Anspruch entwickelt hat, den er auch bildhaft vermittelte. Ich kannte *Sievers* nur mit seinem blauen Schäferkittel, mit dem er für mich symbolisch immer transportieren wollte, als Hirte und Hüter der sich sammelnden OE-Schafherde aufzutreten.

Einer meiner **speziellen Zugänge zur OE**, mit denen ich Weiterbildner und PE-ler für die neue OE-geprägte Zeit rüsten wollte, war die **Veränderung von einstufigen Führungstrainings zu mehrstufigen Programmen**, in denen die Didaktik und Methodik des Problemklärungsseminars (PKS) am Beginn des Trainingszyklus eine große Nähe zu den aus der OE bekannten Diagnosetreffen hatte. Das problemorientierte Curriculum des Führungstrainings als Anpassungsqualifizierungsmaßnahme war eine Marktnische, mit der ich zahlreiche Trainer in eine neue OE-orientierte Arbeitsweise einführte (*Stiefel/Kailer* 1982). Kern des problemorientierten Curriculums von Führungstrainings war die mehrstufige Programmplanung, die sieben Bestandstücke enthielt.

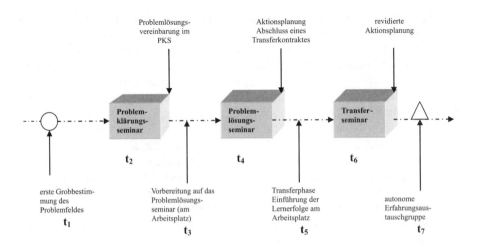

Aus der **Verbindung von problemorientierten Führungstrainings mit der Persönlichkeit** von Vorgesetzten entstand ein völlig neues **Design-Konzept für das Führungstraining**, zumal man damit nachweisen konnte, dass bestimmte personale Dispositionen von Vorgesetzten wiederkehrende Führungsprobleme zur Folge hatten. Meine Erfahrungen mit problemorientierten Führungstrainings waren einer der Treiber, warum ich mich sehr frühzeitig mit dem MBTI (Myers-Briggs-Typenindikator) und anderen Persönlichkeitsinventaren beschäftigt habe.

Meine **typischen OE-Projekte** waren in den **80er Jahren** Treffen mit Weiterbildungs- oder PE- und FKE-Abteilungen – wie sie sich jetzt verstärkt nannten –, um über die Bearbeitung einer neuen Vision und mit der Entwicklung neuer Produkte eine **Neupositionierung der Abteilung** vorzunehmen. Dass für diese Neupositionierung auch die Befriedigung handfester Trainingsbedarfe der Mitarbeiter in diesen Abteilungen anstand, war offensichtlich. Diese Projekte der Weiterentwicklung von ganzen Abteilungen liefen nicht nur als Prozessbegleitung ab, sondern waren auch mit einem strammen Professionalisierungsteil ausgestattet, der sich allmählich auch in einem ausgeweiteten Programm zur Qualifizierung von PE-und FKE-lern niederschlug. Da ich im Unterschied zu den vielen Gruppendynamikern und Therapeuten, die sich in der OE-Szene tummelten, etwas von Weiterbildung und FKE verstand, musste ich mich nicht auf die bloße Prozessdimension bei den Veränderungsprojekten von PE-/FKE-Abteilungen beschränken. Ich hatte frühzeitig in der OE die Position vertreten, dass man in der Welt des Klienten zuhause sein muss, wenn man dort Veränderungsprojekte mit dauerhaftem Erfolg durchführen wollte. Deshalb habe ich außerhalb des P-Ressorts in meiner ganzen Karriere nie Veränderungsprojekte angenommen.

Eine **wesentliche Anregung für meine PE-Beratung** erhielt ich bei einem Klientenunternehmen in der Schweiz, als ich den **neuen Ansatz der strategischen Erfolgspositionen** – kurz SEP – von *Pümpin* (1982) kennenlernte. Die sich daraus ergebende strategieumsetzende PE habe ich im Laufe der 80er Jahre bei

Kundenprojekten, aber auch durch die Aufarbeitung der Implementierungsliteratur zur Unternehmensstrategie immer wieder ausdifferenziert. Die **strategieumsetzende PE** ist bis heute zu meinem **Markenzeichen** im Markt geworden.

„Die richtigen Dinge tun, statt nur die Dinge richtiger machen", ist in vielen sich neu positionierenden PE-Abteilungen in der zweiten Hälfte der 80er Jahre zu einem Motto ihrer Arbeit geworden – leider oft mehr auf dem Papier als in der Wirklichkeit, aber immerhin hatte man sich damit eine Richtung vorgegeben. Ich hatte für mich ab dieser Zeit ein Raster von Geschäftsfeldern konzipiert, für deren Bearbeitung bei PE- und FKE-lern und ihren eingekauften Trainern und Beratern entsprechende Kompetenzen entwickelt werden mussten.

Das neue **überbetriebliche Programm für die Qualifizierung von PE- und FKE-lern** begann ab Mitte der 80er Jahre eine **feste Größe im Markt** zu werden. Das jährliche Programmheft über „Strategieumsetzendes Lernen" wurde so ausgestaltet, dass es nicht nur unsere Veranstaltungen vermittelte, sondern es sollte auch so mit „Lesehäppchen" versehen sein, dass man durch die bloße Lektüre unseres Programms Appetit auf die strategieumsetzende Entwicklungsarbeit bekommen sollte.

Auch sonst gab es zwischen dem überbetrieblichen Programm, dem MAO-Informationsbrief und innerbetrieblichen Projekten eine große Synergie. Wenn sich in Veränderungsprojekten bei Abteilungen Bedarfe hinsichtlich einzelner Mitarbeiter zeigten, konnten diese im überbetrieblichen Programm befriedigt werden. Hatte sich bei Teilnahme eines PE- oder FKE-Leiters an einer überbetrieblichen Veranstaltung die Notwendigkeit der Folgebetreuung ergeben, konnte er durch mich oder auch von Netzwerkpartnern bedient werden. Und MAO als Informationsbrief diente immer mehr der stetigen differenzierenden Bearbeitung von Teilaspekten der strategieumsetzenden PE, was auf einer anderen Ebene auch Marktbearbeitung bedeutet hat. Das Geschäftsmodell entpuppte sich als außerordentlich stimmig zu meinen persönlichen Vorstellungen: Kostenbewusster Marktauftritt, Vermarktung des überbetrieblichen Programms so gut wie ausschließlich über MAO und konsequente Verfolgung einer Solo-Strategie. Die in dieser Zeit beginnende intensivere Zusammenarbeit mit *Bernd Wildenmann*, der ursprünglich in einem Unternehmen und mittlerweile als Freiberufler tätig war, stellte sich als kongeniale Form der Kooperation heraus. Ich wollte aus Life-Styling-Gründen Solo bleiben und er verfolgte den Aufbau einer Trainer- und Beratergruppe, die ihm durch meine Zusammenarbeit (die – vertraglich fixiert – bis ins Jahr 2000 reichte) mit ständig neuen Klienten ermöglicht wurde.

In der **neuen Phase meiner PE- und FKE-Beratung** habe ich auch länger andauernde Projekte bei Unternehmen durchgeführt, aus denen teilweise **interessante Neuentwicklungen** hervorgegangen sind. Ein Beispiel ist die besondere **Bearbeitungsmethodik des Korridorthemas** (*Stiefel* 2010). Ich wollte mit diesen Konzepten mein besonderes Anliegen verfolgen, aufgeschlossene Abteilungen mit arteigenen speziellen Design-Architekturen auszustatten, damit sie sehr wohl im „Veränderungsgeschäft" agieren können. Damit wollte ich insbesondere ein professionelles Gegengewicht zu den teils recht schillernden OE-Beratern aufbauen.

Trotz oder auch gerade wegen meines Scheiterns in dem UNESCO-Projekt hatte ich das **internationale PE-Geschäft als besonderes Anliegen** verfolgt. Ich war in Englisch perfekt, kannte mich im angloamerikanischen Kulturkreis aus und hatte mich durch mein Forschungsprojekt über die Vorbereitungspraxis der amerikanischen und kanadischen Entwicklungshilfe mit den zentralen Themen in der Auslandsvorbereitung befasst. Da immer mehr Unternehmen international wurden, wollte ich diesen Themenkreis für PE-Abteilungen zugänglich machen. Meine Veröffentlichung über „Training für den Einsatz in fremden Ländern" hatte bereits 1978 zu einem Projekt für eine „Siemens-Tochter" in Brasilien geführt, wo ich an der Counterpart-Entwicklung – Verbesserung der Zusammenarbeit und Know-how-Transfer zwischen deutschen und brasilianischen Ingenieuren – beteiligt war.

Ende der 70er Jahre plante die RKW-Schule der Manager in Düsseldorf den **Aufbau eines RKW-Auslandsforums,** bei dem ich meine Beziehungen zu Professoren aus der Genfer Zeit und während meiner Zeit in Nordamerika einbrachte. Da es in Deutschland als einer der führenden Exportnationen und Großunternehmen mit zunehmenden Direktinvestitionen im Ausland keine spezielle Weiterbildungseinrichtung dafür gab, waren die Chancen für eine derartige Einrichtung wie das RKW-Auslandsforum sehr gut. Ich übernahm für das RKW eine Art freiberufliche Studienleitung und führte dann selbst für P-Leiter, PE-/FKE-ler und Trainer eine Studienreise nach Nordamerika durch, die – quasi nach japanischer Art – als Form des Lernens im Feld gedacht war und vor allem die Teilnehmer auch zum Aufbau eines internationalen Netzwerks führen sollte. Eine Woche Toronto mit Besuch kanadischer Unternehmen mit Hilfe meiner *„connections"* vor Ort und eine Woche an der kalifornischen Westküste waren ein voller Erfolg. Als das RKW mir die gesamte Verantwortung für das Auslandsforum übertragen wollte, habe ich dankend abgelehnt. Das Projekt ist anschließend von einer Beratungsgruppe übernommen worden, die das Auslandsforum nach einem weiteren Jahr „beerdigt" hat. Meine Solo-Rolle mit meinem Bedürfnis nach Zeitsouveränität und Life Styling hat mich daran gehindert, der Versuchung eines „eigenen Instituts" nachzugeben.

Ein Nebeneffekt dieser Studienreise war meine Bekanntschaft mit *Kenneth Blanchard*, der zu jener Zeit als Junior-Partner von *Hersey* dessen Führungskonzepte in leicht lesbares Englisch übertrug und diesen beim Aufbau der California-American University unterstützte. Als Folge eines Berichts über die Studienreise in einem Manager-Magazin ist das situative Führungskonzept von *Hersey/Blanchard* dann in deutschen Unternehmen so richtig bekannt geworden; das Buch der Autoren, das bereits 1969 in der ersten Auflage erschienen war, war bis zu diesem Zeitpunkt nur den Forschungs-*„Freaks"* geläufig, die sich mit *Fiedler* und den Ohio-Studien beschäftigt haben. (*Hersey/Blanchard* 1969) Ich war als Kontaktadresse in dem Magazin-Bericht angegeben. Dabei machte ich die Erfahrung, dass eine größere Zahl von GF-Mitgliedern – und nur sehr wenige PE-und FKE-ler – an *Hersey/Blanchard* Interesse hatte, weil deren Reifegrad-Element in der Führung kein spezielles Führungsverhalten verlangte und man zudem *Hersey/Blanchard* sehr gut mit MbO kombinieren konnte – neben Zielvereinbarungen, die *en vogue* waren, wurde jetzt auch der Führungsstil in einem bestimmten Aufgabenbereich zwischen dem Vorgesetzten und seinen Mitarbeitern kontrahiert. So gut wie alle dieser Interessenten haben sich das weiterführende Material, das mir *Blanchard* zur Verfügung stellte, an ihre Privatadresse schicken lassen. Neben dem Führungskonzept von *Hersey/Blanchard* habe ich als Folge meiner Studienreise das MBA-Programm der California-American University auch einigen Mitarbeitern in Unternehmen und Trainern empfohlen, die ihren etwas schmucklosen Lebenslauf mit einem akademischen Grad verzieren wollten. Mein Gespür für *„degree grinding factories"* hatte der Privatuniversität der beiden Autoren jedoch keine besondere Zukunft prognostiziert. Als sich *Blanchard* kurze Zeit später von *Hersey* trennte, um seine eigene Trainingsorganisation aufzubauen, kam auch das Ende der California-American University.

Das **internationale Thema** habe ich außer bei einigen trainierenden Kurzeinsätzen im Ausland im Wesentlichen von 1983 bis 1987 bei der Führungsakademie der Deutschen Bundespost verfolgt, die in ihrer damaligen Telekom-Sparte immer wieder Fach- und Führungskräfte für ITU-Projekte (International Telecommunication Union) zur Verfügung stellen musste. Obwohl ich gerne noch in anderen Organisationen die internationale PE-Arbeit unterstützt hätte, erhielt ich kein attraktives Projekt mehr im Bereich „Interkulturelles Management" oder „Interkulturelle Vorbereitung von Fach- und Führungskräften". Dies lag weniger daran, dass die Konkurrenz unter Trainern so groß gewesen wäre. Vielmehr haben die meisten PE- und FKE-Abteilungen den latenten Bedarf in ihren Organisationen total verschlafen, weil die Mitarbeiter in diesen Abteilungen außer Urlaubsaufenthalten über keinerlei Auslandserfahrung verfügten.

Eines meiner **zentralen Anliegen als Solo war Life Styling** als Thema und als selbstbestimmter Lebensentwurf. Während ich in den 70er Jahren die Muße des freischaffenden Management-Andragogen mit vielen eingewobenen Life-Styling-Elementen nahezu exzessiv ausgelebt hatte, waren die 80er Jahre von einem doch recht vollen Kalender bestimmt, wobei nur der Sommer in Toronto von Terminen regelmäßig frei war. In diesen Wochen benutzte ich mein altes Umfeld immer als „Wissenstankstelle".

Seit ich in der „Humanistischen Management-Schulung" das Thema Lern- und Laufbahnberatung als Kapitel behandelt hatte, blieb der Wunsch zurück, aus Life Styling eine eigenständige populärwissenschaftliche oder Paperback-Veröffentlichung mit einer gewissen Breitenwirkung zu machen. Da ich meiner „Schreibe" nicht zugetraut habe, die Life-Styling-Themen für ein größeres Leserpublikum zu bearbeiten, suchte ich nach einem Co-Autor, der mich in dieser Richtung unterstützen sollte. Dabei gab es bei zwei sehr interessierten Schreibpartnern im Vorfeld jeweils einen unerwarteten Nebeneffekt: Der Erste, Studienkollege aus Nürnberger Zeiten und mittlerweile FH-Professor, ließ sich nach seiner Einlassung in meine zusammengestellte Hintergrundliteratur scheiden und war dann mit diesem „Projekt" beschäftigt. Der zweite Kontakt, ein befreundeter Wirtschaftsjournalist, hat sich ebenfalls sehr eingehend mit den Themen beschäftigt und sich dann nach unseren ersten Autorentreffen als Baghwan-Jünger nach Indien abgesetzt. Bei zwei jungen Mitarbeitern der Daimler-Ausbildungsabteilung, die ich beraten hatte, sind das Thema und mein Vorhaben auf großes Interesse gestoßen, so dass das Projekt 1981 mit dem Erscheinen des Buches realisiert wurde (*Hirth/Sattelberger/Stiefel* 1981). Es wurde bis in die 90er Jahre als Hardcover- und Paperback-Veröffentlichung verkauft. Es ist bedauerlich, dass später der oberflächliche *Seiwert*, dem *Sattelberger* unsere Life-Styling-Materialien als damaligem Stuttgarter Trainer-Kollegen überlassen hatte, das Thema für sich unter dem Titel „Life-Leadership" beim Campus-Verlag ausgeplündert und in denaturierter Form veröffentlicht hat – natürlich ohne Bezug zu unserer früheren Arbeit. (*Seiwert* 2001)

In die Zeit der Etablierung als Berater und MAO-Autor fiel auch meine Übersiedlung nach St. Gallen. Meine Projekte und auch das überbetriebliche Programm erforderten allmählich eine Infrastruktur, die ich als Solo mit telefonischem Auftragsdienst nicht mehr leisten konnte. Ich suchte nach einer Anbindung an eine Beratergruppe, bei deren Infrastruktur ich mich aufgehoben fühlte und bei der ich mit meinen Produkten und vor allem mit meinem professionellen Anspruch niemandem ins Gehege kommen konnte. Ein früherer Teilnehmer aus einem meiner Transfer-Seminare machte mir mit seiner Marketing-Beratung ein attraktives Angebot, so dass einer Übersiedlung in die Schweiz nichts mehr im Wege stand. Die Verlagerung meiner Tätigkeit in die Ostschweiz führte zu keinen Beeinträchtigungen im deutschen Markt. Ich hatte sogar in manchen Fällen den Eindruck, dass der neue Standort St. Gallen bei oberen Führungskräften in deutschen Unternehmen eher positiv besetzt war.

MAO hat Mitte/Ende der 80er Jahre immer mehr das Image meiner Beratungsarbeit bestimmt und ist mit seiner bissigen Art nicht nur streckenweise eine „PE-Titanic" geworden, sondern hat mit dem schonungslosen Umgang viele Fehlentwicklungen an die Wand gestellt, die als veröffentlichte Praxisattrappen auf Konferenzen als den neuen Jahrmärkten der Eitelkeit von PE- und FKE-lern vorgestellt wurden. Ich entdeckte, dass es in vielen Abteilungen zwei Wirklichkeiten gab: eine veröffentlichte und eine gelebte. Beim Aufdecken dieses Widerspruchs macht man sich natürlich keine Freunde.

Der Aufbau neuer Fähigkeiten in einer PE- und FKE-Abteilung war eine notwendige, bei weitem aber keine hinreichende Voraussetzung, um wirklich strategieumsetzend als Abteilung tätig zu sein. Es brauchte auch die Überzeugung der anderen im Unternehmen, insbesondere der Geschäftsführung und der an sie berichtenden oberen Führungskräfte, dass strategieumsetzendes Entwicklungshandeln eine neue Mentalität auf Seiten der Geschäftsführung erforderlich macht.

Für mich stellte sich gegen Ende der 80er Jahre die Frage, ob mein **Konzept der strategieumsetzenden PE** nicht viele **Mitarbeiter überfordert** – nicht auf der Ebene von neuen Kompetenzen, die man erwerben kann, sondern auf der Ebene der Persönlichkeit: Dazu gehört das „Position-Beziehen", die Einflussnahme ohne formale Machtbasis oder das Stellen von Forderungen, die vorhandene Unvollkommenheiten tangieren und für deren Beseitigung die GF-Mitglieder zuständig sind.

Ende der 80er Jahre war ich noch einmal an einem geförderten Projekt beteiligt. Dabei ging es darum, wie man für Klein- und Mittelbetriebe PE betreiben kann und was diese von Großbetrieben lernen können. Mein Beitrag erschien separat als Buch (*Stiefel* 1991) und liegt zwischenzeitlich in unveränderter Bearbeitung in der fünften Auflage vor. Diese Veröffentlichung war auch unter Marktbearbeitungsaspekten wertvoll, weil mir damit eine gut lesbare Gesamtdarstellung meiner PE zur Verfügung stand, anhand derer sich Interessenten informieren konnten.

Ich setzte mich gegen **Ende meiner Phase der Etablierung als Berater** verstärkt mit der Frage auseinander, ob man **PE- und FKE-Leitern durch spezielle Coaching-Unterstützung** eine Hilfestellung zu mehr tatsächlicher strategieumsetzender Entwicklungsarbeit anbieten sollte oder ob man nicht stattdessen auch die Frage der organisatorischen Einbindung neu stellen musste – insbesondere auch vor dem Hintergrund meiner Erfahrungen mit einzelnen P-Juristen auf der Vorstandsebene.

Meine wiederkehrenden Zweifel, ob PE- und FKE-Leiter die richtigen Adressatengruppe für meine strategieumsetzende PE sind, haben mich Ende der 80er Jahre zu dem Versuch veranlasst, mein Konzept im wöchentlichen bzw. zweiwöchentlichen Abstand während eines ganzen Jahres in dem damaligen Vorstandsblättchen „Blick durch die Wirtschaft" der Frankfurter Allgemeinen Zeitung auszufalten. Dabei habe ich den Eindruck gewonnen, dass diese Serie lediglich den Druck auf den internen Experten in PE und FKE erhöht hat, dem meine Beiträge von oben übersandt wurden. Eine direkte Kontaktaufnahme von GF-Mitgliedern ist nur in wenigen Ausnahmefällen erfolgt. Auch eine Veröffentlichung wie die „Lektionen für die Chefetage" (*Stiefel* 1996), die mit dem Adressatenkreis oberes Management verfasst wurde, war als weiterer Versuch eher erfolglos, obwohl das Buch zu jener Zeit sehr positiv besprochen wurde. Da ich persönlich wenig Neigung hatte, mich mit dem Typ des P-Juristen auf Vorstandsebene auseinanderzusetzen, habe ich mich nach meinen Versuchen entschlossen, mich weiterhin auf FKE- und PE-ler als Zielgruppe in der Bearbeitung auszurichten.

Die Phase meiner Etablierung als Berater hat keinen scharfkantigen Abschluss. Ich habe Anfang der 90er Jahre trotz eines boomenden überbetrieblichen Programms und einer vollen Agenda für mich das Fazit gezogen, dass die immer ausgebuchte „strategische Woche", die ich jedes Jahr zwei Mal durchführte, eigentlich mehr Spuren von strategieumsetzender PE in der Praxis hinterlassen müsste. Ich kam zu der Erklärung, dass letztlich die **Persönlichkeit des leitenden PE- und FKE-lers** entscheidend dafür ist und nicht die immer vorgeschobenen „Umstände" im Unternehmen, was er mit der erworbenen Fachkompetenz an Veränderungen anpackt – oder eben auch nicht. Und wenn die Persönlichkeit zur erfolgskritischen Größe der Einführung eines neuen Denkens in der PE- und FKE-Arbeit wird, muss man sich intensiver mit den betreffenden Personen befassen – in diesem Fall als konzentrierte Beratung und Begleitung von Einzelpersonen.

2.6. Phase des kritischen Management-Andragogen mit Intensivierung der Einzelberatung und Neupositionierung strategisch ausgerichteter Entwicklungsarbeit (bis 2000)

Es begann die **Phase des kritischen Management-Andragogen mit Intensivierung der Einzelberatung und Neupositionierung strategisch ausgerichteter PE-Arbeit**, die bis etwa 2000 reichte. In dieser Phase lief zwar das Geschäft aus den 80er Jahren fort, es traten jedoch in Ergänzung zu den etwas ausgedehnten Projekten der Begleitung von Abteilungen **verstärkt Einzelberatungen von leitenden PE- und FKE-lern und gelegentlich bereits die Bearbeitung von Solos** hinzu, die ursprünglich in einer innerbetrieblichen Abteilung tätig waren. Dies hatte drei Gründe:

- Zunächst war ich immer weniger motiviert, mich mit gesamten Abteilungen zu befassen und sie im Prozess der Veränderung von einer normalen Weiterbildungsabteilung zu einer strategieumsetzenden PE- und FKE-Abteilung zu begleiten. Meine Geduld im Umgang mit den vielen „Primaballerinen" in diesen Abteilungen und das zähe Abarbeiten der Widerstände waren im Laufe der Jahre kleiner geworden. Wenn jemand in diesen Abteilungen meinte, für sich eine Spielwiese gefunden zu haben, und mich als denjenigen sah, der ihm die Spielwiese wegnehmen wollte, fragte ich mich, ob dies eigentlich mein Auftrag als Berater sei.
- Weiters wollte ich eher mit dem Leiter selbst arbeiten und mit ihm in der Einzelberatung herausfinden, welchen Beitrag er zukünftig für sein Unternehmen mit neuen strategieumsetzenden Produkten und Projekten leisten kann. Ich war der Überzeugung, dass es für die Neupositionierung der strategieumsetzenden Entwicklungsarbeit hilfreich ist, wenn man im Unternehmen auch mit neuen Köpfen antreten konnte, um das Neue in der Arbeit teilweise auch durch neue Personen sichtbar zu machen. Mit anderen Worten: Statt bestehende Abteilungen weiterzuentwickeln, war ich verstärkt am Aufbau neuer Abteilungen interessiert, die die Neupositionierung zum Teil auch durch einen anderen Namen zum Ausdruck bringen sollten.
- Der dritte Grund war mehr meinem Bedürfnis nach Zeitsouveränität und Life-Styling-Überlegungen geschuldet. Wenn man sich nur mit einem einzigen Klienten terminlich einigen muss, kann man als Berater bestimmen, wann man Termine ansetzt und wann nicht. Zudem habe ich meinen „Einzelklienten" zunehmend vorgeschlagen, mich zu besuchen. Es steht nirgends geschrieben, dass der Berater seine Leistungen am Ort des Klienten erbringen muss.

Mit dem Ansatz der Einzelberatung von PE- und FKE-lern zur Neupositionierung der strategieorientierten Arbeit wurden zwangsläufig die Geschäftsführung, ihre verschiedenen Vertreter und der Umgang mit ihnen zum Thema gemacht. Meine Konzepte über große und kleine Bypass-Konstruktionen, mit denen man sich aus wenig hilfreichen Vorgesetzten-Beziehungen zu P-Vorständen löst, oder das Kreieren einer neuen *Chief-Learning-Officer*-(CLO-)Rolle waren Beispiele dafür, dass die Arbeit jetzt politischer geworden war. (*Stiefel* 2010, S. 73 ff.)

Die Einzelberatung von leitenden PE- und FKE-lern macht natürlich nicht davor Halt, nur den Kontext des Unternehmens zu sehen, in denen sie beschäftigt waren. Ich habe mit meinen Klienten deren berufliche Anliegen immer in einem ganzheitlichen Lebensentwurf betrachtet und mit ihnen auch andere Optionen von strategischen Wertschöpfungsbeiträgen ausgelotet, mit denen sie zu neuen stimmigen Lösungen gelangten, die sowohl „*flow*" als auch den ökonomischen Ertrag ihrer Arbeit und die Befriedigung anderer persönlicher Interessen berücksichtigten. In dieser Funktion war ich nicht mehr nur PE- und FKE-Berater, sondern auch Life-Styling-Berater – eine Rolle, die vieles von dem zusammenführte, was ich selbst erlebt und erfahren habe.

Es gibt einen **markanten Unterschied zwischen einem PE- und FKE-Berater** und einem **Berater für diese Personen**. Ein **PE- und FKE-Berater** berät ein Unternehmen in Sachen Entwicklungsarbeit. Ansprechpartner kann ein Mitglied der GF, der P-Leiter oder auch ein PE- oder FKE-ler sein. Dabei kann ein spezieller Bedarf zur Bearbeitung anstehen oder aber die Entwicklung einer Gesamtkonzeption für die Entwicklungsarbeit. Dazu benötigt man als Berater gute diagnostische Fähigkeiten, um die Unternehmenskultur und die Lern- und Entwicklungsvergangenheit des Unternehmens einschätzen zu können und so die Anschlussfähigkeit der Bearbeitungsvorschläge sicherzustellen. Außerdem benötigt ein Berater ein profundes Wissen über die moderne PE und FKE, wie sie in der seriösen Fachliteratur abgebildet wird, sowie Implementierungswissen, wie man einen Bearbeitungsvorschlag für ein Problem dauerhaft im Klientensystem verankert.

Bei einem **Berater für PE- und FKE-ler** bestehen diese Anforderungen ebenfalls. Er macht jedoch nicht Halt vor der Erörterung der ausgefalteten Situation, sondern sieht den Klienten mit dem hohen Freiheitsgrad seiner Position als Teil der Situation und weitet den „explizierten Bedarf" mit Zustimmung des Klienten behutsam so weit, bis man auch zu seinen persönlichen Anliegen kommt.

Ein PE- und FKE-ler möchte zunächst mit dem externen Partner nur über ein bestimmtes Problem des Unternehmens sprechen. Im Zuge der erhaltenen Lösungsansätze gelangt er jedoch zu der Einsicht, dass es noch andere „Themen" bei ihm als Person gibt, die eigentlich auch auf eine Bearbeitungsagenda gehören.

Ein PE-/FKE-Berater, speziell dann, wenn er einer Beratungsgruppe angehört, ist oft ein verkappter „Produkte-Verkäufer", der „*standardized services*" als „*customized services*" oder „*expertise-driven services*" absetzen will (*Delong* et al. 2007). Dazu gehören auch „*tools*" für die Einschätzung von Potential oder ein anspruchsvolles Leadership-Programm – die Anschlussfähigkeit hinsichtlich Kultur, Entwicklungsvergangenheit oder Lernmentalität der Belegschaft wird so gut wie nicht abgeprüft.

Die Beratung von PE- und FKE-lern wird am besten von einem Solo wahrgenommen, weil dieses anspruchsvolle Portfolio von Serviceleistungen, das dem

Klienten als Rollenträger **und** als Person zur Verfügung steht, keine Institution verträgt.

Ich wuchs für manche meiner Klienten in die Rolle eines wichtigen „Sparringspartners" oder einer Art „Tennis-Wand" hinein – eine Rolle, die ich mir rückblickend an manchen Weggabelungen meiner eigenen beruflichen Entwicklung gewünscht hätte. Meine Konzeption der ganzheitlichen Beratung von Person und Aufgabeninhaber war immer eine spannende Herausforderung, in deren Begleitung es ganz individuelle Lösungen gab. Zwei Beispiele:

- Im Zuge der Neuausrichtung einer FKE-Aufgabe eines Klienten suchten wir gemeinsam nach „Bearbeitungsnischen" im Unternehmen, einem Großunternehmen, in denen man Aufgaben mit einer strategischen Hebelwirkung bearbeiten konnte und die noch nicht von einer anderen Funktion reklamiert wurden. Gleichzeitig wurde jede dieser Aufgaben daraufhin überprüft, ob sie *„Flow"*-Potential für meinen Klienten enthielt. Die für attraktiv befundenen Aufgaben wurden dann in einem neuen Aufgabenportfolio gebündelt und dafür eine eigene Abteilung verfolgt, was eine hochpolitische Angelegenheit war, weil dafür Sponsoren „geködert" werden mussten.
- In einer anderen Beratungssituation, bei einem Solo, ging es darum, aus dessen verstärkter Sichtbarkeit am Markt und den aktuell erzielten finanziellen Überschüssen des ursprünglich entwickelten Geschäftsmodells keine falschen Entscheidungen zu treffen. Ich half ihm als „Quasi-Anlageberater" beim Aufbau einer finanziellen Unabhängigkeit, die ihm eine längerfristige Basis zur Verfolgung seiner Selbstverwirklichungsnischen bot.

In der Phase der 90er Jahre lebte ich stärker als zuvor meine kritische Rolle in meinem MAO-Informationsbrief aus. MAO war schon lange nicht mehr nur ein Instrument der Katharsis wie anfänglich für mich, um mich von Fehlerfahrungen und Ärger zu befreien und damit arbeitsfähig zu bleiben. MAO hatte für mich zwischenzeitlich verschiedene Funktionen, die mir insgesamt in dieser Phase meiner beruflichen Entwicklung bewusster geworden sind:

- Die Einhaltung des vierteljährlichen Rhythmus machte MAO für mich zu einem Instrument des regelmäßigen Lernens.
- MAO wurde für mich im Laufe der Jahre zu einem Instrument der Einflussnahme. Ich hatte ab dieser Phase so gut wie keine Beiträge mehr in Fachzeitschriften veröffentlicht und mich auf MAO konzentriert.
- MAO entpuppte sich als Instrument der Marktbearbeitung, indem ganz bestimmte Themen im Leserkreis angestoßen werden konnten.
- Mit MAO hatte ich als PE-/FKE-Berater ein Profilierungsinstrument. Ich brauchte nie eine Selbstverständnisunterlage für meine Klienten auszusenden.
- MAO ist für mich heute im Rückspiegel eine Art Tagebuch geworden, das mir Projekte, Themen, Befindlichkeiten und auch Orte zurückbringt, an denen ich MAO (oft unterwegs) geschrieben habe.

Mein **persönliches Life-Styling-Projekt,** das ich mit einigen meiner früheren Kollegen am Erwachsenenbildungslehrstuhl am OISE der Universität Toronto immer während meiner regelmäßigen Aufenthalte im Sommer erörtert habe, war die **„Suche nach der optimalen Dosis von ‚*Flow*‘-Projekten".** Dabei hatte ich gerade in den 90er Jahren den Eindruck erhalten, dass ich mir mit MAO eine einzigartige Spielwiese geschaffen hatte, um die mich mancher beneidete. Im Netzwerk in Toronto war auch der bekannte *Bill Pfeiffer*, der sich seit den 70er Jahren mit „University Associates" eine sehr profitable, international verbreitete Serviceeinrichtung für Trainer und Berater aufgebaut hatte und sie dann verkaufte, nachdem er aus persönlichen Gründen in Toronto domiziliert hatte. Er hatte anschließend, nach einer gewissen Leere, sich mit dem Thema „*The future of work*" beschäftigt, um nach dem Verkaufserfolg des Buches mit einem gleichlautenden Newsletter zu beginnen. Diese Geschichte von *Bill Pfeiffer* zeigte mir, welchen Stellenwert MAO eigentlich hatte und welche Bedeutung eine eigene Zeitschrift einnehmen kann. Ich erlebte es als ausgesprochenen Luxus, dass man als kritischer Szenebetrachter über ein eigenes Medium verfügte, um **unzensiert** die Dinge beim Namen zu nennen, die als Fehlentwicklungen aufgefallen waren. Mein Gefühl der Freiheit entwickelte sich nicht aus der allmählich eintretenden finanziellen Unabhängigkeit, sondern durch die „*Freiheit als das Recht, den Leuten das zu sagen, was sie nicht hören wollten,*" wie es einmal *George Orwell* formulierte.

Gegen Ende der sechsten Phase meiner beruflichen Entwicklung – um 2000 – hatte ich meine Beratungstätigkeit auf wenige PE-ler beschränkt und immer mehr werdende und neue Solos als Klienten unterstützt. Während früher PE- und FKE-ler als Leser von MAO die eindeutig dominante Zielgruppe gewesen waren, stießen in den 90er Jahren verstärkt Freiberufler zur Leserschaft.

Dies hatte vor allem damit zu tun, dass meine typischen Klienten in Unternehmen eine ausgeprägte „*Getting-high*"-Orientierung (*Derr* 1986, S. 122 ff.) hatten und auch an neuen Konzepten, insbesondere an den Feinheiten der strategieumsetzenden PE und neuen FKE-Modellen, Interesse fanden. Ihr „beruflicher Erfolg" entsprang aus einer herausfordernden Tätigkeit und nicht dem rangmäßigen Erklimmen einer vertikalen Karriereleiter. Ihre Leidenschaft für das Entwicklungsgeschäft fand in mir einen kongenialen Berater.

Diese Vertreter von Klienten haben sehr häufig nach Jahren guter innerbetrieblicher Entwicklungsarbeit ihr Unternehmen verlassen und sind dann am Markt als Solo-Berater tätig geworden. Dafür gab es mehrere Erklärungen:

- Als leidenschaftlicher PE- und FKE-ler hat man zumeist eine ausgeprägte „*Getting-high*"-Orientierung, oft noch in Kombination mit „*getting free*". Nach Jahren im Unternehmen und den Erfahrungen, die man mit Klienten aus GF-Nähe gemacht hat, ist man irgendwann immer weniger bereit, die erlebten „Spiele", meist von oben eingefädelte Projekte, mit großen Beratergruppen oder den Umgang mit der oben angekommenen Inkompetenz von Figuren in Chefetagen-Nähe mitzumachen.

- Als leidenschaftlicher PE- und FKE-ler hat man in fortgeschrittenen Jahren eine erhöhte Sichtbarkeit als echter Professional erlangt, die – unterstützt durch Veröffentlichungen – den Mitarbeiter eine Wertschätzung erleben lässt, die er im eigenen Unternehmen oft nicht mehr erfahren hat.
- Zudem setzen sich PE- und FKE-Profis mit *„Getting-high"*-Orientierung früher als andere mit existentiellen Fragen auseinander und kommen so – gleichsam natürlich – zu der Erkenntnis, dass es zur Erfüllung der eigenen beruflichen Erwartungen noch andere Optionen gibt. Häufig werden diese Einsichten von der familiären Konstellation in einer fortgeschritteneren Lebensphase begleitet, in der die Kinder auf eigenen Beinen stehen und die erreichte Vermögenssituation eine gewisse finanzielle Unabhängigkeit vermittelt.

So kommen diese Mitarbeiter fast zwangsläufig zu der Frage: „Warum soll ich mir in den nächsten Jahren die kontaminierten Erfahrungen noch antun, wenn ich mir mit hoher Zeitsouveränität am Markt die *„Flow"*-Projekte aussuchen kann?" Dazu kommt, dass ich mit allen meinen Klienten in FKE- und PE-Abteilungen im Rahmen einer ganzheitlichen Beratung immer auch den allfälligen Aufbau einer *„Fallback"*-Position erörtert habe – die Möglichkeit der Wahrnehmung einer beruflichen Option als freiberuflicher Solo, wenn die „Umstände" und die Bedingungen im Unternehmen es zunehmend erschweren, eine zufriedenstellende Entwicklungsarbeit zu erbringen.

Gegen Ende dieser Phase meiner beruflichen Entwicklungsarbeit habe ich auch die diversen Netzwerkpartnerschaften auslaufen lassen, die ich seit Ende der 70er Jahre mit wechselnden Partnern eingegangen war, um Aufträge abzuarbeiten, für die ich keine Kapazität zur Verfügung hatte oder mit deren Auftraggebern ich nicht besonders intensiv zusammenarbeiten wollte. Die „interpersonelle Chemie" und der Sympathiefaktor in einer Klientenbeziehung sind entscheidende Größen, ob *„flow"* entsteht oder das Gegenteil. Mit der Konstruktion der Netzwerkpartnerschaften konnte ich meine hohe Sichtbarkeit im Markt kapitalisieren, ohne persönlich zu viele Opfer in Sachen *„flow"* bringen zu müssen.

Meine reflektierte Erfahrung der ersten Tätigkeit in meinem Berufsleben hat mir früh die nachhaltige Erkenntnis vermittelt, dass ich keine angestellten Mitarbeiter führen möchte und statt dessen in temporären Projekten arbeiten wollte, in denen natürlich auch geführt werden musste, aber anders.

Mit der beratenden Beschäftigung mit Solo-Klienten und durch die immer wieder durch Alltagssituationen ausgelösten Reflexionsschleifen war eine Solo-Karriere nicht nur Beratungs- und Reflexionsgegenstand, sondern der Solo ist mit seinen mannigfachen Facetten gegen Ende der 90er Jahre selbst immer stärker zum Objekt meiner explorierenden Begierde geworden. Ich sah in einer Solo-Tätigkeit als Trainer, Berater und Entwickler für Führungskräfte und für das gesamte Management-Kollektiv eine eigene wichtige Gruppe von Beratern und Trainern im Markt, die neben den großen Beratergruppen und eigentümergesteuerten kleinen und mittelgroßen Trainer- und Beratergruppen besteht.

Der **Solo-Beraterklient** ist neben den leitenden PE- und FKE-lern gegen Ende dieser Phase zu einem **zweiten wichtigen Zielgruppenelement** geworden und hat die letzte Phase meiner FKE-Tätigkeit bis heute geprägt.

2.7. Phase der Erweiterung der strategieumsetzenden Entwicklungsarbeit zur Erfolgslehre für PE-/FKE-ler und Solos (bis heute)

Diese neue Zielgruppenorientierung drückte auch eine Akzentverschiebung bei dem „Klienten" aus, für den ich gearbeitet hatte. War ich bislang mit dem Anspruch angetreten, den Auftraggeber in einer PE- und FKE-Abteilung sowie sein Unternehmen in Sachen strategieumsetzender Entwicklungsarbeit weiterzubringen oder einzelne Problemsituationen – wie die Konzipierung eines attraktiven Nachwuchsförderungsprogramms ohne Generierung von „Kronprinzeneffekten" – zu bearbeiten, so zielte ich jetzt verstärkt darauf ab, ihn in seiner Funktion generell erfolgreicher zu machen. Um als PE- und FKE-ler dauerhaft erfolgreich zu sein, braucht es jedoch mehr als die Kompetenz in strategieumsetzender PE. Diese Akzentverschiebung war eine konsequente Fortsetzung meiner beratenden Entwicklungsarbeit, die ich schon in der vorigen Phase begonnen hatte.

Die Solos als externe PE- und FKE-ler sind als neue Zielgruppe hinzugekommen, weil viele Klienten, die ich ursprünglich innerbetrieblich betreut hatte und oft lange Jahre zu meinen MAO-Abonnenten gehörten, im fortgeschrittenen Alter mit 50 plus für sich beruflich die Karten neu gemischt haben und als selbständige Solos im Markt tätig wurden. Ich hatte immer wieder seit meinem „Karriereabsturz" nach Teheran und der Etablierung als Solo meinen Lebensentwurf und meine berufliche Positionierung reflektiert und mit den Beobachtungen anderer Solos und „Nicht-Solos" und mit den Erkenntnissen und Einsichten ähnlich arbeitender Solo-Kollegen „verprobt". Heraus kam eine ganze Reihe von erhärteten „Karriereweisheiten", die ich in meiner neuen „Erfolgsberatung" einsetzen konnte.

Ein Beispiel ist der Umgang als externer FKE-ler mit einer größeren Marktnachfrage aus einer hohen Sichtbarkeit und Reputation. Die meisten FKE-Berater haben auf diese Situation so reagiert, dass

- sie jeden freien Tag im Kalender für Klientenprojekte verkauft haben und/der
- Mitarbeiter eingestellt haben, die die nachgefragten „Produkte" übernommen haben. Oft waren dies Trainings für Führungskräfte oder der Einsatz eines bestimmten *„tools"* bei Teilnehmern, für die man eine Vorgehensweise in einem „Manual" normieren kann.

Man muss als profilierter FKE-Berater und -Trainer im Markt keine Gruppe von angestellten Trainern und Beratern aufbauen, um finanziell von der großen Nachfrage nach den eigenen Leistungen zu profitieren. Mit rechtlich eindeutigen Vereinbarungen, die auf eine *Win-win*-Situation bei den Netzwerkpartnern abzielen, kann man die in der Branche so häufig auftretenden Konflikte sehr gut vermeiden.

Die Zusammenarbeit mit Netzwerkpartnern ist besonders stabil und konfliktfrei, wenn sie als langjährige Entwicklungspartnerschaft und nicht nur als Abarbeitung von Aufträgen mit finanzieller Beteiligung angelegt ist. Wenn ein Trainer-„Nobody" die Chance erhält, mit einem bekannten Profi zusammenzuarbeiten, und dadurch den Status eines „legitimierten Wertschöpfungspartners" allmählich im Markt erreicht, ist dies auch das Ergebnis einer besonderen Entwicklungsleistung.

Auch langjährige Formen der Netzwerkpartnerschaft waren keine Vorstufe für mich, um eine gemeinsame Firma daraus entstehen zu lassen. Wenn ein Partner im Rahmen einer zeitlich gebundenen Netzwerkpartnerschaft meint, seine narzisstischen Bedürfnisse befriedigen zu müssen, oder seine napoleonische Hybris auslebt, stört mich dies nicht weiter. Als Partner in einer gemeinsamen Beraterfirma würde es jedoch bei diesen „Verhaltenspathologien" sehr schnell zu Konflikten kommen.

In der letzten Phase, seit etwa 2000, begann ein gezieltes *„downshifting"* meiner Aktivitäten. Die **„Phase der Erweiterung der strategieumsetzenden Entwicklungsarbeit zur Erfolgslehre für PE-/FKE-ler und Solos"**, die bis heute andauert, entstand inhaltlich im Wesentlichen aus der reflektierenden Auseinandersetzung mit Fragen wie: „Was heißt Erfolg für den einzelnen PE-ler und Berater?" „Wie verschafft man sich ökonomische Sicherheit, Zeitsouveränität und *„flow"*?" „Wie sehen langfristige Karriere-Visionen für unterschiedliche PE-ler-Typen aus?" „Was kann man als Berater tun, damit man sich nicht ins Unglück stürzt?"

Mein persönliches Interesse an der PE- und FKE-Szene begann nachzulassen – insbesondere vor dem Hintergrund, dass die charismatischen innerbetrieblichen Figuren und Archetypen der Szene entweder die Seite gewechselt haben und Berater geworden sind oder einfach aus dem Arbeitsleben ausgeschieden sind.

Der zweite Grund war, dass die Verjüngung und Feminisierung der PE-Abteilungen den Typ der *„Girl-Friday*-PE" geschaffen hat; man kann es einer jungen Psychologin auf ihrer ersten Stelle nach dem Studium nicht vorwerfen, dass sie es ihrem Vorgesetzten recht machen möchte. (In Anlehnung an Robinsons „Freitag" in dem bekannten Roman.) Besonders begünstigende Voraussetzungen für eine Rezipierung der strategieumsetzenden Entwicklungsarbeit sind dies jedoch nicht.

Meine neue Ausrichtung auf die Erfolgsberatung von angestrebten und freiberuflich tätigen PE- und FKE-lern fand vor dem Hintergrund einer sich verändernden Bedeutung der PE-Funktion im Unternehmen statt. Mit meinem Anliegen der Einführung von strategieumsetzendem PE- und FKE-Denken habe ich viele Mitarbeiter in diesen Abteilungen überfordert. Es gab zwar die großflächig beobachtbare Tendenz der Positionierung der gesamten HR-Arbeit als *„Business Partner"* und *„Strategic Partner"* (*Lawler III/Boudreau* 2009, S. 3 ff.), aber nur wenige PE-ler konnten trotz der vorhandene Konzepte und Vorgehensweisen ihre neue Rolle einlösen. Meine ursprüngliche Vermutung, dass die Persönlichkeit des leitenden PE- und FKE-lers der entscheidende Erfolgsparameter für eine strategische Wahrnehmung der Entwicklungsarbeit ist, hatte sich im Laufe der Jahre bestätigt. Dazu kam, dass die Unvollkommenheit von Vertretern der GF-Etage in Sachen PE und FKE mit ihrer Kostenorientierung dazu führte, dass in PE- und FKE-Abteilungen immer häufiger junge Mitarbeiter vertreten waren, von denen man natürlich nicht erwarten konnte, dass sie die Bedingungen für eine strategieumsetzende Entwicklungsarbeit einforderten.

Aus der Sicht von 2011 im Rückspiegel der letzten zehn Jahre muss man konstatieren, dass die PE- und FKE-Arbeit in der Praxis im günstigsten Fall stehengeblieben ist, in nicht wenigen Fällen sich sogar auf den Entwicklungsstand der 90er Jahre zurückgebildet hat. Dazu kamen die Folgen der Finanz- und Wirtschaftskrise seit 2008, die dazu führten, dass man auch in PE- und FKE-Abteilungen um seine ursprünglich einmal so sichere Position bangen musste. Wenn in der Realwirtschaft Einschnitte in sämtlichen Bereichen – Umsatz, Ertrag, Auftragseingänge oder Mitarbeiterzahl – zu beobachten waren, dann lag es nahe, auch die Budgets von PE- und FKE-Abteilungen zu reduzieren und die Anzahl der Mitarbeiter in diesen Abteilungen zu hinterfragen.

Die **Wirtschaftskrise** hat insgesamt zu einer **Bedeutungsabnahme der internen PE-** und **FKE-ler** geführt, deren Aktivitäten in vielen Unternehmen zurückgefahren wurden. Drei Beispiele illustrieren diese Beobachtung:

- Vor der Wirtschaftskrise hatte eine PE-lerin ein Buch über „Strategische PE" (*Wegerich* 2007) veröffentlicht, in dem ich einen tendenziellen Etikettenschwindel sah, das aber gleichwohl für eine PE-Abteilung stand, die über dem Durchschnitt der Szene angesiedelt war. Nachdem das Unternehmen durch die Krise regelrecht unter die Räder gekommen war, hat man die gesamte PE-Abteilung zur Disposition gestellt. Die scheinbar strategische PE-lerin hat sich rechtzeitig an eine Fachhochschule abgesetzt, das Team konnte sich im Markt neu aufstellen. Manche fanden „Unterschlupf" bei einer Trainingsfirma, die das Unternehmen vormals mit Trainings versorgt hat, andere begannen zu suchen.

- In wirtschaftlich turbulenten Zeiten gibt es mehr Unternehmenskäufe, Übernahmen und Mergers. Wenn im Zuge der Integration von Abteilungen auch die Zusammenführung von P und PE ansteht, dann entscheidet der Mächtigere und nicht der Bessere, wer an Bord bleibt. In jedem Fall wird es so sein, dass man immer auch Personal einsparen möchte. Ein mitarbeiterstärkeres neues Unternehmen braucht nicht zwangsläufig auch eine größere PE- und FKE-Abteilung. Man kann die Leistungsfähigkeit einer Abteilung auch durch höhere Budgets verändern, mit denen man operatives PE-Know-how einkaufen kann.

- Es ist das Bestreben einer jeden GF, ein Unternehmen in einer Krisensituation kostenmäßig zu verschlanken und Personalfixkosten in besser steuerbare variable Kosten überzuführen. Eine PE- und FKE-Abteilung mit zumeist wenig greifbarer Wertschöpfungsleistung steht mit ihren Produkten an oberster Stelle auf der Agenda von Kostentransformationen. Die Bedrohung für die internen Mitarbeiter wird zur Chance für Externe, einem Unternehmen überschaubare, klar kalkulierte Qualifizierungs- und Entwicklungsprojekte anzubieten, bei denen möglicherweise auch noch der gelieferte Nutzen quantifiziert ist.

Die Bedeutungsabnahme der internen PE- und FKE-Abteilung wurde zudem durch die Arbeit großer Beratergruppen verstärkt, die fast alle in den letzten Jahren strategische Umsetzungskompetenz aufgebaut haben, beispielhaft auch illustriert durch eine recht gute Arbeit einer McKinsey-Beraterin (*Steinweg* 2009). Da diese Beratergruppen keinerlei Interesse haben, mit einer betrieblichen PE- und FKE-Abteilung bei der Umsetzung von neuen strategischen Initiativen zusammenzuarbeiten, und direkt mit der GF ihre Projekte vereinbaren wollen, stehen früher oder später die internen PE-ler zur Disposition.

Ich sah schon frühzeitig eine Bedrohung der Position von innerbetrieblichen tätigen PE- und FKE-lern und eine Bedeutungszunahme der externen Berater, insbesondere der Solo-Berater und Solo-Trainer, die rechtzeitig die Seiten gewechselt haben. Manche von diesen Solos habe ich über längere Zeit begleitet und sie insbesondere beim Aufbau einer *„Fallback"*-Position in ihrer Karriereplanung unterstützt – damit sie mit vorgedachten „Szenarien" in die Freiberuflichkeit umsteigen können, wenn sie wollen oder müssen. Eine sich in der Freiberuflichkeit anschließende Geschäftsmodell-Beratung hatte bei mir allmählich zu einem breiten Fundus von Positionierungsformen geführt, mit denen meine Klienten im Markt auftreten konnten und – was wichtig war – einen robusten Cashflow generierten. Eine Geschäftsmodell-Beratung von Solos verfolgt immer verschiedene Erfolgskategorien, von denen eine „finanzielle Wertschätzung" im Markt auch dann noch wichtig ist, wenn man mental bereits die Ziellinie seiner finanziellen Unabhängigkeit überschritten hat.

Während der Finanz- und Wirtschaftskrise, in der auch die Qualität des Managements und die Ausgestaltung diverser verhaltensproduzierender Systeme – insbesondere das *„Compensation System"* (Boni) – kritisiert wurden, die ein krisenauslösendes oder krisenverschärfendes Verhalten unter den Führungskräften evozierten, habe ich für mich auch ein **Fazit in zehn Punkten** gezogen – mit der bitteren Erkenntnis, dass die **Krise des Managements in engem Zusammenhang mit der Krise der FKE**, speziell in deutschen Unternehmen, steht.

1. Die Arbeit eines großen Teils der FKE-Verantwortlichen in Unternehmen zeichnet sich durch eine mehr oder weniger große professionelle Obsoleszenz aus. Da sich die obsoleten „Schnittmuster" der betrieblichen FKE-Designs entsprechend durch die erreichten Teilnehmer multiplizieren, entsteht ein „obsoletes Management".
2. Die Produktion von Führungskräfte-Lernen wird in sehr ungenügender Weise durch Evaluationsprojekte begleitet. Den Verantwortlichen ist nicht klar, dass jedes Entwicklungshandeln mit einem Evaluierungsstrang auszustatten ist.
3. Es gilt nach wie vor ein Primat der „schwarzen Zahlen" in der Beurteilung von Führungsleistung. Solange man als Führungskraft „harte Ergebnisse"

produziert, spielt das Verhalten mit seinen Konsequenzen eine untergeordnete Rolle.

4. Es gibt wenige rezipierte Management-Kosmologien in Unternehmen, die die Einbettung des Unternehmens in die Gesellschaft und Umwelt und die Schaffung von nachhaltigen Werten systematisch in entsprechende Prozesse, Systeme und Instrumente umgesetzt haben. Das kurzfristige finanzwertschaffende Denken von MBAs und der Glaube an die amerikanische Managementlehre haben die Inhalte in der Management-Weiterbildung in hohem Maße beeinflusst.

5. Es herrscht in Unternehmen bei Mitgliedern oberer Führungsetagen ein einseitiges und teilweise auch von Inkompetenz zeugendes Verständnis für ihre Rolle in der Führungskräfte-Förderung vor:
   – Man glaubt durch die Einrichtung einer FKE- oder MD-Abteilung die FKE-Aufgaben völlig an eine Fachabteilung delegieren zu können.
   – Wenn man sich als obere Führungskraft aktiv engagiert, stehen machtstabilisierende, einflusssichernde und ähnliche Überlegungen im Vordergrund.
   – Die meisten oberen und obersten Führungskräfte in deutschen Unternehmen sind durch die „inzestuöse Schule" der Baden-Badener Unternehmergespräche und ähnlich kontrollierende Sozialisationsagenturen gegangen.

6. Erfolgreiche FKE wird häufig mit dem Vorhandensein einer Vielzahl von Systemen und Verfahren gleichgesetzt, mit denen man eine normierende Qualität im Management verbindet.

7. Die institutionale externe Management-Weiterbildung ist in Deutschland – im internationalen Vergleich – eher unbedeutend und hat zu keinem Zeitpunkt dem Management wirklich innovative Impulse verliehen. Die Besetzungspolitik der Leitungsorgane ist „status-quo"-stabilisierend. Geschäftsführer von mächtigen meinungsbildenden Verbänden sind eher schwache Figuren, von denen keine Innovationen kommen.

8. Die Verbreitung von neuem Management-Denken, bei dem speziell auch Verlagen eine Schlüsselrolle zukommt, bleibt auf einer Ebene des Seichten, Kleinkarierten und unmittelbar Anwendbaren (beispielhaft: „99 Tipps zum richtigen Umgang mit problematischen Mitarbeitern") stehen.

9. Im externen FKE-Berater- und Trainermarkt gibt es wenige „status-quo"-verändernde Ansätze. Da die meisten freiberuflichen Figuren Cashflow von den Auftraggebern benötigen, entsteht eine Koalition zwischen Auftraggebern und den Lieferanten von FKE-Produkten, die sich am Prinzip des „don't rock the boat" oder einer nicht aneckenden Mittelmäßigkeit orientieren.

10. Die Wertschätzung der FKE-Funktion ist insgesamt in der Wirtschaft nicht sehr hoch. Es gibt zwar immer wieder die bekannten Fensterreden, doch ist eine FKE-Position in den seltensten Fällen eine Durchgangsstation für spätere GF-Mitglieder. Man übernimmt eine FKE-Position, wenn man „angekommen" ist, zu den Leistungsgewandelten im Management gehört oder aus persönlichen Gründen eine ruhige Position benötigt. Die leitende FKE-Position gehört nicht zu den „Präge-Instanzen" auf dem Weg nach oben.

In den letzten Jahren rückten die **Begleitung von einzelnen PE-lern und die Beratung von Solos** in den Vordergrund. Bei der **Diskussion von denkbaren Geschäftsmodellen** erkannte ich die Besonderheit, dass diese sehr stark mit **Life-Styling-Interessen** verwoben werden konnten. Diese gesamte Thematik hat seit Beginn dieser Phase auch Eingang in meinem MAO-Informationsbrief gefunden, zumal unter den neuen MAO-Abonnenten eine wachsende Zahl von Trainern und Beratern war. Ein typisches Projekt aus dieser Zeit war beispielsweise die Beratung des P-Vorstands (mit PE-Vergangenheit) eines kleinen „Ablegers" eines amerikanischen Pharmaunternehmens in der Schweiz. Nachdem sein Unternehmen verkauft worden war, stieg er aus und erfüllte sich und seiner Familie den Traum, mit Anfang 50 nach Australien auszuwandern und dort als Solo zu beginnen und – was er ganz vergessen hatte – auch das neue Leben zu genießen. Die Diskussion von möglichen Geschäftsmodellen wird in derartigen Fällen eine Suche nach einem neuen Lebensentwurf.

Wenn ich heute PE-lern und Freiberuflern neue Konzepte oder Instrumente vorstelle, beschränke ich mich nicht mehr auf die strategieumsetzende PE als Hintergrund-Thema, sondern habe verstärkt deren Erfolgsdimensionen vor Augen und frage mich beispielsweise, wie sich ein bestimmtes Konzept in seinen Karrierekonsequenzen für PE- und FKE-ler oder in Marktchancen für Solos niederschlägt. Diese **Weitung des ursprünglichen MAO-Identitätsobjekts zu einer persönlichen Erfolgslehre** hat natürlich mit der akademisch vertretenen Wissenschaft nichts mehr zu tun. Was die „offizielle" Wissenschaft der Hörsaal-PE-ler noch akzeptiert oder schon als Kunstlehre eines erfolgreichen FKE-Beraters verwirft, hat mich jedoch nie interessiert. Die Arbeiten der „Hochschul-PE-ler" sind im besten Fall aufgewärmte PE-Praxis der Vergangenheit in akademischer Fachsprache (ohne diese zu zitieren) oder irrelevantes empirisches Erbsenzählen – für die anspruchsvolle Praxis in jedem Fall redundant oder bedeutungslos.

In der jüngsten Phase meiner beruflichen Entwicklung ist mir besonders deutlich geworden, dass es neben der vermittelten Hörsaal-PE durch praxisferne Hochschulbeamte eine eigenständige „Praxis-PE und -FKE" gibt, die aus der Praxis heraus entstanden ist und eine eigenständige Bedeutung beansprucht. Es wäre wünschenswert, wenn in der Zukunft die mannigfachen Facetten des realen Tuns von PE- und FKE-lern durch eine **arbeitsbiografische Reflexion** im zeitlichen Längsschnitt zu einer **Weiterentwicklung unseres Fachgebiets** führen.

Thematisch habe ich mich in der letzten Phase der Geschichte der MAO-FKE mit speziellen Fragen des *Executive Education*, der **Gestaltung von Förderungsprogrammen** mit dem **multiplen Lernstrang-Konzept** (*Stiefel* 2003) und insbesondere damit beschäftigt, was **Solos** und **einzelne PE-ler erfolgreich** macht. Das auf unseren MAO-Konferenzen praktizierte *„Home Group-Design"* hat sich zwischenzeitlich als **Design-Konzept für kognitiv orientierte Großveranstaltungen** in anderen Settings bewährt und könnte jetzt Eingang in die Sammlung von methodischen Innovationen finden, für die die MAO-FKE steht.

Ich betrachte mit Interesse und Amüsement, wie langjährig vorhandene Konzepte in neuer Verpackung „geliftet" werden und dann als „anglizistische Nebelkerzen" wie *„Talent Management"*, *„Human Capital"* und *„Leadership Development"* fröhliche Urstände feiern. Die geschichtslose Praxis springt immer wieder auf neue PE-Moden.

Persönlich bin ich stolz darauf, dass ich mich nie zum „angepassten Berater" instrumentalisieren ließ. Mein berufliches Anliegen, die Management-Weiterbildung, hat sich wie mein persönliches Anliegen, das Life Styling, bis in die jüngste Zeit als Konstante durch 40 Jahre Trainer- und Beratertätigkeit gezogen. Freiberuflichkeit war für mich immer gleichbedeutend mit Freiheit, und dazu gehörte seit meiner Beendigung der „Phase des euphorischen Novizen" in Genf ein VW-Camper, gleichsam als Ausdruck einer automobilen Life-Styling-Symbolik.

Ich habe in vielem, was ich gemacht und veröffentlicht habe, nicht den *„Middle-of-the-road"*-FKE-ler verkörpert und war mit den meisten Konzepten, die ich vertreten habe, zu früh am Markt. Ich galt eher als Außenseiter oder – wie die mehrheitliche Praxis sagte – als Theoretiker. Es war manchmal mühsam und erzeugte gelegentlich auch das Gefühl der Frustration. Aber im Nachhinein betrachtet waren es auch diese Erfahrungen, die bei mir zu dem geführt haben, was man seit *Csikszentmihalyi* als *„flow"* bezeichnet (1990).

3. Karriere und Karriereweisheiten – Fazit für betriebliche PE-/FKE-ler

Die längste Zeit meiner beruflichen Arbeit war ich als freiberuflicher Führungs-trainer und Berater für betriebliche PE- und FKE-Abteilungen tätig. Bei diesen Projekten ist es fast schon selbstverständlich, dass Karriere als Thema von Be-deutung sein müsste, für den einzelnen Mitarbeiter wie für ein Unternehmen. So könnte man jedenfalls meinen – die Wirklichkeit sieht indes oft etwas anders aus.

Ich kann mich noch gut an ein Seminar für Führungskräfte in einer Bank erinnern, die alle als förderungswürdig für eine höherwertige Verwendung im Unternehmen befunden wurden und die sich mit verschiedenen Themen in der Wochenveranstaltung als Teil eines längerfristig angelegten Entwicklungspro-gramms befassten, u.a. mit „Karriere und beruflicher Erfolg". Dieser Fragen-kreis erhielt in der Auswertung eine besonders hohe Einschätzung – offensicht-lich auch deshalb, weil Führungskräfte, die schon jahrelang im Arbeitsleben standen und während ihrer mindestens zehnjährigen Führungserfahrung stän-dig karriererelevante Entscheidungen für ihre Mitarbeiter trafen, ihrer eigenen Karriere und den Fragen, was für sie wirklich beruflicher Erfolg heißt, aber we-nig Aufmerksamkeit schenkten. Karriere ist für viele eine Art „Tabu-Thema" ge-blieben, das man selten offensiv angeht und bei dem man deshalb immer nur Be-troffener von Umständen bleibt und nie zum Treiber der eigenen beruflichen Zu-friedenheit wird.

Karriere war für mich schon früh eine essentielle Denkfigur in meiner Ar-beit geworden, u.a. auch deshalb, weil ich während meines Aufenthalts in To-ronto mit dem Fachgebiet „Karriere" in Verbindung gekommen war und einen der bekanntesten Karriereforscher, *Tim Hall*, kennengelernt hatte. Es gibt heute eine große Zahl von Fachbüchern, die das Thema Karriere als fachwissenschaft-liches Thema explorieren, und eine kaum mehr zu überschauende Zahl von Kar-riereratgebern.

Das Thema Karriere hatte für mich aber auch eine ganz persönliche Bedeu-tung, da mein berufliches Leben auf den ersten Blick alles andere als geradlinig verlaufen ist. Wenn man nicht in die geradlinigen Erwartungen tradierter Per-sonalverantwortlicher passt, die gleichsam als „Türsteher" in Unternehmen und staatlichen Institutionen eine berufliche Kontinuität zulassen oder verunmögli-chen, muss man sich selbst intensiver um seine Karriere kümmern, speziell um das, was für einen persönlich das Sinnstiftende darstellt, um nicht an der Ein-heitsmesslatte von Konstrukten wie dem „lückenlosen Lebenslauf" zu scheitern, wie sie noch in manchen Personalabteilungen als Norm befolgt werden.

In den letzten Jahren meiner beruflichen Tätigkeit, in der ich meine beratende Tätigkeit immer stärker als „Erfolgslehre" für interne und externe PE- und FKE-ler verfolgt habe, kam ich wiederholt mit Situationen von Klienten in Kontakt, die manchen freiwillig, gelegentlich aber auch durch die Umstände erzwungen, mit der Entscheidung konfrontierten, die „Karrierekarten" für sich neu zu mischen. Es fehlt mir also nicht an „Erfahrungsmaterial".

Ich möchte im Fortgang meiner reflektierten Arbeitsbiografie für betriebliche PE- und FKE-ler im Folgenden einige Karrierebesonderheiten und Karriereweisheiten zusammenstellen, die ich als Fazit eines erfolgreichen Berufslebens ziehen möchte. Die Besonderheiten und vielleicht die Einzigartigkeit bei diesen Karriereweisheiten bestehen darin, dass sie alle auf den Erfahrungen einer PE- und FKE-Tätigkeit basieren und deshalb auch für diese Zielgruppe einen besonders hohen Grad von Verbindlichkeit haben.

Meine persönliche Trainer- und Beratertätigkeit weist nur eine kurze Zugehörigkeit zu einer Organisation auf. Die längste Zeit war ich freiberuflich tätig. Grundsätzlich gibt es in diesem Arbeitsfeld der PE und FKE – mehr als in jeder anderen betrieblichen Funktion – die Möglichkeit zum Wechsel in die Selbständigkeit. Diese grundsätzliche Opportunität möchte ich voranstellen.

3.1. Karrierephasen

In Anlehnung an eines der besten Fachbücher über die Karriere von Professionals lassen sich für eine **betriebliche Karriere als PE-/FKE-ler vier Phasen** ausmachen (*Dalton/Thompson* 1986):

Phase 1
In der ersten Phase muss ein junger PE-Mitarbeiter noch lernen und die Einstellung mitbringen, dass er von der gesammelten Erfahrung in einer Abteilung profitieren kann. Die mentorierende Beziehung von Vorgesetzten, die ihn an ihren Erfolgssystemen partizipieren lassen, ist ein besonders wesentliches Merkmal und auch für die zukünftige Laufbahn des jungen Mitarbeiters bedeutend. Wenn er zu schnell selbständig und unabhängig wird oder keine Erfahrungsweisheiten als „Auszubildender" sammeln kann, wird sich das nachteilig in späteren Laufbahnphasen auswirken.

Phase 2
In dieser Phase ist das wesentliche Thema der Karriere Unabhängigkeit und Demonstration von fachlicher Kompetenz in einem überschaubaren Bereich. Es ist für einen jungen Profi in dieser Phase wichtig, eigene „fachliche Erfolgspositionen" zu begründen, in denen er als Spezialist gesehen wird und auch Selbstvertrauen und Zuversicht in die eigene Kompetenz erhält. Zwar arbeitet er auch in dieser Phase für einen Vorgesetzten – doch ist die Vorgesetzten-Mitarbeiter-Beziehung ganz anders als in Phase 1.

Phase 3
Ein erfolgreicher PE-Mitarbeiter in der Phase 2 hat neben einer Kompetenztiefe auch eine gewisse Kompetenzbreite entwickelt. Oft ist es ein Zeichen für einen professionellen Mitarbeiter in der Phase 2, dass ein Übergang zu einer nächsten Phase ansteht, wenn seine Expertise auch außerhalb des Unternehmens geschätzt und auch zum Wohle anderer im Unternehmen verwendet wird.

Der PE-Mitarbeiter in Phase 3 wird oft in den Rollen des informalen Mentors, der Ideenquelle oder schlichtweg als Manager gefordert. Als informaler Mentor wird er gebeten, aufgrund seiner Fähigkeiten und Kontakte spezielle Projekte zu übernehmen und die ihm zuarbeitenden Spezialisten, die die Detailarbeit ausführen, zu unterstützen. In der Rolle der Ideenquelle wird er speziell von anderen in der Organisation „angezapft", die seinen Rat und seine Empfehlungen schätzen. Als Manager führt er jetzt Spezialisten in einem Bereich, in dem er auch als Profi noch kompetent war.

Phase 4
Für einige professionelle Mitarbeiter in der PE- und FKE-Arbeit gibt es auch eine vierte Stufe, in der sie als Profi die strategische Entwicklung des Unternehmens mitbestimmen, sei es, dass sie an der Nahtstelle zu einzelnen Umfeldsegmenten Verhandlungspartner mit Schlüsselpersonen außerhalb des Unternehmens sind, sei es, dass sie aufgrund ihrer Ideen wichtige Beiträge für die Neuentwicklung von Produkten und Märkten liefern, die ein Unternehmen in neue Geschäftsfelder führen. Diejenigen, die als professionelle PE-Mitarbeiter in dieser Phase tätig sind, sind in Unternehmen ungemein respektiert, und nur wenn sie in der Vergangenheit auch überaus erfolgreich waren, können sie in dieser Phase tätig werden.

Zusammenfassend kann man diese vier Phasen einer betrieblichen Karriere als PE-/FKE-ler in dem folgenden *Dalton/Thompson*-Schema ausdrücken:

Kriterien	Phase 1	Phase 2	Phase 3	Phase 4
Zentrale Aktivitäten	Helfen Lernen Anweisungen Folge leisten	Unabhängiger Mitarbeiter	Trainings- und Entwicklungsaufgaben	Beeinflussung der Entwicklungsrichtung des Unternehmens
Primäre Beziehungen	Auszubildende	Kollegen	Mentor	Sponsor
Wesentliche psychologische Fragen und Problemkreise, mit denen man sich beschäftigt	Abhängigkeit	Unabhängigkeit	Übernahme von Verantwortung	Ausübung von Macht

Die vier Phasen erstrecken sich über ein ganzes Berufsleben, wenn man PE und FKE für seine berufliche Beschäftigung wählt. Zusätzlich muss gesagt werden, dass nur einige wenige Vertreter die Phase 4 erreichen, in der sie gleichsam als *Chief Learning Officer* (CLO) in einer echten strategischen Funktion des Unternehmens angelangt sind. Wenn man nur in einem Unternehmen bleibt und keine Wechsel vornimmt, muss man damit rechnen, dass man in seinen jeweiligen Funktionen mit einer **sehr hohen Verweildauer** konfrontiert ist.

Man kann dieser negativen Besonderheit einer PE-/FKE-Karriere in einem größeren Unternehmen dadurch ausweichen, dass man zwischen den Phasen 2 und 3 eine harte oder weiche Rotationsstelle im Unternehmen übernimmt.

- Eine harte Rotation beinhaltet eine bis dahin fachfremde Position, in die man sich mit oder ohne Brückenprogramm einarbeitet. Dazu gehört für einen PE-/FKE-ler in einer Bank, dass er eine Tätigkeit in der Anlageberatung übernimmt, oder ein Berufskollege in einem Unternehmen des Kraftwerkbaus wechselt in ein Joint Venture in einem Schwellenland, das sein Unternehmen mit einem einheimischen Partner eingegangen ist.
- Eine weiche Rotation bedeutet, dass man als PE-/FKE-ler in eine fachlich näherstehende Funktion wechselt. Dazu gehört beispielsweise die Tätigkeit als regionaler PE-Leiter, wenn man bislang in einer zentralen PE-/FKE-Abteilung tätig war. Oder man wird im Marketing-Ressort für Promotion-Aktivitäten verantwortlich.

Harte und weiche Rotationen können **horizontale Karriereveränderungen** sein, die keine rangmäßige Verbesserung implizieren. Falls sich ein höherer Rang an eine Rotation anschließt, würde man von **vertikaler Karriereveränderung** sprechen.

Beide Formen der Rotation eines PE-/FKE-ler sind in der Regel mit einer **radialen Karriereveränderung** verbunden, d.h. man wechselt von der Zentrale in eine Außenstelle des Unternehmen oder umgekehrt.

Wenn eine radiale Karriereveränderung mit einer rangmäßigen Verbesserung einhergeht, spricht man von diagonaler Karriereveränderung.

Die eingangs vor dem Hintergrund des erörterten Schemas der vier beruflichen Phasen angesprochene hohe Verweildauer eines PE-/FKE-lers lässt sich auch verkürzen, wenn man bereit ist, das Unternehmen zu wechseln. Diese Bereitschaft ist speziell bei den Vertretern vorhanden, die ihren beruflichen Erfolg als *„Getting-ahead"*-PE-/FKE-ler (*Derr*) verfolgen, für die Status, Einkommen und hohe Sichtbarkeit nach außen wichtige Karriereziele darstellen.

Die negative Besonderheit der hohen Verweildauer in Positionen einer Karriere als PE- und FKE-ler, der weder die Funktion (Rotationen) noch das Unternehmen wechseln will, hat aber auch eine positive Entsprechung. Mehr als in jeder anderen Funktion ist es einem PE-/FKE-ler möglich, eine vitale *„fallback position"* oder Auffangposition aufzubauen. *„In der Welt von heute müssen wir uns weniger darum sorgen, wie sich die nächste Sprosse auf der Karriereleiter erreichen lässt, als vielmehr darum, eine Vielfalt von Möglichkeiten zu schaffen für den Fall, dass diese Leiter ganz abhanden kommt und wir uns auf unsere eigenen Mittel zurückverwiesen sehen."* (*Levinson* 1997, S. 14)

Nach dieser kurzen Skizzierung des Hintergrunds einer betrieblichen Karriere als PE-bzw. FKE-ler folgen einige erfahrungsabgestützte Karriereweisheiten.

3.2. Karriereweisheiten

Wenn es darum geht, was der Einzelne mit und aus seinem beruflichen Leben im zeitlichen Längsschnitt macht, dann hat das Karrierethema viele Ähnlichkeiten mit der Börse: Es gibt wissenschaftlich abgesicherte Entscheidungsmodelle zum langfristigen Optimieren des Anlageerfolgs, für die sogar bereits ein Nobelpreis verliehen wurde. Der normale Alltagsentscheider an der Börse tut jedoch gut daran, sich eher an der Kunst und an den Weisheiten des erfahrenen und erfolgreichen Börsenspekulanten zu orientieren.

In diesem Sinne verstehe ich mich als theoriebasierter Praktiker, der aus der Reflexion einer Vielzahl von beruflichen Entsscheidungssituationen einige verallgemeinerungsfähige Einsichten deduziert und destilliert hat, die ich im Folgenden als Karriereweisheiten vorstelle.

1. Es ist relativ unbedeutend, was man als akademische Vorbereitung für den Beruf des PE-/FKE-lers mitbringt.

Es ist nicht unbedingt störend, wenn man als späterer PE-ler und FKE-ler Psychologie studiert und darin einen akademischen Abschluss hat. Hilfreicher wäre es allerdings allemal, möglichst schnell zu vergessen, was man in der akademisch betriebenen Psychologie und in der „Hochschul-PE" erworben hat.

Die MAO-PE/FKE ist eine Konvergenzdisziplin, die sich der Erkenntnis verschiedener Fachrichtungen bedienen muss, um nutzenstiftende Vorgehensweisen und Lösungen zu erarbeiten. Wenn man heute als Berufsanfänger die Hochschule verlässt, hat man sich in der Regel nur mit einer Disziplin beschäftigt. Die mannigfachen Potentiale verschiedener Fachgebiete und die Erkenntnisse aus der „theoriebasierten Praxis-PE/FKE" machen den Weg zu einem echten Professional in der Entwicklungs- und Veränderungsarbeit zu einer lebenslangen Aufgabe.

Ich habe in meiner Arbeit immer wieder den Unterschied festgestellt, den es in der „Praxis-PE/FKE" und bei Hochschulvertretern gibt, die dieses Fachgebiet vertreten. In der Praxis ist es mittlerweile eine unbestrittene Forderung, dass sich die betrieblichen PE- und FKE-Abteilungen als Partner der GF verstehen und strategische HRM-Themen demzufolge ein zentrales Anliegen sind. In der akademischen PE- und HR-Community haben strategische Themen keine Bedeutung, wie jüngst in einer umfassenden Auswertung von über 6.300 Aufsätzen festgestellt wurde, die zwischen 1976 und 2005 in amerikanischen Zeitschriften erschienen sind. (*Deadrick/Gibson* 2009, S. 144 ff.)

2. Man muss sich eigenverantwortlich und unternehmerisch um seine berufliche Zukunft kümmern.

Ich habe sehr früh die Erfahrung gemacht, dass die Einrichtung von Förderungsgesprächen, die ein Vorgesetzter führt, eine der größten Karrierefallen darstellt. Ein Vorgesetzter hat immer eigene Interessen in der Beziehung zu einem Mitarbeiter, die er nicht offensiv verteidigt, die aber immer in seine beruflichen Förderungsempfehlungen für einen Mitarbeiter einfließen. Der scheinbar „gute" Vorgesetzte, der im zukunftsgerichteten Förderungsgespräch in eine mentorierende Rolle als väterlicher Freund schlüpft, ist kein Karrieresamariter.

Damit kann ein Mitarbeiter für sich beispielsweise entscheiden,

- für welche Art von Organisation er arbeitet und für welche nicht,
- was für ihn ein attraktives Portfolio von Aufgaben darstellt oder
- welche Bedeutung postmaterialistische Erfolgsgüter wie Zeit, Gesundheit und Qualität von Beziehungen haben.

Eine Karriere in PE und FKE mit einem Zeithorizont von 30 bis 40 Jahren ist ein „Millionen-Produkt" (*Gardner* 1992, S. 17), für das es sich lohnt, die entsprechenden karriereunternehmerischen Fähigkeiten sehr früh zu erwerben.

3. Die Kenntnis der beruflichen Antriebskräfte und die richtige Einschätzung der eigenen Persönlichkeitsdisposition sind essentiell.

Nur wenn man weiß, was persönlich wichtig ist, was beruflicher Erfolg für einen bedeutet und welche Motivstrukturen real vorhanden sind, kann man die richtigen Karriereentscheidungen treffen und den Versuchungen entgehen, die überall auf dem Weg der beruflichen Entwicklung vorhanden sind.

Ich würde es heute als absolut notwendig erachten, dass man sich frühzeitig mit der Frage beschäftigt, was beruflicher Erfolg bedeutet. Dafür gibt es leicht zugängliche Einschätzungsinstrumente wie die „Karriereorientierungen" von *Derr* (1986) oder die Karriereanker von *Schein* (1992).

*Derr*s „Karrierepersönlichkeiten" enthalten fünf verschiedene Typen:

- *„Getting ahead"* steht für eine Karriereorientierung, die sich im Wesentlichen mit der traditionellen Vorstellung deckt. Erfolg heißt hier, in einer Organisation hierarchisch voranzukommen, und die Belohnungskategorien für einen derartigen Karrierevertreter sind Zuwachs und Einfluss, Macht, Status und finanzielle Abgeltung.
- *„Getting secure"* steht für eine Karriereorientierung, deren Wert im Wesentlichen durch einen festen Platz mit Identität in einer Organisation begründet ist. Diese PE-ler/FKE-ler setzen sich voll für ein bestimmtes Unternehmen ein und sehen ihren Karriereerfolg darin, dass sie als sie als *„company man"* akzeptiert werden.
- *„Getting free"* steht für eine Karriereorientierung, bei der die Autonomie, die Unabhängigkeit und die Kreativität der eigenen Freizügigkeit und Freiheit eine überragende Bedeutung haben. Die Parameter der Arbeit selbst zu bestimmen wird zum wichtigsten Erfolgserlebnis.
- *„Getting balanced"* steht für eine Karriereorientierung, die immer versucht, die Anforderung aus der Arbeit, das eigene Weiterkommen im Beruf und die Beziehungen zu anderen im Gleichgewicht zu haben. Erfolg dieser Karrierevertreter kommt aus einer tiefen inneren Befriedigung, wenn der Gleichgewichtsakt gelingt.
- *„Getting high"* steht für eine Karriereorientierung, bei der die Herausforderung und die dauernde Stimulierung durch neue Aufgaben wichtigste Er-

folgskriterien werden. Diese Karrierevertreter messen dem Arbeitsinhalt eine überragende Bedeutung zu, wobei sich nach *Derrs* Untersuchungen vier Untergruppen in Karriereorientierung unterscheiden lassen:

- Karrierevertreter mit ideologischer Orientierung
- Karrierevertreter mit Spezialistenorientierung
- Karrierevertreter mit Abenteuerorientierung
- Karrierevertreter mit unternehmerischer Orientierung.

Schein, auf den auch *Derr* rekurriert, hat in einem jüngeren Beitrag einige seiner Karriereanker an die neuen Situationen in Wirtschaft und Gesellschaft angepasst. (*Schein* 1996, S. 80 ff.)

Zwei Beispiele:

- Bei Personen, die eine hohe Stabilitäts- und Sicherheitsorientierung haben (*„getting secure"* bei *Derr*), welchselt die *„employment security"* zu einer *„employability security"*.
- Personen mit einer Lebensstilorientierung (*„getting balanced"* bei *Derr*) müssen sich zukünftig vor dem Hintergrund der Zunahme der dualen Laufbahnfamilie als *„life system"* begreifen, was bedeutet, dass man es mit zwei Karrieren, zwei persönlichen Interessenlagen und zwei familiären Einstellungsmustern zu tun hat.

Bei der Einschätzung der Motivstrukturen kann das *Reiss*-Profil wertvolle Hilfe bieten (*Reiss* 2009).

4. Frühe Karrierepositionen entscheiden mit ihrem Potential langfristig über den persönlich empfundenen Karriereerfolg.

Als akademischer „Frischling" muss man davon ausgehen, dass man für die Durchführung praktischer PE-/FKE-Projekte nicht sehr viel mitbringt. Man muss eigentlich zu Beginn seiner Berufstätigkeit froh sein, wenn man eine Abteilung oder Organisation gefunden hat, in der substantielles Lernen stattfindet, das gleichsam eine längerfristig gültige Wissensbasis für die Karriere als PE-/FKE-ler begründet.

Dafür gibt es zwei sehr treffsichere Einschätzungen:

- Man muss die Lernqualität seines potentiellen Arbeitsumfelds beurteilen können. Ich habe in dem *„Learning Environment Survey"* (*Tannenbaum* 1997, S. 437 ff.) ein sehr valides Instrument gefunden, das mit beispielhaft genannten Skalen wie:
  - Weist Aufgaben zu, um Gelegenheit zum Lernen zu geben
  - Toleriert Fehler als integrativen Bestandteil des Lernens
  - Offenheit für neue Ideen
  - Unterstützung der Kollegen für neue Ideen
  - Ermutigender entwicklungsorientierter Führungsstil des Vorgesetzten
  eine gute Aussage über das Lernpotential einer Abteilung oder Organisation abgibt.

- Ein damit in Zusammenhang stehender Aspekt betrifft die Qualität des Vorgesetzten, für den man in seiner ersten Stelle arbeitet. Ich bin zwar der Überzeugung, dass man von jedem Vorgesetzten etwas lernen kann, wenn man sich vorgängig mit *McCall/Lombardo/Morrison* (1995) beschäftigt, der erste Vorgesetzte in einer PE-/FKE-Karriere sollte jedoch ein positives Rollen-Vorbild abgeben.

  Hinsichtlich des fachlichen Anspruchsniveaus sollte man in frühen Karrierepositionen die Arbeitsweise eines „theoriebasierten Praktikers" kennenlernen, der mit Kenntnis theoretischer Konzepte Entwicklungsarbeit in Organisationen betreibt und eine das eigene Praxishandeln abstützende fachwissenschaftliche Basis aufbaut, deren Anwendung man als „reflexiver Praktiker" permanent reflektiert – als *„reflection-in-action"* und *„reflection-on-action"* (*Schön* 1983).

5. Einschätzen der „Karriere-Spielregeln" und Karrierekultur in der Organisation.

In jeder Organisation und in jeder Karrieresituation, in der man sich befindet, gibt es „Spielregeln", die von Bedeutung sind. Je früher man diese für sich valide einschätzen und mit eigenen Werten und Bedürfnissen abklären kann, desto eher führen die darauf basierenden Entscheidungen zu einem persönlich empfundenen Erfolg.

Eine Organisation kann sich beispielsweise als „leistungsorientiert" darstellen, bei näherer Prüfung gibt es jedoch eine ganze Reihe von einzelnen „Spielregeln", die für den angestrebten Karriereerfolg bedeutsam sind (*Simonette* 1987):

- Relativ früh bei den „richtigen Leuten" im Unternehmen sichtbar sein
- Kommunikations- und Präsentationsfähigkeiten
- Lange Arbeitszeiten demonstrativ zeigen
- Mehr als fünf Tage und mehr als neun Stunden pro Tag im Büro sein
- Mobilitätsbereitschaft
- Aufgeschlossenheit für Neues nur im Rahmen von bekundeter Loyalität zum jeweiligen Vorgesetzten zeigen
- Macht erwerben und sie richtig einsetzen
- Erwartungen der Organisation in der äußeren Erscheinung erfüllen
- Zielvorgaben erfüllen
- Engagement außerhalb der Organisation.

Diese beispielhaft genannten „Spielregeln" können in ihrer Bedeutung von Organisation zu Organisation variieren, auch wenn sie sich nach außen alle als „leistungsorientiert" zeigen.

Es gibt in der einschlägigen Karriere-Fachliteratur auch Fragebögen, die man zur Einschätzung der Karrierekultur heranziehen kann. Ein derartiges Instrument ist beispielhaft bei *Hall/Mirvis* (1996, S. 39 f.) aufgeführt, aus dem ich nur einige Fragen als Beispiel erwähne:

- Nutzt das obere Management Arbeitsbeziehungen und die Übertragung von Aufgaben dazu, Mitarbeiter zu entwickeln/zu fördern?
- Werden Mitarbeiter ermutigt, ihre Karriere aus eigener Kraft und selbstgesteuert zu betreiben?
- Haben Mitarbeiter einen signifikanten Einfluss auf Pläne, die ihre zukünftige Entwicklung und Aufgaben betreffen?

6. Man braucht Engagement für ein thematisches Anliegen, das in die Zukunft trägt und für das man Leidenschaft spürt.

Wenn man für sich frühzeitig ein thematisches Anliegen entdeckt, hat man einen entscheidenden richtungsweisenden Treiber für seine berufliche Entwicklung. Auch der bekannte *Ned Herrmann* sieht dies so. Als er jüngst gefragt wurde: *„Ned, wenn du deine gesamte Erfahrung in einem Satz weitergeben könntest, welchen Rat würdest du einem jungen Menschen wie mir geben?"*, antwortete er: *„Follow that what turns you on."*

Ein bestimmtes thematisches Anliegen zu haben bedeutet, keine bestimmten Zielpositionen, sondern eine Richtung ohne einen detaillierten Plan zu verfolgen und gleichzeitig noch offen dafür zu sein, was „unterwegs" an Zufälligkeiten passiert.

„Offen sein für Zufälle" beinhaltet – wenn man sich in dem gewählten Richtungsstrom bewegt – die Bereitschaft, sich auf einen permanenten Dialog mit den gemachten Erfahrungen einzulassen. Dadurch wird man nicht nur inhaltlich fündig; man verkörpert mit dieser Einstellung auch auf sehr unspektakuläre Weise, wie man mit den neuen Karriereturbulenzen umzugehen weiß.

Die neuen „Richtungsgeber" für eine Karriere in der PE und FKE sind nicht die Experten, die Szenarien skizzieren, wie sich das Arbeitsfeld in der Zukunft zeigt. Ich glaube, dass man mit dieser Karrierephilosophie besser bei dem englischen Geschichtenerzähler *Bruce Chatwin* aufgehoben ist, der es in seinen Büchern (1987; 1989) auf meisterhafte Weise verstanden hat, sich auf seinen Routen treiben zu lassen und trotz seiner Belesenheit und Bildung auf seine Empfindungen und Erfahrungen zu vertrauen. *Chatwin* könnte mit seinen *„Songlines* zur Individuation"* einer der neuen „Ratgeber" auf der persönlichen und beruflichen Wegstreckenplanung werden.

7. Karriere ist kein geradliniger Prozess; das Vorhandensein von Unsicherheiten ist normal.

Es ist natürlich, dass wir in jeder beruflichen Phase Unsicherheiten spüren, Konflikte in uns haben und dass aus unseren Werten und Grundüberzeugungen Ansprüche an uns und von uns an andere vorhanden sind, die sich zuweilen gegenseitig im Wege stehen. Man muss auch der leisen Töne und sanften Schwingungen in sich gewahr werden, die Unsicherheiten anzeigen, und sich diesen Unsicherheiten stellen.

Wenn man in einer beruflichen Phase Unsicherheiten spürt, kann man sich in einem zweiteiligen Prozess dieses diffusen Gefühls annehmen:

- Man nimmt für sich eine Auszeit oder ein Mini-Sabbatical, um Kraft für Neues zu schöpfen und Altes abzulegen. *Tom Peters* tritt beispielsweise dafür ein, dass in Unternehmen eine großzügigere Handhabung von Sabbaticals praktiziert wird – *„for refreshing the overtilled soil"* (1994, S. 205).
- Man sollte bei beruflichen Unsicherheiten nicht nur reflektieren und analytisch suchen, sondern auch neue Erfahrungen machen und diese auswerten. Die bekannte Karriereforscherin *Herminia Ibarra* sagt dazu: *„You cannot discover yourself by introspection. Start by changing what you do. Try different paths. Take action and then use the feedback from your action to figure out what you think, feel and want."* (2003, S. 167)

Unsicherheiten spüren heißt auch frühzeitig den Wendepunkt für Veränderungen erkennen. *Charles Handy* (1993, S. 51 ff.) hat für diese Situation das Bild der zwei S-Kurven gebraucht.

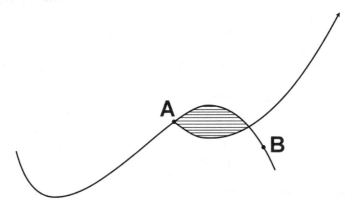

Man kann warten, bis einen die Notwendigkeit dafür erdrückt (B), oder man kann zu einem früheren Zeitpunkt (A) bereits eine neue S-Kurve beginnen, wenn noch genügend Kraft und Energie in der ersten S-Kurve vorhanden ist.

8. Aufbau einer „Auffangposition" (*fallback position*) ist eine einzigartige Karriereoption.

In der PE-und FKE-Arbeit ist immer ein Wechsel in die Selbständigkeit möglich. Diese Einschätzung basiert nicht nur auf der großen Bedeutung externer Ressourcen für die betriebliche Entwicklungsarbeit in der Vergangenheit. Auch in der mittel- und längerfristigen Zukunft wird man den externen PE-/FKE-lern sogar eine noch größere Bedeutung zuerkennen, was folgern lässt, dass man in diesem Arbeitsfeld die Chance zum Aufbau einer Karriereoption als selbständiger „Entwicklungsunternehmer" hat.

Man beginnt mit dem Aufbau einer „Auffangposition" gegen Ende der Phase 2 in dem vorgestellten *Dalton/Thompson*-Schema. Ein erfolgreicher PE- und FKE-ler hat zum Ende dieser Phase neben einer Kompetenztiefe auch eine gewisse Kompetenzbreite entwickelt.

Wer vor dieser Phase an einer „Auffangposition" arbeitet, ist als Selbständiger zu oberflächlich – trotz allfällig aufgebauter Netzwerke führt der zu frühe Umstieg in die Frustration. Und wer für sich noch in keinem Kompetenz-Korridor der PE und FKE eine Art „ownership" entwickelt hat, kann auch nicht systematisch sein Arbeitsfeld durch Weiterbildung und gezielte Lektüre der Fachliteratur arrondieren und veredeln.

Mit einer aufgebauten „Auffangposition" hat man sich die Möglichkeit zu einem Wechsel geschaffen, ohne dass man davon Gebrauch machen muss. Da die Zukunft in vielen betrieblichen PE- und FKE-Abteilungen eher düster aussieht, was den Ausbau der eigenen Kapazität anlangt, kann man die besondere Chance für PE-/FKE-ler zum rechtzeitigen Aufbau einer derartigen „Auffangposition" nur empfehlen. Der Aufbau einer „Auffangposition" ist Teil einer Kontingenzplanung, die insbesondere auch für eine berufliche Zukunft mit „Flow"-Potential steht.

9. Karriere als berufliche Entwicklung ist immer Teil einer umfassenderen Lebensgestaltung.

Es gibt so gut wie keine wichtige berufliche Entscheidung, die keine Auswirkung auf den privaten Lebensbereich hat. Wenn man diese Position vertritt, ist man als eigenverantwortlicher Karriereunternehmer immer auch „Lebensunternehmer" oder „Life Styler" in Anlehnung an das mit anderen entwickelte Fachgebiet, das man auch mit „Führung der eigenen Person" gleichsetzen kann.

Begreift man sich als „Lebensunternehmer", dann sieht man Karriere als Teil einer mehrdimensionalen Lebensführung, zu der auch Gestaltungsfelder wie

- Familie und soziale Beziehungen
- Gesundheit und physisches Wohlbefinden
- finanzielles Einkommen und materieller Besitz
- Freizeit
- spirituelle und/oder geistige Weiterentwicklung

gehören, um nur die Wichtigsten zu nennen. Als „Lebensunternehmer" sieht man die Vernetzung und die Verwobenheiten der einzelnen Gestaltungsfelder. Man sieht die Implikationen einer Karriereveränderung auf die anderen Dimensionen seines Lebens – deshalb spricht an auch von „mehrdimensionaler Lebensführungs-Kompetenz", die sich hinter dieser Karriereweisheit verbirgt.

Karriere als Teil einer umfassenderen Lebensgestaltung zu sehen heißt Leben als Verlauf des Lebens mit einem längerfristigen Zeithorizont zu begreifen. Dazu gehört auch die häufig unterentwickelte Fähigkeit, bei einer anstehenden Karriereentscheidung die längerfristigen Auswirkungen auf seine ganz persönlich bedeutsame Lebensqualität einzuschätzen.

Ich war in meinem „Lebens-Slalom" gezwungen, mehr als andere über mögliche Konsequenzen von beruflichen und persönlichen Entscheidungen sowie eingetretene Lebensereignisse für meine berufliche Tätigkeit nachzudenken, und habe es immer als eine große Schwäche einer seriösen Exploration empfunden, dass das „Leben" ein „Opfer" der arbeitsteiligen Wissenschaft geworden ist, wie es in einem umfangreichen Forschungsprojekt heißt (*Voss* 1991).

10. Ein mentorierender „Schatten" für die Reflexion von Entscheidungen ist die beste Rückversicherung für einen angestrebten Lebens- und Berufserfolg.

Eine erfolgreiche Karriere, die eingebettet ist in eine dynamische Lebensgestaltung mit der Erfüllung persönlich bedeutsamer Indikatoren von Lebensqualität, ist eine sehr komplexe Angelegenheit. Insbesondere wenn man als Karriere- und „Lebensunternehmer" für sich entscheidet, was Erfolg bedeutet und was dazugehört, braucht man neben einem eigenen Monitoring auch das periodische „Puls-Messen", ob die verfolgte Richtung noch mit den ursprünglichen Visionen übereinstimmt. Dazu gehört auch der kompetente Umgang mit „Karriere-Unfällen", die nicht nur Krisen, sondern auch Chancen darstellen, um jetzt vielleicht mit neuen beruflichen Optionen durchzustarten.

Ich habe wiederholt erlebt, dass die Bewertung eines persönlich und beruflich bedeutsamen Ereignisses, ob Erfolg oder Misserfolg, immer vom Zeitpunkt der Bewertung und den bezogenen Blickstellungen abhängt.

Ein mentorierender „Schatten" oder ein kompetenter *„confidant"* ist eine wertvolle Unterstützung, der speziell bei der Auslotung von blinden Flecken und möglichen Inkonsistenzen bei anstehenden Entscheidungen helfen kann. Dabei möchte ich aber auch zu bedenken geben, dass man ein feines Gespür dafür entwickelt, wann man noch Rat braucht und wann man sich von den Ratschlägen anderer fernhält. Ein Lebens- und Karriereunternehmer sucht keine ausgetretenen Wege, sondern will Spuren ziehen.

Meine ausgefalteten Karriereweisheiten sollten nicht isoliert, sondern gesamthaft als eine Art „Gestalt" gesehen werden, die man jenseits seiner inhaltlichen Arbeit als PE-FKE-ler im Auge behält – und die zu wichtigen Leitplanken für ein erfülltes Berufsleben eines Lebens- und Karriereunternehmers werden.

Ich bin heute noch als „mentorierender Schatten" für betriebliche PE-/FKE-ler tätig, aber insbesondere auch für Solos, die den Umstieg in die Freiberuflichkeit für sich realisiert haben. Neben der einen oder anderen Karriereweisheit werden für diese Klientel noch andere „Themen" wichtig, die für einen angestrebten Berufserfolg bearbeitet werden müssen.

4. Begründung einer Erfolgslehre für externe PE-/FKE-ler als Solos

Wenn heute von Beratung die Rede ist, dann denkt man in einschlägigen Kreisen nur an große Beratergruppen.

Bei genauerer Betrachtung gibt es jedoch unter dem **Aspekt der Betriebsgröße** mehrere **Typen von Beratern**:

- Es gibt die großen, oft **international ausgerichteten Beratergruppen**, in denen junge Hochschulabsolventen rekrutiert werden und es nach Sozialisation und erfolgreicher Arbeit bis zum Partner bringen können.
- Daneben gibt es den **Typ der KuM-Beratergruppe**. Sie geht zurück auf einen erfolgreichen Einzelberater, der mehr Aufträge erhalten hat, als er selbst abarbeiten konnte und für deren Bearbeitung er Berater anstellt. Während die Kultur des zuerst genannten Typs großbetriebliche Züge hat, auch wenn es ursprünglich immer einen charismatischen Berater als Gründungsunternehmer gab, weist die KuM-Beratung noch familiäre Züge auf und wird stark vom Inhaber mit seiner Persönlichkeit und Mentalität bestimmt und auch geprägt.
- Als dritten Typ gibt es unter der Blickstellung der Betriebsgröße eine wachsende Zahl von **Einzelberatern**, die sich für die Beratertätigkeit bewusst oder auch als oft nicht ganz freiwillige Rückzugsposition entschieden haben.

Ich bin seit 1975 als Solo-Berater tätig, anfänglich noch mit Domizil in Deutschland und dann nach meiner Übersiedlung in die Schweiz 1986 im Rahmen einer AG, der Dr. Rolf Th. Stiefel & Partner AG in St. Gallen. Meine Partner waren nie angestellte Mitarbeiter, sondern immer freie Netzwerkpartner, die ich aufgrund meiner Sichtbarkeit und Akquisitionsstärke im Markt auf der Basis einer längerfristigen Provisionsvereinbarung mit Aufträgen versorgte. Ein Solo-Berater hat seine Stärke im Inhaltlichen und im Kreieren neuer Produkte und nicht im Führen von Mitarbeitern.

Analog zu meinen Karriereweisheiten für interne PE-/FKE-ler habe ich aus der Reflexion meiner langjährigen Solo-Arbeit eine Art „Erfolgslehre für externe PE-/FKE-ler" begründet, die bewusst als Solos arbeiten wollen und vordem in einem Unternehmen als angestellte Trainer oder PE-/FKE-ler tätig waren.

Ich bin sehr bewusst Solo-Berater geblieben, weil diese Organisationsform am ehesten meinen persönlichen Präferenzen entsprochen hat. Ausgestattet mit Kenntnis der Life-Styling-Literatur und mit meinen Erfahrungen, auch mit den erlebten „Karriere-Unfällen", habe ich meine Solo-Beratung mit einem ganzheitlichen Erfolgsmanagement verfolgt und konnte auch aus der Beobachtung der Beraterszene zu wichtigen Erkenntnissen einer erfolgreichen Gestaltung der Solo-Arbeit kommen. Zudem habe ich mich in den letzten Jahren meiner Tätigkeit immer intensiver mit der Betreuung von externen PE-/FKE-lern bei der Etablierung als Solo-Berater befasst und konnte dabei meine eigenen Erfolgskonzepte aus einer langen Solo-Karriere validieren.

4.1. Ganzheitliches Erfolgsmanagement

In Ergänzung zu der vorgängig aufgeführten neunten Karriereweisheit gibt es in der Arbeit von Solos **mehrere Erfolgsebenen**, die nicht alle auf derselben logischen Ebene angesiedelt sind, hier aber gleichwohl neben- oder untereinander gestellt werden:

- Umsatz
- Finanzieller Erfolg
- Fachliche Reputation
- Innovationskraft
- Lebensqualität
- *„Flow"*

Umsatz ist ein kurzfristiger Erfolgsmaßstab für die durchgeführten Projekte, die in einem bestimmten Zeitraum, zumeist innerhalb eines Geschäftsjahres, abgerechnet werden.

Finanzieller Erfolg steht hier der Einfachheit halber dafür, wie man sein bisheriges Einkommen und erworbenes Vermögen als Überschuss aus dem Geschäft bewirtschaftet.

Fachliche Reputation – oder auch Anbieterautorität – ist ein Maßstab für das Potential, das einem Berater im Markt zugeschrieben wird.

Innovationskraft steht für die Fähigkeit eines Solo-Beraters, seinen Zielgruppen im Markt immer wieder neue attraktive Produkte und Serviceleistungen anzubieten.

Lebensqualität steht für das Maß, in dem die Wünsche, die jemand in Bezug auf sein Leben hat, erfüllt sind – vorausgesetzt er weiß, welche Ziele und Bedürfnisse für ihn wichtig sind.

„Flow" ist ein Gradmesser für eine bestimmte Qualität bei Projekten, in denen hohe Herausforderungen auf besonders entwickelte Fähigkeiten treffen, deren Einsatz besondere Glücksgefühle – eben *„flow"* – auslöst.

Ich habe aus meiner langen Beobachtung, Begleitung und dem Coaching von Solo-Beratern die Erkenntnis abgeleitet, dass die einzelnen Erfolgsdimensionen oft eine falsche Gewichtung erfahren. Hier nur einige **Beispiele:**

- Der Akquisition von Einkommen (Umsatz) wird zu lange eine überhöhte Priorität zuerkannt. Das Management des akquirierten Einkommens wird demgegenüber absolut stiefmütterlich behandelt oder einfach delegiert, ohne dass man sich bewusst ist, was es heißt, Partner beim Management von akquiriertem Einkommen für Fachleute (Banken, Vermögensberater etc.) zu sein.
- Honorarumsatz wird als dominante Erfolgsgröße auch dann noch verfolgt, wenn bereits ersichtlich ist, dass der Grenznutzen von eingesetzter Zeit zur Steigerung des Bruttoumsatzes gegenüber dem Grenznutzen von eingesetzter Zeit zur beispielhaft genannten Steueroptimierung eindeutig abnimmt.
- Ab einem bestimmten Honorarumsatz und ab einem bestimmten Stand von akquiriertem Einkommen lohnt es sich, regelmäßig mit einem Steuerexperten

Treffen zu arrangieren, um die für die jeweiligen individuellen Verhältnisse steueroptimalen Bedingungen zu besprechen, die man nur dann erhält, wenn man rechtzeitig Fragen der Steuerplanung mit einem Experten erörtert.

- Der Aufbau von fachlicher Reputation wird zumeist nicht als eigenständiges Erfolgsziel verfolgt. Man realisiert Zuwächse in fachlicher Reputation nur als Nebeneffekt vom Tätigsein für andere Erfolgsdimensionen.
- Innovative Produkte und Serviceleistungen werden von „erfolgreichen" Solo-Beratern nicht ausgereizt, indem man beispielsweise systematisch nach deren Verlängerung in ihrem Lebenszyklus sucht. Man springt zu früh von innovativen Produkten ab und wendet sich neuen Moden zu oder setzt unüberlegt auf Moden, die sich als „taube Nüsse" erweisen.
- Lebensqualität als Erfolgsdimension wird von „erfolgreichen Beratern" zu lange als residuale Größe wahrgenommen. Insbesondere wird vernachlässigt, dass man als Solo-Berater im zeitlichen Längsschnitt unterschiedliche Ansprüche und sich wandelnde Bedürfnisse hinsichtlich der Lebensgestaltung entwickelt. Manche Bedürfnisse sind so lebensphasenbezogen, dass man sie nur in dieser Phase befriedigen kann. Wenn man sie vernachlässigt, weil andere Erfolge scheinbar wichtiger sind, dann bleiben sie unerfüllt, was ab einer bestimmten Dosis zu einem persönlichen Problem werden kann. Ersatzverhalten und andere „Auffälligkeiten" sind die Folge.
- „Flow" wird nur von wenigen Solo-Beratern als eigenständige Erfolgskategorie erkannt und in die Erfolgsplanung aufgenommen. In der Regel rezipiert man „Flow"-Projekte als positive Nebeneffekte, ohne dass man besonders ergründet, was in einem Projekt im Einzelnen „flow" ausgelöst hat.
- Eine lebensphasenorientierte Betrachtung der Erfolgsdimensionen von Solo-Beratern vermittelt den Eindruck, dass man die persönlichen und beruflichen Energien nicht daran ausrichtet, worauf der einzelne Berater in einer bestimmten Lebens- und Berufsphase achten sollte.
- Die Planung von Erfolg in den sechs Dimensionen wird nicht systematisch und nachhaltig wahrgenommen. Es sind meistens Krisensituationen, die man in einer Erfolgsdimension erlebt und die dann auch Vernachlässigungen in anderen Erfolgsdimensionen aufzeigen.
- Manche Berater meinen fälschlicherweise, dass die Übererfüllung von einer Erfolgsdimension eine Rückversicherung gegen Probleme darstellt, die aus der längerfristigen Ausblendung anderer Erfolgsdimensionen aus einem beruflichen Leben resultieren.

Es ist sehr empfehlenswert für einen Solo, die in der zehnten Karriereweisheit aufgeführte Zusammenarbeit mit einem „mentorierenden Schatten" (S. 74) auch zum periodischen Audit der aufgeführten Solo-Erfolgsdimension heranzuziehen. Man kann sich dabei des folgenden Schemas bedienen: Die Zahl 100 steht für hundertprozentige Erfüllung: Der Gegenpol heißt, dass man völlig unzufrieden mit dem Erreichten auf einer Erfolgsdimension ist.

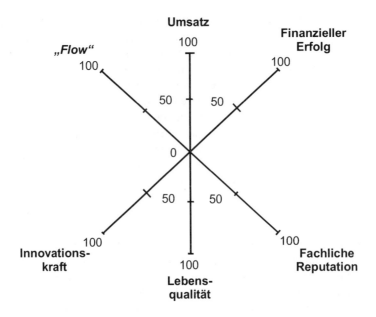

Diese Raster lassen sich sodann mit einem speziellen Aktionsprogramm pro Erfolgsdimension bearbeiten.

4.2. Entwicklungsphasen von Solos

Ich konnte auf der Basis einer kritischen Reflexion meiner eigenen Solo-Karriere und aus der Beobachtung von Solo-Kollegen sowie Coaching-Begleitung von Solo-Klienten **drei essentielle Entwicklungsphasen** feststellen, in denen jeweils sehr unterschiedliche Themen und Fragenkreise zur Bearbeitung anstehen:

- Phase als Nobody-Solo
- Phase als legitimierter Wertschöpfungspartner
- Phase als Profi-Solo

4.2.1. Phase als Nobody-Solo

Man fängt als Externer oder Freiberufler fast immer als Nobody-Solo an, ein Begriff, der anzeigen soll, dass man noch keinen besonderen Namen im Markt besitzt, gleichwohl aber freiwillig oder unfreiwillig diesen Berufsweg einschlagen will.

Vor dem Start als Solo haben die meisten Vertreter dieser Beraterkategorie bereits Erfahrungen gesammelt. Oft waren sie in einer PE-/FKE-Abteilung tätig und haben als Einkäufer oder Partner von Trainern und Beratern deren Dienstleistung für das Unternehmen kontrahiert oder in der Durchführung begleitet. Ab irgendeinem Zeitpunkt entstand bei unternehmerisch denkenden Typen der Wunsch nach einer ähnlichen Rolle. Mit einer häufig vorgenommenen kapazitiven Zusicherung vom alten Arbeitgeber begann für diese Vertreter der **freiwilligen Solos** der Gang in die Selbständigkeit.

Daneben gibt es aber auch eine größere Zahl von zunächst mehr oder weniger **unfreiwilligen Solos**, die mit einer Abfindung aus ihrem Unternehmen ausscheiden, weil sie ein Opfer von Personalabbau geworden sind oder weil sie einen Standortwechsel des Unternehmens nicht mitmachen wollten.

Am **Beginn jeder dieser Solo-Karrieren** stellen sich für mich die folgenden **Kernfragen**:

- Mit welcher finanziellen Ausstattung beginne ich die Selbständigkeit?
- Was sind meine besonderen Kompetenzen und Erfahrungen, über die ich verfüge?
- Wie lassen sich aus Kompetenzen und Erfahrungen Produkte kreieren und wer hat an diesen Produkten einen Bedarf?
- Was machen Mitanbieter derartiger Produkte im Markt und wie betreiben sie Marktbearbeitung?
- Was könnte ich von anderen lernen und wie kann ich zugleich an meiner Einzigartigkeit arbeiten?

Als Nobody-Solo macht man Umsatz mit unterschiedlichen Produkten und Klienten, um herauszufinden, wie man ankommt, aber auch um zu erfahren, was besonderen Spaß macht und was nur für *„Cashflow"* sorgt. Wenn man diese ersten Eingrenzungen bei Produkten und Klienten vornehmen kann, sollte man darauf achten, dass mit gezielten Weiterbildungsprogrammen, Fachliteraturprojekten und im Austausch von Erfahrungen mit anderen die Kompetenzen in den präferierten Produkten „geschärft" werden.

Man bleibt so lange Nobody-Solo, bis man von einem bekannten Klienten als seriöser Wertschöpfungspartner „bestätigt" oder „legitimiert" wird – nicht als „Einmal-Auftrag", sondern als Tendenz, die anzeigt, dass man jetzt in einer neuen Liga spielt. Dazu muss man vorab aus seinen Produkten und Klienten ein finanziell tragfähiges Geschäftsmodell konzipiert haben, das Aussicht auf längerfristigen finanziellen Erfolg verspricht, und man muss dieses Geschäftsmodell in wirksamer Form im potentiellen Markt kommuniziert haben.

Die heute härter gewordene Konkurrenzsituation auf Seiten der Anbieter im Markt würde es geboten erscheinen lassen, nicht sofort als *Fulltime*-**Solo** in den Markt einzutreten, sondern eine Möglichkeit als *Parttime*-**Solo** zu suchen, um den finanziellen Druck aus der Selbständigkeit zu nehmen und um ohne Hektik am Aufbau innovativer Produkte zu arbeiten. Wenn man beispielsweise noch Lehrer ist und mit der Freiberuflichkeit gedanklich spielt, sollte man den Luxus des *„Parttimers"* in Anspruch nehmen. Dasselbe gilt für die Situation, dass ein Lebenspartner über ein stetiges Einkommen verfügt, das einem die Chance gibt, ohne Umsatzzwang zu experimentieren und breite Erfahrungen zu sammeln. Zudem benötigt der Marktauftritt in der ersten Solo-Phase Zeit, die nicht mit der fakturierbaren Zeit für Kunden konkurrieren darf.

Man verlässt die Phase des Nobody-Solos, wenn man sich im Markt einen Namen als „legitimierter Wertschöpfungspartner" gemacht hat und dieser Meilenstein in einer Solo-Karriere Dauerhaftigkeit verspricht, auf der eine Freiberufler-Karriere ohne Existenzängste basieren kann. Bis dahin oszilliert man zwischen Prekariat auf der einen Seite und momentaner Umsatzzufriedenheit auf der anderen Seite, die jedoch keine immanente Verstetigung aufweist.

Was sind die häufigsten **Nachlässigkeiten** und Fehler in der Phase des **Nobody-Solos**?

- Man hat alles angenommen, was Umsatz bringt, ohne daraus Ideen für ein dauerhaftes Geschäftsmodell zu entwickeln.
- Wenn man zu unerwarteten Umsatzspitzen kommt, wird in Büro-Hardware und Demonstrationsluxus investiert, aber nicht in die Entwicklung von neuen Fachkompetenzen oder – besser – Vertiefung von vorhandenen Fachkompetenzen.
- Man ist aufgrund seiner engen finanziellen Ausstattung so auf das „Umsatz-machen-Müssen" fixiert, dass man seine Familie vernachlässigt, weshalb Trennungen in dieser Phase keine Seltenheit sind.
- Durch ein zu großzügiges „Kosten-Kleid" wird man zum permanenten Umsatz gezwungen, was sehr nachteilige Folgen für die eigene *„work life-balance"* hat.
- Man hat es unterlassen, ein Netzwerk aufzubauen und zu pflegen, das vielfältige Funktionen übernehmen kann.

Man verlässt die Phase des Nobody-Solos nicht mit einem großen finanziellen Überschuss – dies ist eher eine Kontraindikation von Erfolg des Nobody-Solos –, sondern mit dem Aufstieg in die neue Liga der „legitimierten Wertschöpfungspartner", in der jetzt auch die finanziellen Früchte der ersten Solo-Phase geerntet werden.

4.2.2. Phase als legitimierter Wertschöpfungspartner

Im beruflichen Leben eines jeden Solos – gleich ob dieses mit einem frühen Start in jüngeren Jahren oder als Folge einer Umsteigerentscheidung eines PE-lers in einer fortgeschrittenen Lebensphase begonnen hat – gibt es eine Schwelle des „Geschafft-Habens", die in dem jungen *Entrepreneurship*-Fachgebiet als *„legitimacy threshold"* bezeichnet wird (*Rutherford/Buller* 2007, S. 78 ff.). *„This made-it feeling is a general feeling of relative permanence as opposed to a general feeling of impending failure. We term the point where this occurs the legitimacy threshold (LT), because the made-it stories told by entrepreneurs almost always involved the endorsement – or legitimizing – of the entrepreneur's organization by some major stakeholder."* (S. 78)

Unterhalb dieser Schwelle gibt es einen ständigen Überlebenskampf, wobei das „Überleben" nicht nur eine finanzielle Dimension, sondern vor allem auch eine existenzbestätigende Dimension durch andere beinhaltet. *„Legitimacy cannot be taken, rather, it must be granted by influential stakeholders."* (S. 79) Die wichtigste Bestätigung erfolgt durch die Kunden. Man muss sich somit die Legitimation als Marktteilnehmer verdienen. Diese ist dann vorhanden, wenn man für Kunden als seriöser Wertschöpfungspartner interessant ist.

Das häufigste **schwellenüberwindende Ereignis** im beruflichen Leben eines externen PE-/FKE-lers als Solo ist der Erhalt eines größeren Projekts von einem bedeutenden Klienten. Damit wird anderen Stakeholdern im Markt angezeigt, dass es ein Trainer oder Berater „geschafft" hat und jetzt jenseits der „Legitimationsschwelle" operiert. Mit der „Legitimierung" als seriöser Wertschöpfungspartner folgen nun andere Aufträge und man wird im Markt als interessanter Partner wahrgenommen. Zugleich verlässt man den Bereich der Arbeit mit gelegentlichen Nobody-Klienten unterhalb der „Legitimationsschwelle", die erforderlich war, um genügend existenzsichernden *Cashflow* zu generieren.

Das Passieren der „Legitimationsschwelle" hat für Solos nicht nur den Charakter eines „Initiierungsrituals" zum seriösen Wertschöpfungspartner für Unternehmen. Jenseits der „Legitimationsschwelle", wenn man allmählich am Markt als „Name" gehandelt wird und wenn das akquisitorische Potential der ersten Aufträge von namhaften Unternehmen sich in Folgeaufträgen niederschlägt, entstehen für Solos auch Versuchungen, sichtbar größer zu werden. Aus einem Solo wird eine KuM-Trainer- und Beratergruppe, eine bis anhin kostengünstige *„Back-office"*-Struktur wird in eine Büroadresse an einem namhaften Standort verwandelt und aus dem ursprünglichen Alleinunternehmer in der Projektdurchführung muss ein Vorgesetzter von Mitarbeitern werden.

Häufiger als man denkt treten größer gewordene Solos, die einige Zeit jenseits der „Legitimationsschwelle" operiert haben, wieder den Gang nach unten an und finden sich wieder in der Zone, wo sie um die „Legitimation" als Wertschöpfungspartner kämpfen müssen. Diese Situation erweist sich als besonders vertrackt, weil die Anpassung der Kosten auf dem Weg in den *„Pre-threshold"*-Bereich (S. 89) nicht so schnell wie der Gang nach unten erfolgt. Die Gesetze der Kostenremanenz gepaart mit dem Prinzip Hoffnung, dass ein Absturz aus dem *„Post-threshold"*-Bereich nur vorübergehend ist, können sehr schnell in einen finanziellen Engpass führen.

Das Konstrukt der „Legitimationsschwelle" ist ein markantes Kriterium, um die seriösen Wertschöpfungspartner von den zahllosen Nobody-Solos zu trennen, die am Markt auch auftreten. Im Coaching-Markt ist diese Erscheinung in besonders markanter Form zu beobachten, wo es nur relativ wenige Solos dauerhaft in den *„Post-threshold"*-Bereich geschafft haben.

Das Konstrukt der „Legitimationssschwelle" verdeutlicht aber auch, dass eine günstige finanzielle Ausstattung bei einem Solo – egal, wie er dazu gekommen ist – höchstens eine notwendige, aber keine hinreichende Voraussetzung bietet, die Legitimation als seriöser Wertschöpfungspartner im Markt von Klienten und anderen Stakeholdern zu erhalten.

Ich habe das Konstrukt der „Legitimationsschwelle" auch auf meine eigene Arbeitsbiografie angelegt. Dabei ließ sich durchaus eine Phase des einkommengenerierenden Trainers unterhalb der „Legitimationsschwelle" von der Phase jenseits dieser Schwelle unterscheiden. Auch ist mir im Rückspiegel der Betrachtung meiner eigenen Vergangenheit sehr wohl bewusst geworden, wie wichtig gewisse Aufträge und Projekte waren, um in eine andere Liga im Markt aufzusteigen.

Das Konstrukt der „Legitimationsschwelle" hat eine besondere Bedeutung in der beratenden Arbeit von Solos. Dabei geht es im *„Pre-threshold"*-Bereich darum, Solos mit Geschäftsmodellen im Markt zu positionieren, die sowohl robustes Einkommen als auch Legitimationserwerb verschaffen. Eine „Kassensturzübung" des Solos in dieser Phase vermittelt, wie intensiv man an der Einkommensgenerierung und wie stark man an der Legitimation arbeiten muss. Beide Ziele mit gleichem Tempo zu realisieren, ist nicht immer möglich.

Eine wichtige Phase der Beratung setzt im *„Post-threshold"*-Bereich ein, wenn es darum geht, die „Erfolgsdimension der Umsatzgenerierung", mit qualitativen Überlegungen zu ergänzen, um die erhaltene Legitimation vom Markt zu verstetigen. Im *„Post-threshold"*-Bereich muss man es sich leisten, nicht Umsatz leichtfertig zu maximieren, sondern auf die Qualität seiner Projekte zu achten, um die erhaltene Legitimation zu rechtfertigen. In dieser Phase entsteht der Typ des Profi-Solos als einer Form der qualitativen Differenzierung im Markt der vielen Nobody-Solos.

Neben der legitimationsverstetigenden Beratung geht es im *„Post-threshold"*-Bereich aber auch vor allem darum, Solos im „Fehlervermeiden" zu unterstützen. Viele Schwierigkeiten, die ich am Markt beobachten konnte, waren das Ergebnis von fehlerhaften Entscheidungen, die einen Solo in die falsche Richtung bewegten, und weniger ein Auslassen von Chancen, die ihn schneller und dauerhafter im *„Post-threshold"*-Bereich etablierten.

Wenn man den Sprung zu den „legitimierten Solos" geschafft hat, geht es um neue Themen, die nun aktiv angegangen werden müssen.

Der neue finanzielle Erfolg, den man jetzt erlebt – als **erster Themenkreis** –, ist eine große Versuchung, die schon zu manchem „entgleistem Karrierezug" geführt hat. In dieser Phase sind Solos für Entgleisungen besonders anfällig. In Anlehnung an das Phänomen des „entgleisten Karrierezugs" von erfolgreichen Manager-Karrieren, bei denen man ganz bestimmte *„Derailment"*-Faktoren ausgemacht hat (*McCall/Lombardo* 1985, S. 47 ff.), können auch erfolgreiche Solo-Karrieren in dieser Phase plötzlich entgleisen. Ich habe in meiner Beratertätigkeit zehn wiederkehrende *„Derailment"*-Faktoren festgestellt, die eine Solo-Karriere in der neuen Phase des legitimierten Wertschöpfungspartners zum Absturz bringen können:

- Als einen äußerst wichtigen Faktor habe ich den ökonomischen Erfolg ausgemacht, der einen Solo veranlasst, seine Solo-Karriere zu verlassen und Mitarbeiter einzustellen, um seinen Erfolg zu multiplizieren. Damit begibt man sich auf einen echten „Hindernis-Parcours", auf dem man viele Opfer in der persönlichen Lebensqualität erbringt und mitunter viel Geld verliert, wenn man die Bekanntschaft mit dem Kündigungsschutz von angestellten Mitarbeitern macht, die sich für den Kleinunternehmer als ineffektiv in Sachen Leistung und gewieft in Sachen Arbeitsschutzbestimmungen erweisen. Der Weg zurück ins Solo-Dasein ist der einzige Ausweg, den man zur Rettung aus dem Fiasko einschlagen kann.

- Als weiteren Faktor habe ich beobachtet, dass finanziell erfolgreiche Solos der Versuchung nicht widerstehen können, ihren wirtschaftlichen Erfolg auch zu demonstrieren. Die resultierenden Fehlentscheidungen in Richtung Demonstrationsaufwand und *„Impression Management"* haben bittere Konsequenzen, wenn *„Murphy's law"* plötzlich Realität wird: das Zusammentreffen von mehreren ungünstigen Faktoren zu einem Zeitpunkt, die man je für sich alle unter Kontrolle gehabt hätte.
- Als dritten Faktor habe ich das falsche Management des eigenen Produkt-Portfolios beobachtet. Es gibt *„cash cows"* unter den Produkten, die intellektuell nicht mehr stimulieren, aber einen wesentlichen Beitrag zum finanziellen Erfolg eines Solos leisten. Das zu frühe Aufgeben dieser Produkte, verbunden mit der Vorstellung, nur noch anspruchsvollere Projekte – oft auch aus Selbstüberschätzung – durchzuführen, führt zum wirtschaftlichen Einbruch. Ursächlich ist auch die demonstrierte Überheblichkeit, dass man sich für den Verkauf von „banalen *Mainstream*-Produkten", für die es substantielle Bedarfe im Markt gibt und die man auch kompetent bearbeiten könnte, zu schade ist.
- In ganz ähnlicher Weise gibt es einen vierten erfolgsgefährdenden Faktor: Man vermarktet ein einmal entwickeltes *„Cash-cow"*-Produkt und unterlässt es, rechtzeitig für andere Projekte eine Kompetenz- und Anbieterautorität im Markt zu entwickeln. Es wird einem plötzlich bewusst, dass man nichts mehr in der Pipeline hat und dass die inkrementalen Innovationen am bisherigen *„Cash-cow"*-Produkt nicht mehr ausreichen. Man hat schlichtweg keine Kompetenz entwickelt, die über das jahrelange Tun hinausgeht.
- Die Bequemlichkeit der Einrichtung als „Hoflieferant" für einen oder wenige Auftraggeber wird dann zur Bedrohung, wenn die ursprünglichen Auftraggeber wechseln und die Fortsetzung der Zusammenarbeit in Frage gestellt wird. In der Regel geht die Funktion des „Hoflieferanten" mit fehlender breiter Marktbearbeitung und der Entwicklung von neuen potentiellen Klienten einher. Wenn der Wechsel bei zwei oder drei *„Key-account"*-Kunden nahezu gleichzeitig ansteht, kann dies dramatische Folgen haben. Es ist übrigens meine Beobachtung, dass sich die Bequemlichkeit des „Hoflieferanten" auch in einer ungenügenden Produktentwicklung fortsetzt. Man hat in erster Linie nur das geliefert, was die Auftraggeber wünschten, und dies kann bedeuten, dass man bei Wegfall der ursprünglichen Auftraggeber über keine besonders marktgängigen Kompetenzen verfügt.
- Es gibt einen Faktor, der darin besteht, dass man als Solo so gut wie alles annimmt und selbst nicht weiß, wofür man eigentlich steht. Diese Arbeitsweise ist zwar persönlich bei näherer Reflexion in hohem Grade unbefriedigend; da sie aber über längere Zeit finanziell trägt, hat man zunächst keine Veranlassung, sie zu verändern. Erst wenn man in einer fortgeschritteneren Phase seines Solo-Daseins irgendwann – zumeist ausgelöst durch eine Situation bei einem Klienten – erkennt, dass man auf der ganzen Linie Mittelmäßigkeit vermittelt und verkauft, entsteht eine persönliche Krise, die sich auch öko-

nomisch niederschlägt. Der „mittelmäßige *Allrounder*" hat selten allein die Kraft, die Karten für sich noch einmal strategisch neu zu mischen.

- Das in der externen PE-/FKE-ler-Szene verdiente Einkommen ist – im Verhältnis zu vielen anderen Positionen in unserer Gesellschaft – relativ leicht verdientes Geld. Dieser Eindruck des leicht verdienten Einkommens kann sich in einem Investitions- und unternehmerischen Verhalten niederschlagen, indem Risiken nicht mehr sorgfältig bewertet oder insgesamt zu hohe Risiken eingegangen werden. Der Erfolg als Trainer und Berater löst bei einer bestimmten Persönlichkeitsdisposition eine gefährliche Tendenz zur Selbstüberschätzung aus. Unternehmerischer Übermut ist einer der Misserfolgsfaktoren, der bis anhin erfolgreiche Solos finanziell auf die schiefe Bahn bringt.
- Ein weiterer damit verbundener Faktor, den ich ausgemacht habe, liegt im Bereich des Anlagemanagements der finanziellen Ressourcen. Hier wird oft der Versuchung des „Schnell-reich-werden"-Syndroms nachgegeben und eine Risikoübernahme eingegangen, die mit der Position eines konservativen werterhaltenden Investors unvereinbar ist.
- Als besonders erfolgsgefährdenden Faktor habe ich aufwendige Scheidungen ausgemacht, die den Solo rasch ins Unglück stürzen können. Falls jemand nicht nur eine oder zwei, sondern gleich mehrere Ehescheidungen erlebt, dann ist der finanzielle Absturz ins Prekäre vorprogrammiert.
- Sensibilisiert durch *Binswangers* „Statustretmühle" möchte ich noch einen *„Derailment"*-Faktor explizieren: Man hält sich im „falschen Teich" (*Binswanger* 2006, S. 144 ff.) auf. Die meisten externen Trainer und Berater sind kleine Frösche in einem großen Teich – und werden zum *„global loser"* statt zu einem *„local hero"* (*Binswanger*), was ungleich befriedigender ist. Man muss nicht für ein Großunternehmen ein Leadership-Training in Englisch durchführen oder als strategischer Berater der GF-Ebene eines multinationalen Unternehmens imponieren wollen und dabei der Konkurrenz großer Beratergruppen ausgesetzt sein, wenn man seine Kompetenz auch zu finanziell attraktiven Bedingungen bei scheinbar unbedeutenden KMUs verkaufen kann.

Als **zweiter Themenkreis** steht in dieser Entwicklungsphase des Solos als legitimierter Wertschöpfungspartner die Frage an, wie man die finanziellen Erfolge investiert, um langfristig eine finanzielle Unabhängigkeit zu erzielen. Der jüngere „legitimierte Solo" kann dabei mit größerem Risiko investieren als sein älterer Kollege, dem bei Fehlentscheidungen weniger Zeit bleibt, diese wettzumachen. Die Sicherung der finanziellen Unabhängigkeit verlangt i.w.S. eine Kompetenz im Umgang mit Geld, die nicht delegierbar ist.

Ein **dritter Themenkreis** betrifft die Weiterentwicklung des bis anhin erfolgreichen Geschäftsmodells zu einer Themenführerschaft im Markt. Statt auf neue umsatzattraktive Geschäfte zu springen, gilt es das bisherige Geschäftsmodell abzusichern und so zu ergänzen, dass der Markteintritt für Mitbewerber bei den Klienten erschwert wird. Falls das bisherige Geschäftsmodell noch nicht durchgängig *„flow"* erzeugend war, sondern auch noch Einsätze enthielt, die nur Umsätze generierten, muss an diesen „Baustellen" der Feinjustierung gearbeitet werden. Es gibt somit eine Beschäftigung mit dem bisherigen Geschäftsmodell nach **außen**, das die Erhöhung der Anbieterautorität zum Ziel hat, und es gibt eine Beschäftigung mit dem bisherigen Geschäftsmodell nach **innen**, die den Grad der „*Flow*"-Aktivitäten bei gleichbleibendem finanziellem Erfolg erhöht.

Ein **viertes Thema** des „legitimierten Solos" ist der Umgang mit der großen Nachfrage nach seinen Produkten und Serviceleistungen in dieser Phase. Hier geht es darum, wie man die Falle der Anstellung von Mitarbeitern vermeidet, ohne auf den Umsatz zu verzichten. Jetzt zahlt sich die Investition in ein gepflegtes Netzwerk aus, aus dem man Partner für Projekte unter Vertrag mit finanzieller Beteiligung nehmen kann. Damit kann man als Solo einen hohen Umsatz mit großem finanziellem Erfolg generieren, ohne seine bisherige Infrastruktur zu verändern. Da dies auch von anderen „legitimierten Solos" praktiziert wird, ist auch die Frage zu beantworten, wie man sich als Solo gegenüber kompetenten Netzwerkpartnern so attraktiv macht, dass diese bei einem selbst und nicht bei anderen Solos Projekte übernehmen.

Als **fünftes Thema** gilt es bei der Verstetigung des bis anhin erfolgreichen Geschäftsmodells auch eine Strategie zu entwickeln, die keine Abhängigkeit von einem einzelnen Auftraggeber entstehen lässt und persönliche Präferenzen des Solos noch stärker berücksichtigt (Auslandseinsätze zur Befriedigung interkultureller Interessen; keine Hotelaufenthalte wegen Familienorientierung und damit Bevorzugung von Klienten im engen Mobilitätsradius etc.). Diese Überlegung ist insbesondere der „*Flow*"-Erfolgsdimension geschuldet.

In dieser finanziell erfolgreichen Phase des „legitimierten Solos" taucht auch die Frage des steuerlichen Standorts als **sechstes Thema** auf, die man jetzt mit Blick auf die Zukunft und auch mit der Perspektive, dass die Kinder das Haus bereits verlassen haben oder bald auf eigenen Füßen stehen werden, neu stellen muss.

Der finanziell erfolgreiche Solo schießt ein Eigentor, wenn er sich in dieser Phase nicht auch aktiv – als **siebtes Thema** – um seine anderen Life-Styling-Interessen bemüht, die man gerne dem guten Geschäft opfert, speziell dann, wenn es ohnehin bereits größtenteils „*flow*" generiert. Dazu gibt es vielerlei Überlegungen, u.a. auch die, dass man jetzt verstärkt versucht, seinen Partner in die eigenen beruflichen und persönlichen Projekte einzubinden – wenn man es nicht bereits getan hat.

Die Phase des „legitimierten Solos" ist auch eine Phase, in der besonders viele gravierende Fehler begangen werden, die ihren Ursprung im finanziellen Erfolg haben. Der Luxus der allmählich eintretenden finanziellen Unabhängigkeit muss dazu verwandt werden, um den ganz persönlichen Life-Styling-Korridor zu finden und sich nicht an dem Verhaltensrepertoire von anderen Leistungseliten zu orientieren, die in der Öffentlichkeit ausgebreitet werden.

4.2.3. Phase als Profi-Solo

Mit der Auseinandersetzung um die Suche nach dem persönlich richtigen Life-Styling-Korridor als zentrale Frage beginnt die Phase des Profi-Solos.

Die aus der vorgängigen Phase eingeleitete finanzielle Unabhängigkeit gilt es dauerhaft zu sichern. Wer die jüngsten Ereignisse im volkswirtschaftlichen Umfeld verfolgt hat, weiß, wie viel wichtiger die Vermögenssicherung als die vordem verfolgte Vermögensmehrung ist.

Ein wichtiges Thema ist die Einrichtung von Zeitsouveränität in dieser für die meisten Solos fortgeschrittenen Lebensphase, in der Zeit das wichtigste Gut überhaupt geworden ist. Der Einsatz von Zeit ist zu verbinden mit Fragen danach, mit wem man sie verbringt, welche Aktivitäten man damit verfolgt oder für welche Projekte man sie noch einsetzt.

Überhaupt werden jetzt ein bewussterer Umgang mit Zeit und das allfällige Einüben eines anderen Umgangs mit Zeit zu einem ganz dominanten Thema. In einer Untersuchung (*Pahl* 1995, S. 21) wurde festgestellt, dass „erfolgreiche" Menschen von einem rastlosen Zwang getrieben werden. Sie haben nicht die Zeit, die Früchte ihrer Arbeit zu genießen, und ihnen ist – um es hinzuzufügen – auch die Qualität des Genießens von Alltagsfreuden immer mehr abhanden gekommen. „Herunterschalten" oder *„Downshifting"* und post-materialistischer Umgang mit Erfolg sind die neuen Herausforderungen.

Man stellt als Profi-Solo die Arbeit nicht ein, sondern führt noch Projekte durch, die *„flow"* versprechen. Dabei ist wichtig, dass man bei den Projekten jeweils von einem jüngeren kompetenten Solo assistiert wird, denn es gibt immer Teile in einem Projekt, die erfolgskritisch sind, aber nicht unbedingt *„flow"* generieren. Für den noch aktiven Profi-Solo steht die intrinsische Befriedigung aus dem Projekt im Vordergrund – das Fakturieren gehört zur Ernsthaftigkeit der Projektdurchführung, nicht mehr jedoch primär zur Umsatzgenerierung.

Da man als Profi-Solo auch in dieser Phase wahrscheinlich mehr Nachfragen gegenübersteht, als man noch bereit ist, als Projekte anzunehmen, gibt es das Thema des „qualifizierten Nein-Sagens", um dem Klienten die erlebte Wertschätzung adäquat zu vermitteln. Dazu gehört, dass man über ein Netzwerk von kompetenten Partnern verfügt, die man einem Klienten empfehlen kann.

Die wichtigsten Projekte in dieser Phase sind jedoch die, die ganz direkt die persönlichen Life-Styling-Bedarfe befriedigen. Da man sich als Profi-Solo mit erfolgreicher Beratervergangenheit und bereits gelebter Zeitsouveränität in einer einzigartigen Situation befindet, sollte man darauf achten, sich nicht vom *„Mainstream"*-Verhalten anderer Zeitgenossen in dieser Phase beeinflussen zu lassen.

Ein besonderes Thema des Profi-Solos ist die Frage, wie früh man daran denken sollte, in diese Phase einzutreten. Mit meiner heutigen Erfahrung würde ich darauf antworten, dass man mit dem Übergang in diese Phase mit den ersten Indikatoren von finanzieller Unabhängigkeit beginnen sollte. Der Wert eines beruflichen und persönlichen Lebens entsteht aus *„flow"* und erlebter subjektiv wichtiger Lebensqualität – und nicht im Maximieren des Ökonomischen. Dass es dazu auch notwendig ist, im Kopf einige Schalter umzulegen und Lebensprämissen zu überdenken, ist für viele kein vordergründiges Thema, aber deshalb umso bedeutsamer.

4.3. Strategische Positionierung

Der Kern meiner Erfolgslehre für externe PE-/FKE-ler ist deren strategische Positionierung in der Freiberuflichkeit, um nachhaltig erfolgreich zu sein. Da so gut wie alle dieser sich als Solos etablierenden Trainer und Berater eine ähnliche Vorgeschichte als Mitarbeiter oder Leiter einer PE-/FKE-Abteilung haben, erhält die Wahl des Geschäftsmodells und die verfolgte Differenzierung zur Erlangung einer Einzigartigkeit, um sich von anderen abzuheben, eine besondere Bedeutung.

Eine einzigartige strategische Positionierung als Solo am Markt ist nicht ohne eine Einschätzung am Markt mit seinen *„player"* – Nachfragern und Mitbewerbern oder Konkurrenten – möglich, die gleichsam die „Hintergrundfolie" für alle strategischen Überlegungen eines Solos bilden.

4.3.1. Die „Marktsituation" für Solos

Ich habe in meiner langen Zeit als Trainer oder Berater sehr unterschiedliche Situationen kennengelernt. Da ich mir mit MAO als meiner eigenen Zeitschrift für PE-ler und Berater bereits früh ein Medium zugelegt habe, mit dem ich meine Abonnenten u.a. regelmäßig für Trends und Entwicklungen gleichsam *„ex officio"* sensibilisiert habe, war ich auch selbst auf Veränderungen im Marktgeschehen immer rechtzeitig vorbereitet, um zumindest eine periodische Abklärung der Passung meiner Aktivitäten mit den Marktveränderungen vorzunehmen.

Von welcher „Marktsituation" würde ich heute, 2011, als externer PE-/FKE-ler ausgehen?

Zunächst ein Blick auf die **Einschätzung der potentiellen Nachfrager auf Seiten der Unternehmen**:

- In reifen Märkten läuft der Wettbewerb in vielen Branchen über die rasche Umsetzung neuer strategischer Initiativen (*Stiefel* 2010). Eine betriebliche PE-/FKE-Funktion könnte wertvolle Projekte für die GF übernehmen, ohne dass jedoch die Aufträge dafür vergeben werden. Diese Aufträge muss man sich als PE-/FKE-ler holen, muss Mut haben, Neuland zu betreten, die Bereitschaft für ein allfälliges Scheitern aufbringen – insgesamt einen neuen Auftritt wagen, bei dem ein nachvollziehbarer Nutzen für die GF entsteht. Gleichzeitig muss man feststellen, dass die Qualität und die Persönlichkeit – kurz das personelle Kaliber – in den PE-/FKE-Abteilungen gegenüber früher abgenommen haben.
- Betriebliche PE- und FKE-Positionen sind nicht mehr so sicher, wie man sie bisher eingeschätzt hat. Mit der Redimensionierung von Belegschaften und der Verlagerung von Produktionsstätten in die ausländischen Wachstums-

märkte werden auch die gesamten HR-Abteilungen, zu denen PE und FKE gehören, angepasst – oder die Mitarbeiter werden für inferiore Aufgaben eingesetzt (z.B. Transfergesellschaften).

- Unternehmen entwickeln an der Spitze eine neue Wertschätzung für das Thema „Lernen als strategischer Wettbewerbsfaktor". Nicht zuletzt ist dafür auch die inflationäre Verwendung der Begrifflichkeit „HR als Business-Partner" ursächlich, der man sich nicht mehr entziehen kann.

- Es wird von Führungskräften in immer größerem Ausmaß eine Wahrnehmung ihrer Entwicklungsverantwortung gegenüber ihren Mitarbeitern im Bereich der Anpassungsqualifizierung erwartet, was einen Zuwachs an „work based-learning" zur Folge hat.

- Eine Entsprechung dazu ist die Propagierung des Mitarbeiters als „Mitunternehmer", was zu einer Favorisierung des eigenverantwortlichen „Lernunternehmers" führen wird. MBO-(Management by objectives-)Systeme werden um das Führen mit Lern- und Entwicklungszielen erweitert.

- Organisiertes Lernen für Mitarbeiter und Führungskräfte via Seminare wird abnehmen. Es wird insgesamt eine Verschlankung der Produktionsprozesse für Lernen geben, indem Internet, Intranet und computerassistierte Lernprogramme bislang seminaristisch organisiertes Lernen verdrängen.

- Kompetenzlücken bei Laufbahnveränderungen von Führungskräften werden individuell begleitet – Zunahme der Inanspruchnahme von Coaches und Einrichtung von Coaching-Pools.

- Progressive Unternehmen verlangen eine Einbindung der gesamten Wertschöpfungskette in die Entwicklungsarbeit, was eine Erweiterung der tradierten Zielgruppen von PE und FKE bedeutet.

- Notwendigkeit des dezentralen Aufbaus von PE-/FKE-Strukturen entlang der neuen globalisierten Aufstellung von Unternehmen (z.B. Produktionsverlagerung nach China verlangt Entwicklung einer lokalen Funktion der Entwicklung von Mitarbeitern und Führungskräften).

- Neue Formen der Zusammenarbeit von PE/FKE mit anderen betrieblichen Funktionen, beispielsweise mit Marketing (Involvierung von Kunden als Lernquelle) oder Public Relations/Öffentlichkeitsarbeit (Kommunikation von großflächigen Veränderungsprojekten im Unternehmen).

- Ständige Entstehung neuer strategischer Bedarfe, für die betriebliche PE-/FKE-Abteilungen nicht vorbereitet sind. Beispielsweise bringt die Internationalisierung von Unternehmen via Direktinvestitionen neue erfolgskritische Schlüsselpositionen in den Fokus der Bearbeitungsnotwendigkeit („host country nationals"); immer mehr Unternehmen werden zum wissensbasierten Unternehmen, in denen für die Know-how-Träger „Knowledge-sharing"-Systeme eingerichtet werden müssen.

- Das Management-Dogma „Fokussierung auf Kerngeschäfte" erfährt mit der jetzt durch die Wirtschaftskrise ausgelösten kostenmäßigen Verschlankung durch die Überführung von Fixkosten in besser steuerbare variable Kosten eine Verstärkung, was insgesamt zu einer Bedeutungsabnahme interner PE-/

FKE-ler und zu einem Bedeutungszuwachs von externen Ressourcen für Unternehmen führt.

Wie sieht die „Marktsituation" auf der Anbieterseite aus, insbesondere hinsichtlich der Veränderungen im Beratungsgeschäft mit ihren Konsequenzen für Solos?

- Alle großen Beratergruppen haben in letzter Zeit strategische Umsetzungskompetenz aufgebaut. So haben sowohl *McKinsey* (*Steinweg* 2009) als auch *Kienbaum* (*Meifert* 2008) das Thema strategische PE mit Veröffentlichungen zu besetzen versucht.
- Große Beratergruppen haben kein Interesse, mit einer betrieblichen PE-/FKE-Abteilung zusammenzuarbeiten; sie wollen direkt mit der GF ihre Projekte vereinbaren, was früher oder später den Druck auf die internen PE-/FKE-ler erhöht.
- Es ist insgesamt eine Zunahme der Wettbewerbsintensität im Beratermarkt zu beobachten, wobei es insbesondere eine rasch wachsende Zahl von Solos gibt, die die neue Karriereoption nicht nur freiwillig wahrnehmen.
- Der vor Jahren schon einsetzende Reputationsverlust von Beratern, der zu einem regelrechten „*hype*" von Büchern zum Thema Berater„*bashing*" geführt hat, hat im Wesentlichen großen Beratergruppen geschadet. Kompetente KuM-Beratergruppen haben davon profitiert. An Solos, die mit PE-/FKE-Abteilungen als Auftraggebern gearbeitet haben, ging dieser Widerstand gegenüber Beratern in Unternehmen eher folgenlos vorbei. Bei der GF als Auftraggeber waren Solos auch durchaus von der generellen Kritik an Beratern betroffen.
- Die in verschiedenen Unternehmen zu beobachtende Tendenz zum Aufbau eigener interner Beratergruppen hat die Nachfrage nach externen Spezialisten erhöht. Die Bedeutungszunahme von internen Beratergruppen, die oft aus der Neupositionierung von PE-/FKE-Abteilungen hervorgegangen sind, hat eindeutig die Marktchancen für Solos erhöht – es begegnen sich oft „Bekannte".
- Die Zunahme der Wettbewerbsintensität hat zu einem Druck auf die Honorare und zu einem Anstieg des unlauteren Wettbewerbsverhaltens auf der Anbieterseite geführt.
- Die zuweilen von GF-Seite vorgebrachte Zurückhaltung gegenüber Solo-Beratern mit ihrer begrenzten Kapazität für größere Projekte hat auf der Anbieterseite als neue Organisationsform Solo-Netzwerkpartnerschaften entstehen lassen.

Was lässt sich aus der „Marktsituation" für Solos als Fazit für deren zukünftigen Erfolg ableiten?

- Die „Goldgräberzeiten" der 80er und 90er Jahre sind vorbei, in denen es ein kompetenter Berater in der Freiberuflichkeit fast nicht verhindern konnte, hohe Umsätze zu erzielen.
- Das ursprüngliche Geschäftsmodell eines Solos basierte darauf, dass man seine Selbständigkeit auf zugesicherten Projekten aus seinem bisherigen Unter-

nehmen abstützen konnte. Dieses „Modell" ist mittlerweile eher fragwürdig und mit sehr hohen Risiken behaftet.

- Man braucht heute ein echtes Geschäftsmodell, mit dem robuste Einkünfte am Markt erzielt werden. Wer ohne ein derartiges Geschäftsmodell am Markt operiert, hat als Solo keine gesicherte Zukunft und ist ein Kandidat für ein rasch wachsendes Solo-Prekariat. Dazu gehören insbesondere
  - Solos als Alleskönner
  - Solos mit Schwerpunkt Trainings im Anpassungsqualifizierungsbereich
  - Solos, deren Strategie es ist, keinem Geschäftsmodell zu folgen, und die entweder nur warten, bis eine Anfrage kommt, oder aktionistisch nach jedem geäußerten Auftragsinteresse eines Klienten schielen.
- Wenn man sich heute als externer PE-/FKE-ler am Markt mit „PE-Beratung" einrichtet, muss man für sich generell zwei Arten von Beratungssituationen unterscheiden:
  - Man ist Berater von betrieblichen PE-/FKE-Abteilungen.
  - Man ist Berater von Unternehmen bei der Lösung von PE-/FKE-Problemen.

Ich habe mich in der Hochkonjunktur meiner Solo-Beratertätigkeit bewusst für die erste Situation entschieden, indem es mein Anspruch war, kompetente Vertreter aus PE- und FKE-Abteilungen für die Übernahme neuer Aufgaben – z.B. strategieumsetzende Projekte – zu begleiten. Bei der heutigen Bedeutungsabnahme vieler betrieblicher PE-/FKE-Funktionen – ausgelöst durch die Juvenilisierung, Psychologisierung und Feminisierung, die sich in der Einstellung von jungen praxisunerfahrenen Absolventen von der Hochschule manifestiert – würde ich mir die Zielgruppe der betrieblichen Klienten in diesen Abteilungen sehr genau anschauen, bevor ich mich für eine strategische Positionierung entscheide.

Interessant wird der Markt vor dem Hintergrund der beschriebenen „Marktsituation", wenn man PE- und FKE-Probleme von Unternehmen bearbeiten möchte und sich mit diesem Anliegen an GF-Vertreter richten muss. Da die GF aus Großunternehmen bekannte große Beratergruppen vorzieht, die mittlerweile die Implementierung ganzer PE- und FKE-Systeme verkaufen, wird man sich als Solo in der Regel auf andere Betriebsgrößen ausrichten müssen.

4.3.2. Zehn beispielhafte Geschäftsmodelle

„Business Models" oder Geschäftsmodelle gehören seit der Internetblase schon fast zu den verbrannten Begrifflichkeiten im Management, als jedes Start-up-Unternehmen mit einem scheinbar völlig überzeugenden Geschäftsmodell die Finanzmärkte beeindrucken wollte. Auch wenn der Begriff abgenützt wirkt, muss man sich als Solo die Fragen stellen, die ein Geschäftsmodell zu beantworten sucht:

- *„Who is the customer?*
- *What does the customer value?*
- *How do we make money in this business?*

- *What is the underlying economic logic that explains how we can deliver value to customers at an appropriate cost?"* (*Magretta* 2002, S. 87)

In der Fachliteratur wird dem Geschäftsmodell der erweiterte Begriff der Strategie gegenübergestellt, die auch die Konkurrenz berücksichtigt und danach fragt, wie man sich von Mitbewerbern abhebt und einzigartig wird. *„A competitive strategy explains how you will do better than your rivals. And doing better ... means being different."* (*Magretta* 2002, S. 91)

Bevor ich einige beispielhafte Geschäftsmodelle für Solos vorstelle, möchte ich an meiner eigenen Ausrichtung in der Vergangenheit demonstrieren, welche differenzierenden Erfolgsfaktoren in mein Geschäftsmodell eingeflossen sind.

- Ich war und bin Solo aus Überzeugung. Nur dann, wenn man sein Geschäft ohne Mitarbeiter führt, hat man eine maximale Zeitsouveränität, die mir als Wert besonders wichtig war. Gleichwohl braucht auch ein überzeugter Solo personelle Unterstützung, um Projekte zu bearbeiten, die man nicht alleine durchführen will oder für die man keine Kapazität mehr zur Verfügung hat. Eine Pflege von Netzwerkpartnerschaften war deshalb notwendig, auch wenn man sich mit einer ausgeprägten INTP-Orientierung im MBTI dafür anstrengen muss. Dies sehe ich im Rückblick als **ersten Erfolgsfaktor** meiner Solo-Karriere.
- Ein **zweiter Erfolgsfaktor** war die dezidierte Zuwendung zu Trainern und PE-/FKE-lern größerer Unternehmen als einer klaren Zielgruppe, bei der ich über Jahre hinweg eine Anbieterautorität entwickelt habe. Ich glaube, dass ein Solo-Berater langfristig nur erfolgreich sein kann, wenn er in seinem Hauptbedarfsfeld in der obersten Liga spielt. Und in diese oberste Liga kann man nur aufsteigen, wenn man sich konsequent positioniert, sich mit einem klaren Profil im Markt aufstellt und Versuchungen widersteht, sein Leistungsspektrum zu verwässern und für ein breiteres Zielgruppenpublikum zu arbeiten. Meine Kompetenz entstand aus der Fokussierung auf Trainer und PE-/FKE-ler. Ich habe zahlreiche Design-Konzepte für Trainings- und Entwicklungsprogramme für Führungskräfte konzipiert. Außer den Pilotprojekten bin ich aber nicht in das Mengengeschäft mit Führungskräften selbst eingestiegen, sondern habe dafür Netzwerkpartner eingesetzt.

  Wenn man in der obersten Liga spielt und sich mit „Langläuferprodukten" klar positioniert, entsteht automatisch finanzieller Erfolg. Ein Beispiel dazu: Ich habe Anfang der 80er Jahre das Thema „Strategieumsetzende PE" konzipiert und in einer zwei Mal im Jahr stattfindenden immer ausgebuchten „Strategischen Woche" bis heute angeboten.
- Einen **dritten Erfolgsfaktor** sehe ich in der Kommunikation meiner aufgebauten Anbieterautorität als Solo-Berater. Ich habe früh erkannt, dass sich Anbieterautorität im Markt nicht automatisch diffundiert. Man muss gezielt nachhelfen, indem veröffentlichte Fachbeiträge über die „richtigen" Themen an potentielle Auftraggeber gelangen und diese durch eine Kommunikationsstrategie auch längerfristig bearbeitet werden. MAO als Info-Brief verfolgte anfänglich andere Ziele, manifestierte sich für mich aber schnell als zentrales

Instrument der Einflussnahme im Nachfragermarkt nach PE- und FKE-Leistungen. Mit MAO vermittelte ich meine Kompetenz und Anbieterautorität auf eine glaubwürdigere Weise als über die Verteilung von hochglanzbedruckten Selbstdarstellungen.

- Als **vierten Erfolgsfaktor** für meine Solo-Beratertätigkeit möchte ich mein Kostenbewusstsein nennen. Ich habe so gut wie nie bezahlte werbliche Anstrengungen unternommen. Einmal, weil ich mich abheben wollte von den übrigen Anbietern, und zum anderen, weil ich erkannt habe, dass ausuferndes „Kostenmachen" zu einem kontraproduktiven Effekt im Markt meiner Auftraggeber führen kann.

- Damit hängt – als **fünfter Erfolgsfaktor** – zusammen, dass ich mir relativ früh in meiner Laufbahn eine hohe finanzielle Beweglichkeit erarbeitet habe, die mir es erlaubte, Klumpenrisiken zu vermeiden und bei Auftraggebern meine Bedingungen von erfolgreicher Auftragsbearbeitung zu realisieren. Mit anderen Worten: Ich konnte sehr früh „nein" zu Projekten und zu Personen sagen. Wenn man diese Situation konsequent verfolgt, dann arbeitet man mit Personen unter den Auftraggebern zusammen, die man mag und persönlich wertschätzt, und bearbeitet Projekte, die alle in der Nähe von *„Flow"*-Projekten sind.

- Die Beschäftigung mit Life Styling – das erste Buch zum Thema erschien bereits 1981 (*Hirth/Sattelberger/Stiefel* 1981), lange bevor die derzeitige *Work-life-balance*-Welle einsetzte – hat mir auf einer etwas tieferen Ebene als sonst beobachtbar vermittelt, dass Erfolg mehr ist, als nur finanziellen Erfolg als Solo-Berater zu haben. Diesen **sechsten Erfolgsfaktor** möchte ich unterstreichen, weil ich damit relativ frühzeitig zu einem anderen Umgang mit Zeit gekommen bin. Bewusst ein ganz persönliches Zeitmanagement zu betreiben, das sich aus dem permanenten Dialog mit sich selbst und der häufigeren lebensweltlichen Reflexion ergibt, hat sich im Nachhinein als unschätzbarer Vorteil erwiesen.

- Als **siebten und letzten Erfolgsfaktor** möchte ich einen gelungenen Umgang mit der finanziellen Dimension als Solo-Berater nennen. Dieser Faktor ist recht komplex und zeigt in der Praxis mannigfache Facetten:
  - Ich habe immer weniger Tageshonorar verlangt, als ich aufgrund meiner Bekanntheit und Anbieterautorität hätte fordern können.
  - Ich verfolgte ein Prinzip der „Großzügigkeit" im Verrechnen von erbrachten Leistungen. Da ich weder Sekretariat noch ein aufwendiges *Impression Management* speziell unterhalten musste, brauchte ich von meinen Klienten finanziell nichts zu erzwingen. Es gab nie ein Projekt, das mich interessierte und das am fehlenden Budget eines Klienten scheiterte. Ein Projekt hat neben der finanziellen Dimension immer auch die Dimensionen des Lernens, des Referenzpotentials und des *„flow"*. Mit dieser Einstellung unterlegt man seine Beratertätigkeit mit einer Rückversicherungspolice gegen Burnout.
  - PE- und FKE-ler haben bzw. hatten zumindest in früheren Jahren weniger Schwierigkeiten als andere betriebliche Klientengruppen im Mobilisieren

von Projektmitteln. Zumeist waren die finanziellen Mittel bereits vorhanden und warteten nur auf die Auftragsvergabe. Dies war mehr ein glücklicher Umstand als bewusst verfolgte Absicht. Im Nachhinein sehe ich darin jedoch einen wichtigen Erfolgsfaktor meiner Solo-Karriere.

Wenn ich diese Erfahrungen weitergebe, heißt dies nicht, dass man daraus ohne weiteres eine Erfolgsstrategie ableiten kann. Erfolgsfaktoren müssen zu der Persönlichkeit eines Beraters passen – nur dann können sie eine Art Leitlinie für die eigene Arbeit werden. Andernfalls werden sie zu einem Korsett, dessen man sich sehr schnell entledigen möchte.

Im Folgenden stelle ich für Solos **zehn bewährte Geschäftsmodelle** vor, die einen Überblick vermitteln, wie unterschiedlich man sein Geschäft als Solo aufziehen kann, auch wenn man mit der ursprünglichen beruflichen Sozialisation als PE-/FKE-ler vermeintlich sehr ähnliche Voraussetzungen für die Freiberuflichkeit mitbringt.

1. Externer Wertschöpfungspartner für die GF und HR-Abteilungen
2. Fokussierung auf kurzfristige *Performance-Management*-Produkte
3. Fokussierung auf Produkte der längerfristigen Zukunftssicherung von Unternehmen
4. Design-Architekt als Positionierungsfigur
5. Gestaltung und Durchführung eines neuartigen überbetrieblichen Programms
6. Verfolgung einer *„Tipping-point"*-Strategie
7. Executive Coaching
8. Transformationsbegleitung von HR- und FKE-Abteilungen
9. Übernahme einer Qualitätssicherungsfunktion für KuM-Beratergruppen
10. Durchführung von HR-*Effectiveness*-Studien

1. Externer Wertschöpfungspartner für die GF und HR-Abteilungen

Wenn in der Wirtschaft aufgrund des Veränderungsdrucks die Karten in Unternehmen neu gemischt und bisherige Strategien angepasst oder überarbeitet werden, dann berührt diese Neuausrichtung so gut wie immer auch das betriebliche HRM und damit auch die Rolle als freischaffender Wertschöpfungspartner im Training und in der Beratung. Strategische Veränderungen der Klienten sind ein Problem, wenn man an dem bisherigen Portfolio von Serviceleistungen hängt und dafür der Markt in Unternehmen wegbricht. Sie sind jedoch gleichzeitig eine Chance, wenn man von der Überlegung ausgeht, dass man auch als Freischaffender eine hohe Beweglichkeit braucht und aus den neu gemischten Karten seiner Klienten für sich ein neues Spiel ableiten und sich neu positionieren kann.

Die Ausgangslage für diese strategische Wertschöpfung hat sich in den letzten Jahren positiv verändert, ohne dass in gleichem Maße externe PE-Beratungen entstanden wären. Die Mehrzahl der Kollegen, die in diese Nische eingetreten sind, waren ursprünglich Führungstrainer und haben ihre Identität trotz eines gelegentlich neuen Etiketts nur wenig verändert.

Hier sind einige Überlegungen und Anregungen, sich mit dieser neuen Herausforderung intensiver auseinanderzusetzen:

1. Man entwickelt für sich eine **Vision**, was zu der **Rolle des neuen externen PE-Wertschöpfungspartners** gehört. Ich habe dazu die Vision, dass man als PE-/FKE-Berater ein Budget für Entwicklungsleistungen erhält – ähnlich einer Werbeagentur, die mit einem übertragenen Werbebudget Werbekampagnen realisiert. Wenn man das Budget von mehreren Firmen bekommt, kann ein externer PE-/FKE-Berater zwei attraktive Prozesse für seine Klienten in Gang setzen: Die Lernprozesse für Teilnehmer der Konsortialpartner führen einerseits zu einer neuen Qualität im Lernen; die gemeinsame Durchführung von PE-/FKE-Leistungen hat andererseits einen Skalen-Effekt zur Folge, wobei dieses Merkmal nicht im Vordergrund stehen sollte.

2. Externe PE-Beratung darf **keine Trainingsvermarktung** durch die Hintertür sein.

3. Als externer PE-/FKE-Berater ist man **Partner der GF** oder des **leitenden HR-Managers**, der sich die entscheidenden Leistungen zukauft und nur noch eine kleine Regieabteilung im Unternehmen führt.

4. Als **potentielle Klienten** für externe PE-/FKE-Berater in dem vorgeschlagenen Sinne kommen in Frage:
   – GF-Mitglieder von traditionellen KMUs
   – P-Leiter in der mittelständischen Wirtschaft, die P und PE in Personalunion verantworten
   – *Start-up*-Unternehmen, die der PE-Seite zu wenig Raum geben und zu spät erkennen, dass Wachstumskrisen durch verschleppte PE-Probleme ausgelöst werden
   – Großbetriebe mit „*Downsizing*-Vorgaben" für die operative P-Arbeit, die zum Abbau von internen PE-Planstellen führen, an deren Stelle dann ein ausgelagertes PE-Budget treten kann
   – Eigentümer von kleinen profitablen Dienstleistungsorganisationen wie Anwaltskanzleien, größeren Arztpraxen, Versicherungsagenturen etc., die noch nie eine systematische PE betrieben haben, aber sehr schnell im Gespräch erkennen, dass bestimmte Probleme eine PE-Ursächlichkeit haben.

5. Der **Name** „externer PE-/FKE-Berater" ist phantasielos im öffentlichen Auftritt. Man braucht einen mobilisierenden Begriff, der von potentiellen Klienten in die Nähe von Unternehmensentwicklung, Generierung von Einzigartigkeit und Schaffung von Wettbewerbsvorteilen gerückt wird. Wenn nichts an die Stelle des trivialen „PE-/FKE-Beraters" tritt, greift man z.B. zu einer Figur aus der griechischen Mythologie, die Neugierde weckt, mit positiven Assoziationen besetzt ist und für etwas steht, das man in seiner Arbeit als Vision verfolgt.

6. Der schwierigste Aspekt im gesamten Konzept ist die **Marktbearbeitung**, insbesondere die Überzeugung der Erstklienten. Marktbearbeitende Formen der Einwegkommunikation sind untaugliche Maßnahmen. Diese Art der PE-

Beratung ist eine erklärungsbedürftige Serviceleistung und braucht den Dialog und das Vermitteln von Sicherheit und Vertrauen.

7. Diese Serviceleistung ist eine Herausforderung für den **erfahrenen und in die Jahre gekommenen Führungstrainer**, der seine Klienten an seinen eigenen Einsichten partizipieren lässt, die darin münden, dass Trainings für Teilnehmer durchaus belebende Einrichtungen sein können. Aber die Unternehmen dieser Teilnehmer brauchen in aller Regel etwas anderes – nämlich strategieumsetzende PE-Beratung. Vielleicht ist es dieser persönliche Brief mit den gewonnenen Einsichten eines erfahrenen Führungstrainers an die GF seiner Klientenunternehmen, der zum entscheidenden Hebel für die Gewinnung von PE-Budget wird.

2. Fokussierung auf kurzfristige Performance-Management-Produkte

Der Feld-, Wald- und Wiesentrainer ist ein Auslaufmodell. Man kann heute als Solo-Berater nicht mehr glaubwürdig einen Coaching-Bedarf bearbeiten, ein Entwicklungsprogramm für Nachwuchsführungskräfte begleiten, ein Leadership-Training durchführen, ein Mentalitätsveränderungsprogramm in Richtung Unternehmertum konzipieren und gleichzeitig ein Veränderungsprojekt in einem Ressort überzeugend mit den leitenden Führungskräften realisieren. Das heißt man kann durchaus mit diesem Anspruch als „Hans Dampf in allen Gassen" auftreten, doch glaube ich, dass man damit immer mehr zum Durchschnitt und *Me-too*-Anbieter wird.

Wenn jemand alles durchführen kann, was zum großen Thema Management gehört – man bezeichnet sich ja schließlich als Management-Trainer –, dann muss man sich fragen, ob der sich so positionierende Freiberufler

- sich hinreichend über die Weiterentwicklung der inhaltlichen Themenkreise für seine breiten Bedarfsfelder à jour halten kann (z.B. via Fachliteratur-Studium)
- das Erfahrungswissen aus der Praxis in einem bestimmten Bedarfsfeld verarbeitet (z.B. via Erfahrungsaustausch mit Fachkollegen) und
- genügend Erfahrungen mit unterschiedlichen Teilnehmergruppen und Unternehmenskulturen in einem bestimmten Bedarfsfeld generieren kann, aus denen er für sich das entscheidende Vorsprungswissen für seine Klientenorganisationen ableitet (z.B. via Selbstreflexion).

Die Spezialisierung, mit der für mich bei Solo-Beratern eine Anbieterautorität unterlegt wird, kann von **Bedarfsfeldern** ausgehen und von **Klientengruppen** hinsichtlich Größe, Branche oder Turbulenzgrad im Umfeld von Unternehmen bestimmt werden. In der Realität, nicht im Lehrbuch, wird es immer eine Kombination geben, die bedeutet, dass man für eng definierte und verwandte Bedarfsfelder bei ähnlichen Klientenorganisationen am überzeugendsten mit einer sichtbaren Anbieterautorität am Markt auftritt.

Bei der **Spezialisierung auf der Bedarfsfeldseite** empfehle ich **thematische Bündelungen**, wie sie sich in der Welt der Klienten manifestieren. Dies sind jedoch keine Spezialisierungen in Coaching, Führen mit Zielen oder Nachwuchsförderungsprogrammen.

Der Klient denkt einmal in *Performance Management* und *Performance Improvement*, um relativ schnell Ergebnisse zu erreichen. Dieser Aspekt hat einen eher kurzen Zeithorizont zur Folge, mit allem, was dazugehört – Crash-Programme, Power-Coaching von Schlüsselpositionsinhabern, Organisation von Benchmarking-Besuchen bei *Leading-edge*-Organisationen etc.

Im anderen Fall denkt der Klient in Kategorien der personellen Zukunftssicherung – in der wenig präzisen Management-Sprache: Wie stellen wir bei uns im Unternehmen sicher, dass wir in der Zukunft über die notwendigen Kompetenzen verfügen, um konkurrenzüberlegen am Markt aufzutreten? Um diese Frage für ein bestimmtes Unternehmen zu beantworten, gibt es mannigfache Hilfen, Produkte, Interventionen und Serviceleistungen, angefangen damit, wie man bislang in der Personalrekrutierung am Arbeitsmarkt auftritt, bis hin zur Durchführung von Förderungsprogrammen und der Konzipierung von Leitsätzen zur Bindung von wichtigen Leistungsträgern an das Unternehmen – ein Handlungsfeld, das man neuerdings auch mit dem modischen Schlagwort des *retention management* umschreibt.

Bei der **Ausrichtung auf Klientengruppen** gibt die Spezialisierung auf Branchen wenig her. Zudem schließt die Trainings- und Entwicklungsarbeit bei einem Unternehmen Trainings- und Beratungsprojekte bei einem Konkurrenzunternehmen in derselben Branche aus, so man als Berater einen seriösen Anspruch verfolgt.

Pragmatisch erscheint mir für Solo-Berater eine **Klientenorientierung mit der Differenzierung der Auftraggeber**:

- Man kann für Führungskräfte und für GF-Mitglieder, in KMUs oft direkt mit dem Unternehmer, arbeiten und in der Zusammenarbeit mit diesen Auftraggebern eine besondere Vorgehensmethodik entwickeln.
- Daneben gibt es den HR-Leiter oder PE-/FKE-ler, die zur Bearbeitung von Bedarfen Beratung und Trainingsunterstützung einkaufen.

Wer als Solo-Berater Erfahrungen mit beiden Auftraggebern gesammelt hat, weiß um die Unterschiedlichkeit des Umgangs mit diesen beiden in den einzelnen Phasen der Unterstützung. Dazu kommt, dass bei genauerer Prüfung ein Solo-Berater durch seine Arbeitsweise, Persönlichkeit sowie Stärken/Schwächen eine Affinität zu einer der beiden Auftraggeber-Kategorien hat, die er auch in seine Positionierung einfließen lassen sollte.

Verknüpft man die beiden Dimensionen

- kurzfristige versus längerfristige Hilfestellung
- Art der Auftraggeber

in einer Matrix, dann erhält man **vier Positionierungen**, in denen man sich im Markt eine **Anbieterautorität** aufbauen kann:

Auftraggeber

		Unternehmer Führungskräfte GF-Mitglieder	HR-Leiter PE-ler
Produkte und Service- leistungen von Beratern	**Kurzfristige Performance Management- Programme**	Positionierung A	Positionierung B
	Längerfristige Zukunftssicherung im Management	Positionierung C	Positionierung D

Im Folgenden möchte ich dazu einige Geschäftsideen unterbreiten:

Positionierung A

1. Bedarfe im Positionierungsfeld A zeichnen sich beim Auftraggeber durch eine hohe Dringlichkeit in der erwarteten Bearbeitung aus, wie insgesamt die Zusammenarbeit mit Führungskräften und Unternehmern als Auftraggeber eine schnellere Verfügbarkeit eines Beraters als bei der Arbeit mit HR- und PE-lern erfordert. Dies bedeutet ein entsprechendes Zeitmanagement – Agenda mit durchsetzten Zeitfenstern.

2. *Performance-Management*-Programme entstehen in A typischerweise aus der Metapher des „organisatorischen Eisbergs", dessen Auslotung dann zu den eigentlichen kritischen Bedarfen führt, mit deren Bearbeitung ein rascher und sichtbarer *pay-off* für den Klienten verbunden ist.

3. Im Umgang mit der Auftraggeber-Kategorie in A braucht der Berater ein überzeugendes diagnostisches Vorgehen, das gleichermaßen valide und plausibel für einen *Performance Management-Check up* ist und beim Klienten Energien zur Veränderung mobilisiert.

4. Entscheidende Erfolgsfaktoren für den Berater in A sind
   - eine überzeugende Leadership-Persönlichkeit
   - eine unaufwendige diagnostische Vorgehensmethodik, die ein von Klienten zur Bearbeitung freigegebenes Problem in seine Bezüge zu anderen *Performance-Management*-Variablen setzt
   - ein inhaltliches Konzept von *Performance Management*, das einem Klienten einsichtig vermittelt, worauf es in der Praxis ankommt und worauf zu achten ist.

5. Ein Erfolgskonzept für den Berater in A: Den Klienten davon zu überzeugen, dass ein regelmäßiger periodischer *Performance-Check up* wünschenswert ist, um anstelle von singulären Interventionen eine dauerhaft hohe Leis-

tungsfähigkeit in der Führungsmannschaft oder in Segmenten davon sicherzustellen – ohne allerdings beim Klienten damit „schlafende Hunde zu wecken" und ihn in ein Projekt zu zwingen.

6. Das Nachfragevolumen für Beraterleistungen in A ist hoch und wachsend, weil
   - immer mehr Führungskräfte traditionelle P-Aufgaben übertragen bekommen
   - unternehmerische Verantwortungsbereiche für Führungskräfte zunehmen und
   - die Mobilisierung des ausgedünnten Führungsteams im Umgang mit dem ständig wachsenden Leistungsdruck Interventionen notwendig macht, für die die Kompetenz auch des überdurchschnittlich führenden Vorgesetzten nicht mehr ausreicht.

7. Der reaktive Marktauftritt (Klient geht auf Berater zu) in A ist unproblematisch. Der proaktive Marktauftritt (Berater geht auf Klienten zu) in A verdient besondere Beachtung, um am Markt die eigene Kompetenz in sichtbare Anbieterautorität umzusetzen.

Positionierung B

1. Die Zusammenarbeit mit HR- und PE-lern ist bei *Performance-Management*-Themen anders, weil der Klient für schon oder scheinbar abgeklärte Bedarfe einen Berater sucht. Eine unpassende Fixierung des Auftraggebers ist dabei nicht ausgeschlossen.

2. Ein Berater läuft bei der Zusammenarbeit mit dieser Auftraggeber-Kategorie Gefahr, an den „falschen Baustellen" zu arbeiten.

3. Je nach Persönlichkeit und erduldeten Frustrationen im Arbeitsalltag können HR- und PE-ler zu „Partnern" in Projekten werden, die keine mobilisierende Energie für Veränderungsprojekte mehr entwickeln, sondern im Gegenteil Energien absorbieren.

4. Bei engagierten HR- und PE-lern, die auch unternehmensintern ein gewisses Standing haben, gibt es über die Diskussion der Bearbeitung von singulären *Performance-Management*-Bedarfen (z.B. Coaching-Workshops) die Möglichkeit, ein unternehmensweites Korridorthema zu lancieren (z.B. Förderung von entwicklungsorientierter Führung). Der Verabschiedung eines derartigen Projekts stehen jedoch in der Praxis viele Hindernisse entgegen und letztlich bleibt noch die Frage, ob die Durchführung eines Korridorthemas überhaupt ein ideales Projekt für einen Solo-Berater (z.B. Kapazitätsproblem, Abhängigkeit von einem einzigen Unternehmen) darstellt.

5. Im Arbeitsfeld von *Performance Management* würde ich Beratern in jedem Fall empfehlen, den direkten Marktzugang in A zu suchen und ihre Marktbearbeitung nicht auf die Auftraggeber in B auszurichten.

3. Fokussierung auf Produkte der längerfristigen Zukunftssicherung von Unternehmen

Ich möchte im Folgenden die im vorigen Punkt vorgestellte Matrix fortführen und einige Überlegungen zur **Positionierung C und D** anbieten, wenn man mit Produkten und Serviceleistungen am Markt auftritt, die zur längerfristigen Zukunftssicherung im Management und von Unternehmen beitragen sollen.

Auftraggeber

		Unternehmer Führungskräfte GF-Mitglieder	HR-Leiter PE-ler
Produkte und Service- leistungen von Beratern	Kurzfristige Performance Management - Programme	Positionierung A	Positionierung B
	Längerfristige Zukunftssicherung im Management	Positionierung C	Positionierung D

Zunächst einige grundsätzliche Bemerkungen dazu: Wie der Begriff bereits vermittelt, handelt es sich bei diesen „Bedarfslösern" i.w.S. um Produkte und Serviceleistungen, denen **keine so dringliche Bearbeitungsnotwendigkeit** anhaftet. Dies hat sowohl für den Berater als auch für die Auftraggeber gewisse **Vorteile**:

- Der Berater kann seine Einsätze hier eher nach eigenen Vorstellungen der Zeitsouveränität planen, was für die Gruppe der erfahrenen Berater einen echten Beitrag zur individuellen Lebensqualität bedeutet.
- Der fehlende objektive Bearbeitungsdruck – subjektiv kann er vom Auftraggeber anders vermittelt werden – erlaubt eine gründlichere Ausgestaltung der Design-Parameter, um Veränderungen zu erreichen. Während im Beratungsmarkt immer viel von maßgeschneiderten Interventionen die Rede ist und dann wenig davon eingelöst wird, kann jetzt wirklich und überzeugend ein unternehmensspezifischer Zuschnitt der angebotenen Leistungen vermittelt werden.
- Der Berater kann beim Auftraggeber hinreichend Zeit für die Erfüllung von Bedingungen und Voraussetzungen investieren, bevor mit der eigentlichen Intervention begonnen wird. Dies führt insgesamt dazu, dass man sehr gezielt und kontrolliert auf eine hohe Qualität der Intervention hinwirken kann.

Die Produkte und Serviceleistungen, die gemeinhin zu den zukunftssichernden Entwicklungsmaßnahmen gehören, sind im Wesentlichen:

- Durchführung von individellen Standortbestimmungs- und Entwicklungsberatungen
- Entwicklung von Design-Konzepten für und Durchführung von Förderungsprogrammen in mannigfachen Versionen
- Interventionen zur Weiterentwicklung von Abteilungen und größeren Einheiten zu lernenden Systemen
- Konstruktion neuer verhaltensproduzierender Systeme wie die Entwicklung eines neuen leistungsorientierten Vergütungssystems, um mit der Implementierung eine großflächig wirkende Veränderung eines neuen erwünschten Verhaltens im Unternehmen zu erzielen.

Es ist unschwer zu erkennen, dass Berater, die sich im Bereich der längerfristigen Zukunftssicherung für ihre Klienten engagieren, über die anspruchsvolleren Produkte und Serviceleistungen verfügen als die Berater, die ich im Positionierungsfeld A und B vorgestellt habe.

Positionierung C

1. Das entscheidende Problem für den Berater, der mit längerfristig wirkenden Produkten und Serviceleistungen im Markt von Führungskräften auftritt, ist die Wertschätzung für proaktiv betriebene Zukunftssicherung in der Kultur des Auftraggebers. Wenn man von einer bestehenden Klientel in C ausgeht, kann es mitunter erforderlich sein, kurzfristige *Performance-Management*-Interventionen nur deshalb noch zu übernehmen, um anschließend mit der GF über die Notwendigkeit von Maßnahmen zur Zukunftssicherung zu sprechen.

2. Es gibt ein latentes Problem bei GF-Mitgliedern und oberen Führungskräften, bei dem sie bei Produkten und Serviceleistungen in C sofort ansprechen. Als Frage formuliert: *„Was bieten Sie Ihren wichtigen Leistungsträgern an Entwicklungsmaßnahmen an, damit*
   - *sie die für das Unternehmen zukünftig notwendigen Kompetenzen erwerben und*
   - *diese auch in Ihrem Unternehmen zukünftig realisieren wollen (anstatt zu Mitbewerbern abzuwandern)?"*

3. Ein Produkt, das wenig Überzeugungsarbeit braucht und einem Großteil von GF-Mitgliedern und oberen Führungskräften eher leicht vermittelbar ist, ist die Entwicklungsberatung und Entwicklungsbegleitung von Leistungsträgern. Ich verwende hier bewusst den Begriff des Leistungsträgers und nicht den des Potentialträgers, weil die Praxis in GF-Nähe eine Differenzierung der Mitarbeiter nach dem *Odiorne*-Schema als künstlich erlebt (*Odiorne* 1985).

4. Dieses Produkt sollte einen griffigen Markennamen erhalten und ein Design-Konzept aufweisen, das nachvollziehbare Strukturierungselemente enthält. Man kann sich dabei durchaus meines multiplen Strang-Konzepts (*Stiefel* 2010) bedienen:

- Ausrichtung von marktgängigen Einschätzungsinstrumenten (z.B. *Benchmarks*) auf die strategischen Kompetenzfelder eines Unternehmens.
- Development Assessment (mit oder ohne 360°-Feedback) zum Abschluss einer individuellen Entwicklungsvereinbarung.
- Durcharbeiten eines „kognitiven Lernpakets" (z.B. Buch und/oder zentrale Aufsätze) in Anpassung an die Informationsverarbeitung der jeweiligen Führungskraft (kognitiver Selbstlernstrang).
- Führen eines Entwicklungstagebuchs zum Aufarbeiten der Erfahrungen im Unternehmen (Selbstreflexionsstrang).
- Identifizierung eines realen Problems im eigenen Ressort oder im Unternehmen, um es innerhalb einer bestimmten Periode zu bearbeiten (Projektlernstrang).
- Auswahl eines externen Management-Programms, dessen Besuch dem Teilnehmer einen direkten Beitrag zu seinen Entwicklungszielen und zur Bearbeitung seines Projekts liefern soll (organisierter Lernstrang).
- Gemeinsame Identifizierung von Personen im Arbeitsumfeld, die eine bestimmte Rolle für den Lernenden während des gesamten Entwicklungsprojekts übernehmen können und von ihm auch selbst mobilisiert werden (Beziehungsstrang).
- Der Entwicklungsberater vereinbart fixe Telefontermine im Abstand von zwei bis vier Wochen und trifft den Teilnehmer alle zwei bis drei Monate regelmäßig zu einem Coaching- und Lernbilanzierungsgespräch (Evaluierungsstrang).

5. Zögerliche Auftraggeber können zu einem ersten Schritt motiviert werden, indem man den Vorschlag macht, ein Pilotprojekt mit zwei bis drei Teilnehmern durchzuführen.

6. Die individuelle Entwicklungsberatung für Leistungsträger ist eine Form der Förderung, die speziell in kleineren Unternehmen angebracht ist, die sich kein eigenes Förderungsprogramm einrichten können und deshalb als Alternative die Programme der „institutionalisierten professionellen Kunstfehler" in Anspruch nehmen.

7. Beim reaktiven Marktauftritt (GF kommt auf Berater zu) sollte die Vermittlung der Vorteile der individuellen Entwicklungsberatung für Leistungsträger keine Probleme verursachen, insbesondere wenn man die Nutzenargumentation der Entsendung zu einem externen Management-Programm und dem dort produzierten „Kronprinzeneffekt" gegenüberstellt.

8. Beim proaktiven Marktauftritt (Berater geht auf GF-Mitglieder zu) kann man mit unterschiedlichen Materialien arbeiten. Wenn man es schafft, das Modell der individuellen Entwicklungsberatung für Leistungsträger in einem Aufsatz zu veröffentlichen, der die Struktur dieses Entwicklungsprojekts beschreibt und auch den finanziellen Aufwand darlegt, dann kann man diese Unterlage im Anschreiben einsetzen.

Was es beim proaktiven Marktauftritt braucht: Ein Ansprechen von GF-Mitgliedern, dass

- das Auslassen von Förderung zu den Management-Problemen von morgen führt,
- das Entsenden zu standardisierten Programmen die denkbar teuerste und schlechteste Förderung ist (und ohnehin mit vielen negativen Nebeneffekten behaftet ist) und
- das Produkt der individuellen Entwicklungsberatung von Leistungsträgern einzigartig im Teilnehmer- und Unternehmenszuschnitt ist.

9. Wenn man in der individuellen Entwicklungsbetreuung erfolgreich ist, kann man GF-Partnern natürlich auch Förderungsprogramme als Produkte anbieten, wobei die Organisation von Konsortialprogrammen für kleinere Unternehmen besonders attraktiv ist, bei dem vier bis fünf Unternehmen mit einem jeweiligen Kontingent von vier bis fünf Teilnehmern zusammenarbeiten.

10. Ein besonderes Produkt ist die Einführung oder Neugestaltung von Systemen, mit denen auf das zukünftige Verhalten von Führungskräften eingewirkt werden soll (z.B. System der Beförderung, Entlohnung, Beurteilung von Mitarbeiterleistung). Diese Projekte verlangen von Seiten des Auftraggebers ein hohes Maß an Vertrauen und sind für Solo-Berater erst nach längerer Zeit lancierbar. Hilfreich dafür wären dann immer auch HR-Referenzpersonen von anderen Unternehmen, die ein Solo-Berater als Teil derartiger Projekte auftreten lässt, um bei diesen massiven Interventionen einem Auftraggeber allfällige Vorbehalte und Bedenken zu nehmen.

Ohne das „Trittbrett" einer individuellen Entwicklungsbegleitung müssen Berater mitunter im Positionierungsfeld C lange warten, bis sie von GF-Mitgliedern einen Auftrag für die Durchführung eines Förderungsprogramms oder gar eines Projekts der Systemkonstruktion und Systemimplementierung erhalten – insbesondere dann, wenn ein Berater ausschließlich mit diesen Produkten am Markt auftritt.

Positionierung D

Für HR-Leiter und PE-ler ist die Durchführung von Förderungsprogrammen ein bekanntes Bedarfsfeld und braucht deshalb nicht weiter erläutert zu werden. Wenn ein Unternehmen eine PE-/FKE-Abteilung hat, verfügt es in aller Regel über eine gewisse Größe – mit der Folge, dass die Förderung immer in Lern- und Entwicklungsgruppen organisiert wird. Die im Positionierungsfeld C empfohlene individuelle Entwicklungsbegleitung kommt bei Großbetrieben nur für die Gruppe der oberen Führungskräfte in Frage. Für diese Aufträge muss man im Unternehmen bereits sein „Meisterstück" abgeliefert haben.

Anders stellt sich die Lage bei einem HR-Leiter dar, der PE und FKE mitbearbeiten soll und meistens durch diese Doppelbelastung das PE-Geschäft schleifen lässt. Die dringenden P-Aufgaben verdrängen immer die wichtigen, aber weniger dringenden PE-/FKE-Aufgaben. Dieser Unterschied der beiden Auftraggeber in Förderungsprogrammen ist wichtig für den Berater: Beim PE-ler trifft er oft auf bereits vorhandene Vorstellungen, während der HR-Leiter kaum differenzierte Vorstellungen für die Gestaltung des Lern- und Entwicklungssystems in der Förderung hat. Für ihn wird Förderung zumeist mit Potentialeinschätzung und der Durchführung von Assessment-Veranstaltungen in Verbindung gebracht.

1. Wenn eine PE-/FKE-Abteilung den Auftrag hat, ein Förderungsprogramm durchzuführen, und auf einen Solo-Berater zukommt, ist es ganz wichtig zu prüfen, welcher „Schule" der Auftraggeber angehört. Ein PE-ler, der im Wesentlichen einen Partner für die Ausgestaltung des organisierten Lernstrangs sucht, ist hoffnungslos überfordert und verängstigt, wenn ein Berater ihm ein Förderungsprogramm auf der Basis meines multiplen Strang-Konzepts unterbreitet.

2. Für den Umgang mit professionell eher schwachen PE-/FKE-lern als Auftraggebern ist die frühzeitige Installierung eines Steuerkreises aus Linienführungskräften eine hilfreiche Methode, um einem Unternehmen das Anspruchsniveau zu liefern, das es braucht.

3. Proaktive Marktbearbeitung bei PE-/FKE-lern lässt sich gut mit einem Arbeitspapier oder – noch besser – mit einem veröffentlichten Beitrag vornehmen, in dem man als Berater seine Vorgehensweise für die Durchführung eines Förderungsprogramms in Form eines Erfahrungsberichts beschreibt. Besonders attraktiv könnte diese Form der Marktbearbeitung mit einem Firmenvertreter als Co-Autor wirken.

4. PE-/FKE-ler in Großbetrieben, die im Bereich Nachwuchsförderungsprogramm (NFP) etwas in Angriff nehmen wollen, brauchen mitunter Unterstützung, wie ihr NFP die spezifischen Belange des Unternehmens aufnimmt. Das deutliche Markieren der Zuschnittsbedürfnisse und wie man als Berater damit umgeht, ist ein wichtiges Argument für den Erhalt des Zuschlags für die Durchführung eines Förderungsprogamms.

5. Viele PE-/FKE-ler wollen nicht nur Berater- und Trainereinkäufer für ihre Förderungsmaßnahmen im Unternehmen sein, sondern auch selbst eine Rolle darin übernehmen. Das unterscheidet innerbetriebliche PE- und FKE-ler ganz wesentlich von HR-lern, die dafür keine Zeit aufbringen wollen oder können. Man erhöht seine Chancen in der Marktbearbeitung, wenn das Förderungs-Design Freiräume enthält, die von Seiten der auftraggebenden betrieblichen Abteilung ausgefüllt werden können und dieser einen Zuwachs an professionellem Standing im Unternehmen bietet, aber auch Kompetenzzuwachs in der Entwicklungsbegleitung derartiger Gruppen für die Zukunft bedeuten kann.

6. Obwohl PE-/FKE-ler eine hohe Wertschätzung für die prozessuale Dimension in Förderungsprogrammen haben müssten, ist es für Berater noch immer ganz wichtig, dass auch attraktive „In-Lehrinhalte" wie Change Management, Leadership, Mitunternehmertum oder Führen im Team im Angebot eines Förderungsprogramms sichtbar werden.

7. Berater sollten im Umgang mit PE-/FKE-lern als Auftraggebern immer auch das modische Brimborium andenken, das gegenwärtig überall diskutiert wird. Dazu gehören beispielsweise ein 360°-Feedback-Einschätzungsverfahren und eine Outdoor-Aktivität, die man im Notfall auch *„indoor"* durchführen kann

und die – so die „herrschende Lehre" in den Weiterbildungsmagazinen – aus einer Lerngruppe ein Team von gemeinsam Lernenden in einem Förderungsprogramm formiert. Für manche betriebliche Auftraggeber gehören spektakuläre Lernelemente einfach zu einem hochwertigen Förderungsprogramm. Ihnen deutlich zu machen, dass Hochwertigkeit in Förderungsprogrammen eher durch geräuschlose Design-Parameter erreicht wird, weil damit nichts in Richtung des negativen Kronprinzeneffekts für Teilnehmer eintritt und auch gegenüber Mitbewerbern am Markt kaum erkennbare und schwer imitierbare Wettbewerbsvorteile entstehen – dies ist mitunter eine sehr hohe Barriere in der Überzeugungsarbeit.

4. Design-Architekt als Positionierungsfigur

Im Folgenden möchte ich das **Geschäftsmodell des Design-Architekten** erörtern, mit dem ein Solo-Berater für Auftraggeber die Rolle übernimmt, sie in der professionellen Bearbeitung von individuellen und organisationalen Bedarfen zu beraten, ohne dass er die eigentliche Durchführung der Entwicklungs- und Veränderungsprojekte bestreitet.

Ein Design-Architekt geht davon aus, dass es für die Überbrückung eines Zustands A, des Bedarfs, zu einem erwünschten Zustand B, den Entwicklungs- und Veränderungszielen, sehr unterschiedliche Möglichkeiten gibt. Die „Architektur" der Wegstrecke von A nach B oder die geplante Anordnung der lern- und veränderungsrelevanten Parameter auf diesem Weg der Beteiligten ist eine **eigenständige Leistungskategorie**, die bislang zumeist in die Durchführung der Bearbeitung integriert wurde. Das Bild, dass ein Architekt für seinen Klienten ein Haus entwirft und dieser Entwurf dann von verschiedenen Handwerkern – unter seiner Anleitung und Aufsicht – umgesetzt wird, ist dem bisherigen Trainings- und Beratungsgeschäft fremd.

Man braucht – um beim Bild der Bauhandwerker zu bleiben – keinen Architekten, wenn man nur einen Graben ausheben lassen will oder andere einfache Verrichtungen als Klient erwartet, bei denen es keine Varianz in der Auftragserledigung gibt. Sobald die Aufgaben etwas anspruchsvoller werden, lohnt sich eine Design-Hilfe, die untersucht, welche Optionen für den Klienten am zweckmäßigsten sind, um von A nach B zu kommen, ohne selbst den Auftrag zu bearbeiten.

Ich möchte einige **Überlegungen** und **Argumente** für die **Wahrnehmung der Rolle als Design-Architekt** durch einen Solo-Berater zusammenstellen:

1. Wenn man nicht klar zwischen der Design-Aufgabe und der Abarbeitung des Design-Konzepts eine Trennlinie zieht, besteht für Klienten die Gefahr, dass nicht ihr Bedarf bearbeitet, sondern von externen Helfern ein Beratungsprodukt als vermeintliche Lösung verkauft wird.
2. Bei näherer Betrachtung erweisen sich alle drei Fragestellungen in der Design-Architektur als komplex und anspruchsvoll:
   - A ist nie genau das, was der Klient für sich wahrnimmt, sondern muss im Rahmen einer Exploration diagnostiziert werden.

- Der erwünschte Zustand B ist nach dem Verstehen von A klarer, gleichwohl gibt es eine ganze Reihe von erwünschten und unerwünschten Nebeneffekten, die für die Bestimmung von B aufgenommen werden müssen.
- Die „Wegstrecke" von A nach B kann bei komplexeren Bedarfslagen sehr unterschiedlich sein. Für die Wahl der richtigen „Wegstrecke" müssen mit dem Klienten Kriterien erarbeitet werden, damit er den erwünschten Zustand B erreicht.

3. Ein Design-Architekt hat einen Überblick über die grundsätzlichen „Design-Theorien", die eine Hilfestellung bieten, um von A nach B zu kommen.
4. Die Übernahme der beiden Aufgaben bei jedem Bedarf
   - Erstellung eines Design-Konzepts und
   - Realisierung eines Design-Konzepts
   durch zwei unterschiedliche Personen ist für den Klienten eine Gewähr für mehr Qualität.
5. Solo-Berater, die für HR-Leiter und PE-/FKE-ler als Auftraggeber arbeiten (Positionierungsfelder B und D in der vorgeschlagenen Positionierungs-Matrix), haben mit der Vermittlung der Rolle als Design-Architekt weniger Mühe, als wenn sie für GF-Mitglieder und Führungskräfte tätig sind (Positonierungsfelder A und C in der Positionierungsmatrix).
6. Solo-Berater als Design-Architekten haben in PE-/FKE-lern mit Anspruchsniveau in ihrer Entwicklungs- und Veränderungsarbeit besonders aufgeschlossene Partner. In dieser Konstellation der Zusammenarbeit muss ein Solo-Berater jedoch bereit sein, sein Design-Konzept und sein Design-Knowhow zu übergeben, damit es im Einzelfall von internen PE-lern im Unternehmen verwertet wird (z.B. Präsentationen vor der GF).
7. Analog zum Architekten beim Hausbau kann der Solo-Berater als Design-Architekt die Trainer und Berater auswählen oder den Klienten in der Wahl der Trainer und Berater unterstützen, die am ehesten in der Lage sind, das erarbeitete Design-Konzept umzusetzen.
8. Eine weitergehende Aufgabe könnte für den Design-Architekten in der Bearbeitung des Evaluierungsstrangs bestehen, so man das Projekt auf der Grundlage des Mehrstrang-Konzepts durchführt.
9. In dem Maße, in dem ein Design-Architekt sich auf Aufgaben der Durchführung der Evaluierung einlässt, verliert er an Zeitsouveränität in seinem Life-Styling-Konzept. Aufgaben im Rahmen der Bearbeitung des Evaluierungsstrangs sind zeitlich immer von der Bearbeitung des Produktionsstrangs abhängig, für den Trainer und Berater ausgewählt wurden.
10. Einen besonderen Einsatz erfährt ein Design-Architekt in der Rolle als verdeckter oder offener Schattenberater, in der er vorliegende Bedarfsbearbeitungsvorschläge anderer Trainer und Berater für den Klienten begutachtet. Die Rolle des Schattenberaters sollte ab einem bestimmten Honorarvolumen bei Aufträgen automatisch zur Regel in Unternehmen werden.
11. Die Arbeit eines Design-Architekten ist für Klienten äußerst wertvoll und hinsichtlich der eingesetzten Honorartage eher kurzzeitig. Damit der Wert

der Arbeit eines Design-Architekten auch entsprechend finanziell gewürdigt wird, müssen für die Honorierung noch andere Kriterien als lediglich die eingesetzten Tagewerke herangezogen werden. Analog zu Bau-Architekten, deren Arbeit in Prozentsätzen der Bausumme abgegolten wird, könnte ein Design-Architekt auch pauschal in Abhängigkeit vom gesamten Honorarvolumen eines Projekts bezahlt werden.

12. Die Rolle des Design-Architekten ist eine Antwort auf die vielen Herausforderungen, die gerade der erfahrene Solo-Berater in seiner Arbeit erlebt:

- Die Bekanntheit seiner Anbieterautorität als guter Trainer und Berater führt zu einer starken Nachfrage nach seiner Leistung, die immer über der zur Verfügung stehenden Kapazität (in Tagewerken) liegt, die er für Klienten vorhält.
- Die Schere zwischen erhöhter Nachfrage und zur Verfügung gestellter Kapazität wird für den erfahrenen Solo-Berater noch größer, wenn er im Laufe der Jahre sein Arbeitspensum reduzieren will.
- Design-Aufgaben sind für kompetente Solo-Berater ganz typische *„Flow"*-Aktivitäten, die wenig repetitive Elemente enthalten und immer mit anspruchsvollen Fragestellungen zu tun haben.
- Da die Zahl der direkt Beteiligten im Prozess der Arbeit des Design-Architekten immer klein bleibt, kann er seine zeitlichen und räumlichen Vorstellungen von Arbeit relativ leicht realisieren und die Termine und Orte der Treffen eher selbst bestimmen.

Ich bin überzeugt, dass es im Markt bereits eine Reihe von Solo-Beratern gibt, die die Rolle des Design-Architekten wahrnehmen – allerdings nicht als ausschließliche freistehende Leistungskategorie, sondern in Verbindung mit der Durchführung von Trainings-, Entwicklungs- und Veränderungsprojekten. Wenn man sich als erfahrener Solo-Berater angesprochen fühlt, in der Rolle des Design-Architekten ein neues Geschäftsmodell mit mehr Life-Styling-Elementen als bisher zu verfolgen, schlage ich – gleichsam als Benchmarking-Projekt – die Beobachtung und Auswertung der Tätigkeit von bekannten Architekten vor. Man würde dadurch nicht nur Hinweise über Marktauftritt oder ein neues Logo gewinnen, sondern auch die Zuversicht, dass man im Entwicklungs- und Veränderungsgeschäft nicht nur für Design-Fragen geholt wird, wenn man ein „guter Bauhandwerker" ist.

Die **Entwicklung eines Solo-Beraters** durchläuft im zeitlichen Längsschnitt **allgemein beobachtbare Phasen**, die den bereits vorgestellten Entwicklungsphasen in 4.2 entsprechen:

- Phase des umfassenden Engagements mit der Zufriedenheit aufgrund eines vollen Terminkalenders, aber ohne explizit verfolgte Life-Styling-Ziele.
- Phase der spezifischen Ausrichtung auf die eigenen Stärken mit Aufbau einer Anbieterautorität als professioneller Partner, aber geringe Zufriedenheit mit der Balance zwischen Arbeit, Familie und anderen Life-Styling-Segmenten.

- Phase der Neupositionierung der erworbenen Anbieterautorität im Markt mit hoher Souveränität und Autonomie in der Arbeitsgestaltung und explizit verfolgten Life-Styling-Zielen.

In dieser dritten Phase einer Solo-Beraterkarriere, die frühestens Mitte/Ende der vierziger Jahre beginnt, könnte ein erfahrener und im Markt gefragter Solo-Berater sich auf die Wahrnehmung der Rolle eines Design-Architekten konzentrieren und seine bisherigen Klienten über sein neues Geschäftsmodell informieren. Ein überzeugender Brief, in dem man die Vorteile des separat agierenden Design-Architekten herausarbeitet, könnte aufgeschlossene Klienten bereits überzeugen.

5. Gestaltung und Durchführung eines neuartigen überbetrieblichen Programms

Im folgenden Beitrag stelle ich einige Anregungen zur **Gestaltung eines überbetrieblichen Programms** vor und möchte damit aufräumen, dass nur große Beratergruppen und Institute sich in diesem Marktsegment engagieren können.

Zunächst einige **Gründe**, warum ein überbetriebliches Programm für Solo-Berater überlegenswert sein könnte:

1. Der Deckungsbeitrag *per diem* ist in einem überbetrieblichen Programm wesentlich höher als bei einem innerbetrieblichen Einsatz.
2. Mit einem attraktiven überbetrieblichen Programm „verkauft" ein Solo nicht nur einzelne Maßnahmen, sondern vermittelt dem Markt auch seine Anbieterautorität – Bedarfsfelder, in denen man über eine einzigartige Kompetenz verfügt.
3. Ein attraktives überbetriebliches Programm ist immer auch Marktbearbeitung und hinterlässt bei einem Empfänger – auch wenn er sich nicht zu einer Veranstaltung anmeldet – immer den Eindruck, dass man auch für innerbetriebliche Projekte ein interessanter Partner ist.
4. Mit einem überbetrieblichen Programm wird ein Solo zeitsouveräner als beim innerbetrieblichen Einsatz, weil er – und nicht der Kunde – entscheidet, wann er eine Veranstaltung durchführt.
5. Jede durchgeführte Veranstaltung in einem überbetrieblichen Programm hinterlässt bei den Teilnehmern mehrere positive Effekte, von denen drei besonders wichtig sind:
   - Man hilft Teilnehmern in dem jeweils anstehenden Bedarfsfeld, ihre Erwartungen zu erfüllen, und gibt ihnen Arbeitsmaterialien aus, mit denen sie ihre Probleme im Bedarfsfeld besser anpacken können (Effekt der potentiellen Wieder-Teilnahme).
   - Man demonstriert durch die für eine Veranstaltung gewonnenen Teilnehmer, dass man ein attraktiver Partner ist. Durch den Aufbau von *„knowledge sharing"* wird angezeigt, dass einem an einer anderen Qualität von Lernen gelegen ist. Zudem bietet man im Nachgang zu einer Veranstaltung immer weiterführende Vernetzungswege und Möglichkeiten zum Erfahrungsaustausch an. Damit intensiviert man die Klientenbindung und trägt

längerfristig zur Entwicklung einer *„community"* oder einer Art „Club" unter den Kunden bei (Effekt des weiterführenden Lernens).

– Teilnehmer erleben einen Solo im überbetrieblichen Programm als Trainer, Berater und Person – eine werbliche Situation, für deren Gestaltung nicht ein Solo als Anbieter, sondern dessen Teilnehmer mit ihrer Teilnahmegebühr bezahlen. Zudem entsteht der vermittelte Eindruck nicht als Folge von krampfhaft aufgesetzten „Zuckerseiten" in einem unbezahlten Kontaktgespräch, sondern als subkutanes Nebenergebnis eines erfolgreichen Seminars (Effekt der Kompentenz-Demonstration).

Welche **Gestaltungsprinzipien** müsste ein überbetriebliches Programm aufweisen, das von einem Solo-Berater durchgeführt wird?

– Man kann mit einem überbetrieblichen Programm nur bestehen, wenn es markant **anders** als das ist, was im überbetrieblichen Weiterbildungsmarkt angeboten wird. Man muss eine echte Alternative aufzeigen.

– Man kann und will als Solo nicht mit den „Postwurf-Sendungen" großer Management-Institute konkurrieren, die mit ungeheurem Verkaufs- und Werbeaufwand ihre Seminare regelrecht in den Markt hineindrücken und deren Beschreibung dennoch fast ausnahmslos in den Papierkorb wandert. Der Aufwand ist jedoch so groß, dass selbst der enorme Streuverlust noch genügend Teilnehmer generiert.

– Solos überzeugen nicht durch mehrfarbige Hochglanzprospekte und teure Abbildungen, sondern durch einzigartige Informationen und geniale Einfälle.

– Um die Synergie zu den obigen Punkten herzustellen, ist der Empfänger eines überbetrieblichen Programms immer ein Entscheider mit Budget, der direkt oder indirekt auch zu innerbetrieblichen *Follow-up*-Einsätzen etwas zu sagen hat oder über eine hohe Autonomie für zukünftige Entsendungsentscheidungen von Teilnehmern zu den Veranstaltungen verfügt. Daraus ergeben sich zwei Zielgruppenkategorien:
  – PE-ler (bedingt auch HR-ler in KMUs)
  – GF-Mitglieder und obere Führungskräfte

– Das neue überbetriebliche Programm muss im Feld der vorgestellten Positionierungs-Matrix, die man für sich als strategische Erfolgsposition reklamiert, angesiedelt sein. Diese Positionierungs-Matrix wurde bereits ausführlich dargestellt und erläutert.

6. Aufmachung, Diktion oder sprachliche Trennschärfe unterscheiden sich erheblich – je nachdem, ob man GF-Mitglieder oder PE-/FKE-ler als Zielgruppe im überbetrieblichen Programm hat. Ein Manager, insbesondere ein GF-Mitglied, denkt in ganz anderen Kategorien als ein PE-/FKE-ler, was dazu führt, dass ein Programm von sehr verschiedenen Bedürfnissen der Informationsverarbeitung bei den beiden Adressatengruppen ausgehen muss.

7. Unabhängig davon, ob man mit einem überbetrieblichen Programm die Zielgruppe
  – der GF-Mitglieder und oberen Führungskräfte oder
  – der HR-Leiter und PE-FKE-ler

bedient, muss die Andersartigkeit, die ich anschließend noch beispielhaft detailliere, das Oberziel verfolgen, dass der jeweilige Empfänger
- sich mit Lust und Engagement mit dem Programm auseinandersetzt und
- das Programm als Entscheidungsgrundlage auch für eine spätere Bedarfsbearbeitung aufbewahrt und auf keinen Fall „entsorgt", auch wenn er sich jetzt nicht anmeldet.

Es wäre sogar mein Anliegen als Solo-Berater, mein überbetriebliches Programm so interessant zu konzipieren, dass die Adressaten die einzelnen jährlichen Programmhefte sammeln, weil die dort behandelten Themen dann über Zeit hinweg eine Art Kompendium der Bearbeitung von Bedarfen in meiner strategischen Erfolgsposition abgeben.

Wie könnte das alternative überbetriebliche Programm eines Solo-Beraters aussehen?
1. Maßgabe für die Wahl der Seminar- und Workshop-Themen ist das Positionierungsfeld in meiner Positionierungs-Matrix.
2. Beispiel eines überbetrieblichen Programms im Positionierungsfeld C mit ausgewählten Gestaltungsmerkmalen:
   - Das Programm muss bei der Titelwahl die „Welt der GF und oberen Führungskräfte" treffen. Es muss ein attraktiver Markenname kreiert werden wie:
     Wettbewerbsvorsprung durch einzigartige Kompetenzen im Management
     Förderung von Führungskräften zur Bewältigung zukünftiger Herausforderungen (Untertitel)
     Wichtig ist, dass der Name des Programms etwas beim Adressaten auslöst.
   - Als Veranstaltungen bietet man nur zwei oder drei Themen an:
     - Vom Experten zum Manager (für Professionals und „Stäbler")
     - Vom Manager zum Leader (für Führungskräfte mit mehrjähriger Führungserfahrung)
     - Assessement und Self-Development – Standortbestimmung und erste Schritte zur Weiterentwicklung (für alle Führungskräfte, die an einem unabhängigen Profil ihrer Stärken und Schwächen interessiert sind und selbst ihre Entwicklung in die Hand nehmen wollen).
   - Das Programm beginnt mit der Darstellung der persönlichen Förderungsphilosophie, die man als Solo vertritt.
   - Das Programm enthält Beiträge von anerkannten Experten, die gleichsam auch auf einer anderen Ebene jeweils die Thematik der einzelnen Veranstaltungen behandelt. Für die englischsprachigen Beiträge erwirbt man die deutschen Übersetzungsrechte, was zumeist relativ leicht ist.
   - Eine andere Art von Beiträgen könnte
     - Merkmale der Förderungsarbeit von *Best-practice*-Unternehmen beschreiben oder die

  – Analyse von Nonsens-Angeboten der institutionalisierten professionellen Kunstfehler enthalten, die jetzt verstärkt „Lehrgänge für Führungskräfte" anbieten.
  – Attraktiv wäre auch der Abdruck eines Einschätzungsinstruments (z.B. Leadership-Potential unterstellter Führungskräfte), mit dem der Adressat des Programms eine Bewertung seiner Führungskräfte vornehmen kann.
  – Ein im Programm enthaltener Talon, mit dem weitere Fachbeiträge zu den Themen der angebotenen Veranstaltungen angefordert werden **können**, gibt eine gewisse Feedback-Möglichkeit, wie das Programm ankommt.

3. Die **Alternative** zu anderen Anbietern in einem überbetrieblichen Programm verallgemeinert heißt:
  – Wahl eines jährlich wechselnden Schwerpunktthemas im Feld der strategischen Positionierung.
  – Ausfaltung des Schwerpunktthemas in wenige Themen, die man zur Bearbeitung anbietet.
  – Man bürgt als Solo mit der ausgefalteten Entwicklungsphilosophie für die Qualität der Veranstaltungen.
  – Bei den Gestaltungsmerkmalen lässt man sich von der Hingabe zum gewählten Schwerpunktthema und von der Informationsverarbeitungskapazität der Adressaten leiten und wählt Beiträge, mit deren Gehalt man seine Anbieterautorität transportiert.
  – Das Programm sollte immer eine interaktive Auseinandersetzung in Form eines Instruments oder etwas Ähnlichem (z.B. Bearbeitung eines Falles aus dem Bereich des Schwerpunktthemas mit strukturiertem Lösungsschema) beinhalten.

4. Man plant ein überbetriebliches Programm nicht nur für ein Jahr, sondern legt dieser Geschäftsidee mindestens einen Zeithorizont von fünf Jahren zugrunde – d.h. man muss bereit sein, dieses Projekt mit etwas längerem Atem zu versehen.

6. Verfolgung einer *„Tipping-point"*-Strategie

Es gibt viele Einzelberater, die für sich als Wahlentscheidung die Beratertätigkeit gesucht haben oder die in der Beratung eine Rückzugsposition sehen, weil andere Karriereziele unerreicht geblieben sind. Nicht alle diese Einzelberater würde ich in die Nähe meines Typs von Solo-Berater bringen, der für mich

• ein dezidiertes Geschäftsmodell verfolgt, das auf seinen besonderen Stärken basiert,
• über umfangreiche Erfahrungen verfügt,
• in einem Lebensalter angekommen ist, in dem das selbstgenerierte Praxiswissen einen ähnlichen Stellenwert wie sein Lehrbuchwissen einnimmt, und der
• in der selbstbestimmten unternehmerischen Tätigkeit nicht nur beruflichen Erfolg anstrebt, sondern auch einen reflektierten Lebensentwurf realisieren möchte.

Der hier vorgestellte Solo hat keine Probleme, sich für seine Klienten nützlich zu machen und für seine Wertschöpfung auch die finanzielle Wertschätzung zu erhalten. Sein Thema ist nicht das vordergründige Verkaufen von Beratertagen, sondern die Fokussierung seiner Talente und Energien auf Produkte und Serviceleistungen, bei denen er *„flow"* erlebt und damit gegenüber Einzelklienten und Klientensystemen eine ultimative Nutzenstiftung erbringt.

Ich möchte in diesem Beispiel die ***„Tipping-point*-Strategie" als alternative Problemlösungsstrategie** zu jener von großen Beratergruppen darlegen. Den Begriff habe ich in freier Anlehnung an ein gleichnamiges Buch von *Gladwell* (2000) verwandt, laut dessen Untertitel nur ein **geringer Aufwand nötig ist, um eine Situation radikal zu verändern.**

Ich gehe einmal von den gegenwärtig inflationär verwandten Audits aus, die in Verbindung mit der 360°-Feedback-Methodik Daten generieren, die dann – verglichen mit Ideal- oder Sollprofilwerten – zu Handlungsbedarfen führen. Diese **„Auftragsfangmethode"** von größeren Beratergruppen ist zwar jetzt einer raffinierteren Begrifflichkeit gewichen, wenn man von „Radar" oder „Qualitätsscheck" spricht. Es geht jedoch immer um die Absicht, mit „reaktiven Instrumentarien" ein System auf den Prüfstand zu stellen, um dann anschließend tätig werden zu können.

Klienten auf der „Reifestufe" der angestellten Auditverkäufer in Beratergruppen freuen sich über die so sichtbaren Bedarfe und die Berater über die dadurch erzeugten Bearbeitungsnotwendigkeiten.

Eine **alternative Beratungshilfe** sucht demgegenüber den **kritischen Punkt in einer Bedarfssituation** oder in einem Klientensystem, mit dessen unaufwendiger Bearbeitung die Gesamtsituation positiv kippt oder in eine erwünschte Richtung gebracht wird.

Mit einem Bild aus der diagnostischen Medizin könnte man die Audit-Verkäufer in die Nähe der Apparatemedizin bringen, gemäß deren Tests vermittelt wird, wo therapiert und interveniert werden muss. Und da das Eigeninteresse der Auditverkäufer (Honorartage!) über dem Interesse der nachhaltigen Gesundhaltung ihrer Klientensysteme steht, wird nach einem Audit oder einer „Radar-Diagnose" in einem Maße „operiert", dass einem Außenstehenden bange werde könnte.

Die alternative Vorgehensweise – wiederum einem Bild der Medizin entlehnt – würde sich beispielsweise an den Shiatsu-Meridianen der chinesischen Medizin ausrichten, um so kranken Herden näherzukommen, bevor man dann in einer Art minimalinvasiver Therapie den Zustand bessert.

Die Suche nach dem *„tipping point"* als Diagnose-Methodik setzt umfangreiche Erfahrungen voraus, die bei den Berufsanfängern großer Beratergruppen überhaupt nicht vorhanden sein können und durch ein kontraproduktives Anreizsystem – das Gehalt hängt oft von den fakturierten Beratungstagen ab – zudem verstellt wird. Demgegenüber könnte es geradezu zu einem Markenzeichen eines Solo-Beraters werden, dass er mit einer komplexen nicht reaktiven Erkundungsmethodik den *„tipping point"* eingrenzt – gleichsam den „pathologischen Herd", der bearbeitet werden muss, um das Problem im Unternehmen in den Griff zu bekommen.

Die *„Tipping-point"*-Strategie eines Solo schließt nicht aus, dass er sich in bestimmten Phasen seiner Arbeit auch instrumenteller Hilfen bedient. Aber wenn er diese einsetzt, dann nicht als ausschließliches Instrument. Im diagnostischen Fall als Teil einer „Tiefenauslotung", im therapierenden Fall übernehmen Instrumente für den Solo-Berater eine akzelerierende Funktion.

Wenn ein Solo mit der *„Tipping-point"*-Strategie arbeitet, braucht er gleichzeitig ein **Konzept der Marktbearbeitung,** das ihn mit potentiellen Klienten in Verbindung bringt, die über einen Reifegrad verfügen, der sie eine *„Tipping-point"*-Strategie wertschätzen lässt. Ob dazu eine vorgängige Fehlerfahrung mit Audits großer Beratergruppen zwingend gehört, kann ich nicht mit Sicherheit sagen – ich würde jedoch glauben, dass beratergeschädigte Unternehmen im Allgemeinen und audit-geschädigte Unternehmen im Besonderen zu den favorisierten Klienten für Solo-Berater mit einer *„Tipping-point"*-Strategie gehören.

Während die auf Audits basierenden Interventionen standardisiert werden können (die Beratergruppen haben oft die Seminare schon parat), sind Interventionen aus einer *„Tipping-point"*-Strategie immer einzigartige Beratungsformen. Dazu kommt, dass die Länge eines Beratungsmandats für die Bearbeitung einer Problemsituation in einem Unternehmen begrenzt ist, was den Life-Styling-Überlegungen eines Solo-Beraters durchaus entgegenkommt.

Ein besonderes Thema bei der Verfolgung einer *„Tipping-point"*-Strategie ist das der **Honorierung des Solo-Beraters.** Seine auf profunden Erfahrungen basierenden „minimalinvasiven Operationen" sind – als bloße Tagewerke abgerechnet – so unaufwendig, aber gleichzeitig so wertvoll für ein Klientensystem (man denke nur an die vielen potentiellen negativen Nebeneffekte der reaktiv auftretenden Auditoren), dass nach einer anderen Honorierungsbasis gesucht werden muss.

Je mehr Solo-Berater sich durch nicht imitierbare Einzigartigkeit in ihren Geschäftsmodellen auszeichnen, desto mehr braucht es ein Nachdenken über andere Kriterien als nur das, sich nach eingesetzter Zeit bezahlen zu lassen. Wenn man als *„Tipping-point"*-Stratege ab einer bestimmten Honorarhöhe *per diem* Skrupel bekommt oder sich bei hohen Tageshonoraren gegenüber den Klienten im Rechtfertigungszwang sieht, kann man es auch „jesuitisch" versuchen: *„Bezahlen Sie mir das, was ich Ihnen wert war."*

7. Executive Coaching

Ich möchte einige Ideen für Solos unterbreiten, die sich als Executive Coach etablieren (oder etablieren wollen). Die Idee, sich auf einzelne Führungskräfte auszurichten, statt weiterhin Trainings und Seminare für diese Zielgruppe durchzuführen, spiegelt eine zu beobachtende Tendenz in der Praxis wider.

1. Der **Begriff „Executive Coaching"** enthält zwei Elemente:
   - Executive betrifft nicht alle Führungskräfte, sondern bezieht sich auf obere Führungskräfte. Es muss sich dabei nicht unbedingt um Vorstands-

oder GF-Mitglieder handeln. Es können schlichtweg auch Führungskräfte mit längerer Führungserfahrung sein.

- „Coaching" ist in meinem Verständnis hier weitergehend als der normale Bezug zur Aufgabenverbesserung. Er enthält auch persönliche Fragen, die mehr in das Mentoring übergehen.

Der zuweilen unter „Executive Coaching" verstandene Begriffsinhalt (z.B. *Ahlemeyer/Schöppl* 2002, S. 11) erweist sich für einen Solo als zu eng: *„Von der gängigen Praxis des individuellen Coaching einzelner Führungskräfte unterscheidet sich das Executive Coaching in methodischer Hinsicht grundlegend. Es setzt nicht bei der Psychologie des einzelnen an, sondern zielt auf eine Weiterentwicklung des gesamten Topmanagements. Nur so kann erreicht werden, dass der Vorstand als System erfolgreicher agiert."* (*Ahlemeyer/Schöppl* 2002, S. 11)

2. Die **Marktbearbeitung** des Solo-Beraters als Executive Coach beginnt lange, bevor man sich ausschließlich nur mit einzelnen Führungskräften befasst. Als Trainer – der häufigste Zugang zum späteren Executive Coach – hat man bereits in seinen Seminaren für Führungskräfte einen *„coaching approach"* praktiziert (*O'Neil/Hopkins* 2002, S. 402 ff.) Dieser vermittelt den Teilnehmern auf eindrucksvolle Weise, welches Potential in kurzzeitigen Treffen mit dem Trainer als „Sparringspartner" stecken könnte. Mit anderen Worten: Jeder Teilnehmer in einem Führungsseminar ist ein potentieller Klient für ein späteres Executive Coaching.

3. Damit die **Teilnehmer** tatsächlich später als **potentielle Klienten für Executive Coaching** in Frage kommen, braucht es

- eine Vermittlung der Anlässe und Möglichkeiten, in denen Executive Coaching wertvoll sein könnte, und

- die Einrichtung einer losen kommunikativen Beziehung zwischen dem Trainer als späterem Executive Coach und den potentiell interessierten Teilnehmern.

4. Beides erreicht ein Trainer in der Marktbearbeitung für seine spätere Executive-Coaching-Rolle, indem er einen kurzen halbjährlich – oder im Frühstadium – jährlich erscheinenden **Rundbrief zu Executive Coaching** publiziert, der die verschiedenen Themen und Möglichkeiten von Executive Coaching ausfaltet. Teilnehmer aus Führungsseminaren können durch Abgabe ihrer Anschrift diesen Rundbrief erhalten. Da einem späteren Executive Coach daran gelegen sein muss, relativ viele Adressen in seiner Datei zu sammeln, wird der Executive-Coaching-Rundbrief (EC-Rundbrief) während der ersten Phase der Marktbearbeitung kostenlos sein müssen.

5. Mit dem Rundbrief und der aufgebauten **Interessentenkartei** hat der angehende Executive Coach es jetzt in der Hand, die **Leserbedürfnisse für Executive Coaching** zu wecken. Es muss das Ziel des Executive Coach sein, nicht als Konkurrent zu internen Coaching-Bemühungen von Vorgesetzten aufzutreten. Vielmehr soll eine Führungskraft mit der Lektüre des Rundbriefs den Eindruck erhalten, dass es sehr wertvoll ist, wenn man ab einer bestimmten Karrierestation (z.B. Leitung einer Abteilung) oder ab einem bestimmten Al-

ter (z.B. ab 40 Jahren) periodisch mit einem externen Sparring-Partner seine berufliche und auch persönliche Situation thematisiert.

6. **Problematisch** ist im Markt für Executive Coaching, dass die Sitzungen zunächst aus dem **eigenen Budget** – privat oder Abteilungs-Budget –, nicht aus dem PE-/FKE-Budget bezahlt werden. Dies kann für manchen potentiellen Klienten hinderlich sein – aber es gibt ja das Medium des Rundbriefs, in dem man auch dieses Thema diskutieren kann.

7. Die bis jetzt dargestellte **Marktbearbeitung für Executive Coaching** hat die betrieblichen PE-/FKE-Abteilungen noch ausgeklammert. Zum Zeitpunkt einer größeren Sichtbarkeit als Executive Coach – und nach einigen Jahren von veröffentlichten EC-Rundbriefen – werden **PE-FKE-Abteilungen** bearbeitet, indem man ihnen die Chancen verdeutlicht, was es für eine Führungskraft ab einer bestimmten Ebene im Unternehmen bedeuten kann, über ein eigenes Executive-Coaching-Budget für sich zu verfügen.

Die Anbieter von Executive Coaching werden in der Zukunft zunehmen, denn es ist in gewisser Weise schick und modisch, nicht mehr als Trainer oder Berater, sondern als Coach aufzutreten. Für die Nachfragerseite muss man gleichzeitig feststellen, dass die latenten Bedarfe von erfahrenen Führungskräften für einen kompetenten Sparringspartner markant zunehmen werden.

Was es braucht: schwellensenkende Maßnahmen für Executive Coaching oder „Trittbretter", die man als Führungskraft leichter betreten kann. Die Marktbearbeitung von Teilnehmern nach einem überzeugenden Führungsseminar via Rundbrief ist eine überzeugende Möglichkeit, für sich einen „Markt" als Executive Coach langsam aufzubauen.

Wenn man Executive Coaching richtig begreift, dann werden zufriedene Einmalkunden via Rundbrief-„Bedienung" zu potentiellen Dauerkunden. Denn nichts wird für erfahrene Führungskräfte in einer sich ständig verändernden Wirtschaft schwieriger, als einen vertrauensvollen und kompetenten Coach zu haben – telefonische Inanspruchnahme inkludiert.

8. Transformationsbegleitung von HR- und PE-/FKE-Abteilungen

Ich brauche nicht zu betonen, dass dieser Bereich in vielen Unternehmen auf dem Prüfstand steht, die sich neu ausrichten wollen – oft auch nach einer erlebten Reorganisation, die nicht die Ergebnisse erbrachte, die man sich erhoffte (z.B. *Scherm* 2004, S. 53 ff.). Daneben scheint es ein Markenzeichen von neuen Vorgesetzten in diesen Abteilungen zu sein, dass sie sich nicht mit der gewachsenen Struktur und Ausrichtung ihrer Abteilung begnügen wollen. Sie wollen ihre Führungsstärke und die Effektivität der Abteilung durch eine Neuausrichtung unterstreichen – und ihre eigene „Handschrift" hinterlassen.

Der Bedarf an Transformationsbegleitung dieser Abteilungen ist in erheblichem Ausmaß vorhanden. Zudem braucht man immer einen Externen, weil die Betroffenen Teil des zu verändernden Systems sind und nicht selbst in die Beraterrolle schlüpfen können. Und schließlich ist der ideale Transformationsbegleiter von HR- und PE-/FKE-Abteilungen ein Veränderungsberater, der dieselbe Abteilungssozialisation erfahren hat und sich damit in Facetten und Nuancen der artikulierten Probleme der Klienten besser hineinversetzen kann als ein Veränderungsberater, der nicht in diesen Abteilungen gearbeitet hat.

Ich führe im Folgenden nur noch PE-Abteilungen als Repräsentanten des betrieblichen HRM auf, doch zeigt sich der transformationsbegleitende Bedarf bei allen Abteilungen, die unter dem „HR-Dach" in Unternehmen agieren.

Im Folgenden möchte ich einige **Vorschläge** unterbreiten, wie man das **Geschäftsmodell der Transformationsbegleitung** realisieren kann.

1. Die Transformation einer PE-Abteilung setzt sich immer aus den Bestandstücken
   - Standortbestimmung und Ist-Aufnahme
   - Sollverhalten oder neue Abteilungsvision
   - Gestaltung der Wegstrecke vom Ist zum Soll

   zusammen.

2. Methodisch gibt es ein bewährtes Vorgehen, das den erfahrenen OE-lern bekannt ist und das als „U-Prozedur" des NPI (Nederlands Pedagogisch Instituut) Eingang in die Fachliteratur gefunden hat (NPI o.J.)

Vergangenheit
Ist-Situation

Zukunft
Soll-Zustand

1. Wie verhalten wir uns gegenwärtig? Wie laufen die Prozesse konkret ab? Welche Mittel, Methoden, Verfahren, Systeme usw. kommen zur Anwendung?

7. Wie könnte dies alles im konkreten Fall aussehen? Welche Mittel und Verfahren würden dazu passen? Welche Alternativen sehen wir dazu?

2. Wie geht man dabei miteinander um? Wie sind dabei die Kompetenzen, Rollen, Verantwortlichkeiten verteilt? Wer ist aktiv/passiv daran beteiligt?

6. Wie sollen die verschiedenen betroffenen Personen, Gruppierungen oder Organe miteinander umgehen?

3. Welche Grundauffassungen liegen 1 und 2 – ausgesprochen oder unausgesprochen – zugrunde? Wie lassen sie sich formelhaft zusammenfassen?

5. Von welchen Grundsätzen, Leitgedanken, Konzeptionen oder Zielen wollen wir in Zukunft ausgehen?

4. Inwiefern entspricht dies alles noch unseren Auffassungen? Wo zeigen sich die größten Probleme und Fragen? Scheint uns Veränderung angebracht?

3. Der Erfolg der Transformationsbegleitung einer PE-Abteilung hängt im Wesentlichen von der Standortbestimmung und der Durchführung des Diagnose-Treffens ab. Bevor ein Berater Instrumente zur Datenerfassung einsetzt, braucht er ein Konzept, um festzulegen, was er erheben will und von wem Informationen gesammelt werden.

4. Ein klassisches Raster hat der bekannte Berater *Weisbord* (1978) der Praxis zur Verfügung gestellt, mit dem ich selbst in der Transformationsbeglei-

tung von Weiterbildungs- und PE-Abteilungen gearbeitet habe (*Stiefel* 1980, S. 187 ff.).

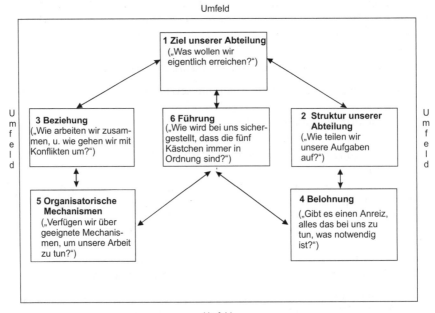

5. Zu den Informationsquellen der Standortbestimmung einer PE-Abteilung sollten immer die Innensicht als Selbstwahrnehmung der PE-ler und die Außensicht als Fremdwahrnehmung durch die Kunden gehören. Bei den Kunden könnte man nach strategischer Bedeutsamkeit differenzieren und sich dann auf Schlüsselkunden beschränken. Innensicht und Außensicht im Vergleich liefern in der Regel immer Ansatzpunkte zur Veränderung.

6. Bei den eingesetzten Methoden der Datenerhebung im Rahmen der Standortbestimmung empfiehlt es sich, mit einer Kombination von Fragebögen und Audits sowie halbstrukturierten Interviews zu arbeiten. Damit lässt sich eine gute Datenqualität erreichen.

7. Für die Sollausrichtung oder Festlegung der zukünftigen Konturen oder Vision der begleiteten Abteilung werden herangezogen (beispielhaft):
   – Erwartungen der GF und der Schlüsselkunden
   – Konturen der Vorzeigeabteilungen von *Best-practice*-Unternehmen
   – Proklamiertes Soll-Verhalten in der seriösen Fachliteratur über die zukünftige Ausrichtung der Abteilung.
   Eine wichtige Quelle sind auch die Ist-Daten, die man aus pragmatischen Gründen heranziehen muss, um das neue Anspruchsniveau der Sollausrichtung zu bestimmen, damit die Chance einer Realisierung besteht.

8. Nach Durchführung der Standortbestimmung und der Formulierung einer neuen Abteilungsvision werden mit den Beteiligten (Mitarbeiter der Abteilung) kleine überschaubare Veränderungsprojekte formuliert. Deren Bearbei-

tung führt dazu, dass sich die Abteilung in ihrem Verhalten nach innen und nach außen der angestrebten Vision nähert. Diese Projekte werden in ihrem Bearbeitungsfortschritt periodisch mit dem Transformationsbegleiter erörtert.

9. Wenn man sich mit der Geschäftsidee der Transformationsbegleitung von PE- und anderen Abteilungen des betrieblichen HRM positioniert, dann ist es immer hilfreich, einschlägige Datenerhebungsinstrumente zusammenzutragen. Zur Dokumentation gehört beispielsweise der Fragebogen über die vier *Ulrich*-Rollen, mit denen bei Neuausrichtungen von HR-Abteilungen gerne gearbeitet wird (*Ulrich* 1997). Daneben werden immer wieder HR-Audits veröffentlicht, die durchaus brauchbares Rohmaterial für einen Transformationsbegleiter im HRM darstellen – so z.B. in einem Magazin, in dem von einem Berater ein entsprechendes Instrument vorgestellt wurde (*Priess* 2004, S. 20 ff.).

10. Es gibt viele OE-Berater im Markt, die sich in Veränderungsprozessen engagieren und sich u.a. auch um Aufträge in Abteilungen des HRM bemühen. Als Transformationsbegleiter in der eingangs beschriebenen Form tritt man mit dieser Geschäftsidee als Spezialist auf. Diese Spezialisierung sollte dann auch Teil der „Marke als Solo-Berater" werden.

Als spezialisierter Transformationsbegleiter genießt man im Markt eine Reihe von Vorteilen. Man verfügt über eine besondere Anbieterautorität, die sich darin manifestiert, dass man sich beispielsweise die Projekte aussuchen kann, da es nicht sehr viele Transformationsbegleiter gibt, die unter der oben genannten Marke auftreten. Da man zudem stets mit ähnlichen Projekten zu tun hat, entwickelt man im Laufe der Zeit eine besondere Expertise in den Feinheiten dieser Transformationsprozesse.

Wenn man sich mit diesem Geschäftsmodell als Solo positionieren will, hat man eine gute inhaltliche Vorlage in dem Buch von *Classen/Kern* (2010), das gleichzeitig bei potentiellen Klienten wie eine Art „Bedarfswecker" wirkt.

9. Übernahme einer Qualitätssicherungsfunktion für KuM-Beratergruppen

Ich möchte im Folgenden ein Geschäftsmodell vorstellen, das auf den ersten Blick wenig *„appeal"* zu haben scheint: Die **Übernahme einer Qualitätssicherungsfunktion für KuM-Beratergruppen**, also jenes Gros von Beratergruppen am Markt, die bis zu zehn oder 15 Mitarbeiter beschäftigen und eine bunte Zwischengruppe zwischen den vielen Solos und den großen international aufgestellten Beratergruppen bilden.

Inhabergetriebene KuM-Beratergruppen sind ein **interessanter Markt für einen arrivierten Profi-Solo**, weil sich dort ganz bestimmte Merkmale mit hohem Häufungsgrad manifestieren:

1. Die inhabergetriebenen KuM-Beratergruppen sind ursprünglich aus einem Einzelberater, dem Eigentümer, entstanden, der mit unternehmerischem Geschick und Können mehr an Nachfrage nach Trainings- und Beratungsleistungen generiert hat, als er selbst durchführen konnte. Der Nachfrageüberhang an Trainings- und Beratungstagen wurde mit der Anstellung von Trai-

nern und Beratern ausgeglichen, die in der Regel außer ihrem Können über keine eigenen Positionierungskonzepte am freien Markt verfügten und sich in der Abarbeitung der Klientenbedarfe an den Vorlagen des Inhabers orientierten oder zumeist sogar orientieren mussten. Nur sehr wenige KuM-Beratungen sind aus anderen Gründen entstanden.

2. Inhabergesteuerte KuM-Beratergruppen zeichnet aus, dass keine einheitliche Qualität in der Wertschöpfung gegenüber den Klienten erkennbar ist. Die oft vom charismatischen Inhaber und Gründer akquirierten Aufträge werden von sehr unterschiedlichen angestellten Beratern abgearbeitet, wobei die Vorlagen keine besondere Leitlinie bilden. Im Vergleich zu großen Beratergruppen, bei denen man die Einheitlichkeit in der Beratung und in Trainings durch detaillierte Vorgehensmanuals sicherzustellen sucht, sind die vergleichbaren Vorlagen bei KuM-Beratern eher dürftig zu nennen.

3. Die angestellten Berater sind sich oft selbst überlassen, weil es KuM-Beratergruppen auszeichnet, dass bei ihnen ein Mangel an Führung besteht und Führung eigentlich nur als Notfall-Intervention praktiziert wird. Dies hat im Wesentlichen damit zu tun, dass der Beratungsinhaber sich selbst bis an seine Kapazitätsgrenze im operativen Tagesgeschäft „auffressen" lässt und für die Führung der angestellten Mitarbeiter schlichtweg keine Zeit mehr vorhanden ist. Dazu kommt in seiner Sicht, dass eingesetzte Zeit für Führung sofort als entgangene Zeit gegenüber Kunden gesehen wird – und die lässt sich sehr einfach als Honorarausfall „bepreisen". Man kann *cum grano salis* konstatieren, dass entwicklungsorientiertes Führen der angestellten Berater in KuM-Beratergruppen nicht existiert – nicht, weil man es nicht könnte (schließlich arbeitet man ja selbst Coaching-Bedarfe bei Klienten ab), sondern weil die Opportunitätskosten zu hoch sind.

4. In KuM-Beratergruppen ist die Persönlichkeit des Inhabers omnipräsent und überall spürbar, mit dem Effekt, dass sich daraus auch eine ganze Reihe von Problemen zu den einzelnen Beratern aufbauen kann. Die Situation, als gut verdienender angestellter Berater auch einen psychologischen Kontrakt mit dem Inhaber zu haben, ihn mit seiner „Ganzheitlichkeit" erleben zu müssen, kann im Laufe der Zeit zu einer inneren Renitenz und Rebellion führen, die jedoch aufgrund der fehlenden Möglichkeiten (Zeit!) selten rechtzeitig und hinreichend entschärft wird. Die Folge davon sind Eskalationen von nicht ausgetragenen Konflikten mit späteren Trennungen, die in KuM-Beratergruppen so gut wie nie harmonisch und einvernehmlich ablaufen.

5. Beratergruppen sind insgesamt eher hochflukturierende Organisationen, in denen neue Gesichter von den Klienten selten als Positivum gewertet werden. KuM-Beratergruppen sind da keine Ausnahme. Bei ihnen gibt es zudem den negativen Zusatzeffekt, dass der Austritt eines Beraters eine Kapazitätslücke aufreißt, die nicht sofort geschlossen werden kann.

6. Der Abgang eines angestellten Beraters ist in den meisten Fällen mit Diskussionen verbunden, wer zu welchen Bedingungen die bislang betreuten Klientenfirmen weiterbetreut. Da die Klienten zumeist auch in diese(n) Auseinan-

dersetzungen tangiert oder sogar einbezogen werden, stellt man sich selbst kein Ruhmesblatt in Konfliktbearbeitung aus.

7. Ich halte KuM-Beratergruppen mit ihren angestellten Beratern für besonders klimaanfällig, weil das Stornieren eines größeren Auftrags durch einen Kunden sich sofort in größeren Einkommensschwankungen der angestellten Berater niederschlagen kann, zumal der Inhaber das Risiko eines Nachfragerückgangs nach den Beratungsleistungen der Gruppe mit einem „leistungsorientierten Belohnungssystem" aufzufangen sucht. Das Ergebnis: Stornierte Aufträge führen zu Einkommenseinbußen und schlechter Stimmung.

Es gäbe noch den einen oder anderen Punkt, der bei dieser Aufstellung angeführt werden könnte, die insgesamt die KuM-Beratergruppe in ihrer jetzigen Konstellation als problematische Organisationsform kennzeichnet.

Ein **Solo** könnte in einer Art **Qualitätssicherungs-Funktion** im weitesten Sinne – kurz als „Q-Experte" – für eine KuM-Beratungsgruppe eine **wichtige Rolle** übernehmen:

1. Der Inhaber einer KuM-Beratungsgruppe hätte eine eingerichtete Sparring-Beziehung, in der regelmäßig und nach Notwendigkeit
   - strategische Themen und Marktbearbeitungsfragen der gesamten Gruppe,
   - Fragen des Trainings-Designs und der Architektur der Bearbeitung spezieller Bedarfe sowie
   - Beziehungs- und Klimafragen in der Beratungsgruppe
   besprochen werden könnten. Die Einrichtung einer telefonischen Sparring-Beziehung mit einem Dritten, dem Solo-Berater als Q-Experten, wäre ausgesprochen hilfreich, da nicht alle Fragen und Probleme des Inhabers der KuM-Gruppe in der sich stellenden Form im periodisch stattfindenden „jour fixe" mit allen angestellten Beratern behandelt werden können.

2. Jeder angestellte Berater könnte den Solo-Berater als erfahrenen Trainer und Berater in Anspruch nehmen und mit ihm seine Design-Strategien für die Bearbeitung von Klientenbedarfen überprüfen. Der Solo-Berater würde hier gleichsam als Coach gegenüber den angestellten Trainern und Beratern auftreten.

3. Jede KuM-Beratungsgruppe hat einen periodischen „jour fixe" oder Meetings, in denen mannigfache Anliegen der Berater untereinander als auch Fragen der Berater zum Inhaber der Gruppe und Klientenprobleme erörtert werden können. Die möglichen Agenda-Posten sind immer größer als die dafür vorgesehene Zeit. Zudem wird der „jour fixe" der Gruppe in der Regel vom Inhaber moderiert, was dazu führt, dass bestimmte Themen gar nicht erst angesprochen oder nicht besonders zufriedenstellend moderiert werden, weil der Inhaber oft Teil des angesprochenen Problems ist. Ein Solo-Berater könnte als neutraler Dritter sehr viel wirkungsvoller diese Treffen moderieren und vor allem latente Probleme entschärfen, die in ihrer späteren unbearbeiteten Virulenz eine KuM-Beratungsgruppe existentiell bedrohen können.

(Beispiel: Zwei angestellte Berater spannen zusammen und nehmen eine Reihe von Klienten mit.)

4. Ein Solo-Berater könnte neben der inhaltlichen Coaching-Rolle auch als Mentor für die angestellten Berater ansprechbar sein. So könnte ein junger angestellter Berater mit ihm seine Vorstellungen von Selbständigkeit besser prüfen als mit dem Inhaber der Gruppe, der jede dieser Ideen persönlich nimmt und sich gegenüber kreativen Lösungen sperrt (z.B.: Einrichtung eines freien Mitarbeiterstatus für Berater, die ein stärkeres Bedürfnis nach Unabhängigkeit haben.)

5. Eine interessante „Q-Expertenrolle" habe ich bei einem kanadischen Solo-Beraterkollegen kennengelernt, der für eine Beratergruppe deren Klienten anspricht und mit ihnen erörtert, wie die Zusammenarbeit zwischen ihnen und der Beratungsgruppe verbessert werden könnte. Diese externe Evaluation durch einen Dritten hat eine hohe Resonanz bei diesen Klienten hervorgerufen.

Im Einzelnen läuft diese Evaluierung wie folgt ab:

– Die Beratergruppe informiert ihre Klienten (schriftlich), dass der unabhängige Solo-Berater sich bei ihnen meldet, um ein strukturiertes Telefoninterview über die Beratungsleistungen der Gruppe durchzuführen.

– Anschließend vereinbart der Solo mit jedem Klienten einen Termin für ein Telefongespräch, in dem er sich grob an den folgenden Fragen orientiert (Originalbogen, der mit der Beratergruppe XYZ entwickelt wurde):

Client Organization

1. On a scale of 1 – 10, how well did XYZ deliver what they said they would?

2. What is it about XYZ that you like? What is it about XYZ that you dislike?

3. On a scale of 1 – 10, to what extend did the XYZ consultant help you think through what had to be done in your organization? Example?

4. Were target dates completed on schedule? Were you kept informed about progress/changes as the project developed?

5. On a scale of 1 – 10, how well did your XYZ consultant maintain working relationships with your people? How good an understanding did the XYZ consultant have of your organization? Your business?

6. Did working with XYZ help you gain some new insights? Example?

7. If you had a particular message regarding the personal effectiveness of the XYZ consultant, what would it be?

8. On a scale of 1 – 10, how would you rate XYZ overall? Comments?

9. If you required outside resourcing again, would you call on XYZ a second time?

10. Would you recommend XYZ to your colleagues? To other clients?

Additional remarks, comments, responses gleaned from the interviewer:

_____

_____

_____

— Jedes Interview wird in einem Kurzbericht zusammengefasst. Die Kurzberichte werden periodisch mit der Beratergruppe besprochen und Konsequenzen daraus abgeleitet.

Dies sind nur einige beispielhaft aufgeführte vordergründige Aufgaben, die ein Solo-Berater im Rahmen einer „Q-Expertenrolle" gegenüber einer KuM-Beratergruppe übernehmen kann. Das Geschäftsmodell enthält viele Vorzüge, die mit den Erwartungen des arrivierten Solo-Beraters in Einklang stehen. Da sich der Inhaber einer Beratergruppe gleichsam einen „Führungshelfer" ins Haus holt, muss er die Souveränität besitzen, dies nicht als Schwäche, sondern als Investition für die Stärkung der Wettbewerbsfähigkeit der gesamten Gruppe zu sehen und den Mitarbeitern gegenüber auch so darzustellen.

Das überzeugendste Argument ist jedoch das der Aufwertung der Attraktivität der KuM-Beratungsgruppe gegenüber potentiellen jungen Beratern und gegenüber Auftraggebern, die mit der „Q-Expertenrolle" eines erfahrenen Solo-Beraters eine Rückversicherung haben, sich zum einen für die KuM-Beratungsgruppe als Arbeitgeber und für sie als Beratungspartner richtig entschieden zu haben.

„Rechnet" sich dieses Geschäftsmodell für die KuM-Beratungsgruppe und den Solo-Berater?
Ich gehe von einem geschätzten Aufwand von 30 bis 40 Manntagen aus, für die ich ein etwaiges Pauschalhonorar von 100.00 bis 120.000 Franken veranschlagen würde.

Eine KuM-Beratergruppe müsste mindestens aus vier bis fünf Beratern bestehen, die gemeinsam ca. 1,2 Mio Franken an Umsatz erzielen müssten, um sich dann den „Luxus" zu leisten, zehn Prozent ihres Umsatzes in ihre Qualitätssicherung zu investieren, damit langfristig ihre Wettbewerbsfähigkeit gesichert wird. Diese zehn Prozent würden nicht ausschließlich vom Inhaber aufgebracht, sondern jeder einzelne Berater würde davon anteilig einen bestimmten Betrag übernehmen, denn es muss auch im Interesse jedes Einzelnen sein, dass die Qualität in einer KuM-Berater-gruppe trotz ständig zunehmender Arbeitsverdichtung und Wettbewerb im Markt weiter wächst.

Ein Solo-Berater kann sich überlegen, ob für ihn dieses finanzielle Engagement ausreicht. Da der arrivierte Profi-Solo in seiner jetzigen Lebensphase nicht mehr dem fakturierten Umsatz „nachspringen" muss und sich auf Situationen einlassen kann, in denen er seinen „natürlichen *Erikson*" erlebt – andere zu unterstützen, Wissen weiterzugeben und Personen zu entwickeln –, kann er bei diesem Geschäftsmodell in jedem Fall davon ausgehen, dass es ihn hochgradig intrinsisch motiviert.

10. Durchführung von HR-Effectiveness-Studien

Ich kann es nicht häufig genug wiederholen: Eine Solo-Tätigkeit beinhaltet die Chance, ein attraktives Geschäftsmodell mit den persönlichen Vorstellungen von Lebenqualitätsoptimierung zu verbinden. Um die möglichen Formen von „**beruflichem** *flow*" mit einem attraktiven „*Cashflow*" im Sinne der gängigen Consulting-Folklore zu realisieren, braucht es Produkte, die mit einem hohen Grad an Autonomie in wenig besetzten Marktsegmenten für Klientengruppen bereitgestellt werden, die keinen zeitlichen Druck im Prozess der erwünschten Wertschöpfungsgenerierung aufkommen lassen und die bei den in Rechnung gestellten Honoraren keine besondere Preiselastizität aufweisen.

Zu diesen Produkten und Serviceleistungen gehört die **Durchführung von Evaluierungsprojekten oder** *Effectiveness*-**Studien von HRM-, P- und PE-/FKE-Abteilungen**, mit denen eine **Geschäftsführung als Klientengruppe** Daten über die Bedeutung der Funktion im Unternehmen und über ihre wahrgenommene Effektivität erhält.

Die HRM- und PE-/FKE-Funktion steht im Gegensatz zu anderen Abteilungen mit ihrem Wertschöpfungsbeitrag schon immer in der kritischen Betrachtung von oberen Führungskräften und hat bis heute ihre Selbstzweifel nicht abgelegt, ob sie dem Unternehmen überhaupt einen nachweislichen Beitrag liefert oder ob sie bedenkenlos abgeschafft oder ausgegliedert werden kann. Angesichts der *Outsourcing*-Optionen, die von Zeit zu Zeit mit schöner Regelmäßigkeit aus unterschiedlichen Gründen aufflackern, sind Wirksamkeitsstudien der HRM-Arbeit ein „Dauerbrenner-Produkt". So hat bereits *Drucker* vor über 50 Jahren auf diese Situation aufmerksam gemacht, als er die Unfähigkeit von P-Abteilungen im Nachweisen ihrer Bedeutung und Wertschöpfungsrolle im Unternehmen unterstrichen hat: „*The constant worry of all personnel administrators is their inability to prove that they are making a contribution to the enterprise. Their preoccupation is with the search for a ‚gimmick' that will impress their management associates. Their persistent complaint is that they lack status.*" (*Drucker* 1954, S. 50)

Die Geschäftsführung als Klientengruppe dieser Erhebungen hat großes Interesse an derartigen Projekten, ohne dass jedoch ein besonderer Zeitdruck vorhanden wäre – was dem Bedürfnis nach Zeitsouveränität des Solo-Beraters sehr entgegenkommt. Zudem sind derartige Projekte für die Geschäftsführung mit einem attraktiven Honorar ausgestattet, wie übrigens die Preiselastizität der Klienten gegenüber der Honorierung eines Solos generell in dem Maße abnimmt, wie er für „weiter oben" arbeitet. Muss man sich bei Produkten für einen betrieblichen PE-/FKE-ler bei der Honorarhöhe *per diem* noch vorhalten lassen, dass man eventuell zu teuer ist, dann übernimmt ein hoher Honorarsatz für GF-Klienten die Indikatorfunktion für Qualität schlechthin. Mit anderen Worten und salopp formuliert: Nur wenn man hohe Honorarsätze fakturiert, kann man aus der Sicht von GF-Klienten erst ein überdurchschnittlicher Berater sein.

Für die Durchführung von *Effectiveness*-Studien von HRM- und PE-FKE-Abteilungen für die GF finden sich erstaunlich wenige Anbieter im Markt, die sich mit diesen Produkten **ausschließlich** befassen. Wohl gibt es viele speziell größere Beratergruppen, die in ihrem Repertoire alle Arten von Audits verkaufen und dies vor allem zur Generierung von Folgegeschäften durchführen. Aber diese angebotenen Audits sind keine echte Konkurrenz für eine *Effectiveness*-Studie durch einen erfahrenen Solo-Berater, der über Jahre hinweg die „Produktionsseite" PE und FKE kennengelernt hat und nun mit diesem Hintergrund eine qualifizierte Rolle in der Einschätzung dieser Funktion übernehmen kann. Zudem profitiert der Solo-Berater bei dieser Art von Projekt für die Geschäftsführung davon, dass er seinen sensitiven Auftrag wesentlich „geräuschloser" als größere Beratergruppen durchführt und vergleichsweise wenige negative Vibrationen im Unternehmen auslöst, wenn er seine Daten erhebt. Der Auftritt einer namhaften Beratergruppe mit einem Audit-Projekt kann demgegenüber zu wilden Gerüchten und Spekulationen im Unternehmen Anlass geben, welches die möglichen Folgen der Datenerhebung sein könnten.

Vom methodischen Vorgehen her betrachtet gibt es sehr unterschiedliche Wege, die man beschreiten kann. Grundsätzlich gilt, dass die **GF der Auftraggeber und Klient** für die Erhebung von *Effectiveness*-Daten der HRM- und verwandten Abteilungen ist und nicht mehr deren Leiter. Diese können in die Datenerhebung via Selbsteinschätzung ihrer Rolle eingebunden werden; es gibt jedoch auch Vorgehensweisen, bei denen nur die Kunden von HR und PE/FKE in der Linie als Datenlieferanten in Frage kommen.

Bei der Verwertung der abgelieferten Evaluierungsdaten kann man gegenüber dem Auftraggeber anregen, mit den betroffenen Abteilungen und ihren Mitarbeitern in eine Diskussion und einen anschließenden Entwicklungs- und Veränderungsprozess einzutreten. Es ist jedoch denkbar, dass der GF im Rahmen der Erläuterung eines „*Effectiveness*-Reports" empfohlen wird, die Karten für die Neustrukturierung des betrieblichen Entwicklungs- und Veränderungsgeschäfts völlig neu zu mischen, ohne dass man sich noch in lange Diskussionen mit den betroffenen Abteilungen einlässt. Dies wird zwar die Ausnahme sein, bei jenen Abteilungen jedoch als durchaus angemessen gelten müssen, welche trotz wiederholtem Feedback die „Zeichen an der Wand" in Richtung strategieumsetzender Wertschöpfungspartner nicht erkannt haben.

Die **inhaltlichen Ansätze zu Auditierung** kann man – **soweit es P oder HRM betrifft** – aus der beispielhaft genannten Veröffentlichung von *Ulrich* (1997) ableiten, der die vier Rollen von HR- und P-Abteilungen auch sehr gut instrumentiert hat (S. 49 ff.). Andere Veröffentlichungen haben dazu eine etwas abweichende Rollendifferenzierung vorgenommen, so wie beispielsweise *Wright* et al. (2001, S. 114), die von fünf Rollen bei ihren *Effectiveness*-Studien ausgehen. In diesem Beitrag, der eine größere Studie beschreibt, ist auch ein Fragebogen abgedruckt, der sehr gut in die Arbeit von Solo-Beratern einfließen kann, wenn man diese Audit-Produkte für die GF verfolgt.

Wenn es um einen **Status-Bericht von PE und MD allgemein** geht, kann man sich an Bewertungskategorien ausrichten, wie sie in einem FKE-Manual zusammengestellt wurden (*Jones/Woodcock* 1987). Zu diesem Themenkreis gehört auch die immer noch empfehlenswerte Arbeit von *Easterby-Smith* et al. (1980), die ihren Auditierungsprozess auch mit Fällen unterlegt haben.

In der neueren – vor allem englischsprachigen – Literatur gibt es gute Arbeiten zur **Evaluierung**, an die man sich als Hintergrundlektüre anlehnen kann; hier sind beispielsweise *Easterby-Smith* (1986) und *Hall/Norris/Stuart* (1995) zu nennen.

Während es bei der materiellen Ausstattung von HRM-, PE- und FKE-Audits keine besonderen Probleme gibt, wenn man die einschlägige Fachliteratur kennt und entsprechend auswertet, kann die **Vermarktung dieses Produkts** zu erheblichen Widerständen in den auditierten Kreisen führen, insbesondere bei den Abteilungsvertretern, die sich bislang einer progressiven PE-/FKE-Arbeit ver-schlossen haben. Hier bietet das allgemein sehr positiv besetzte Konzept der *Balanced Scorecard* einen guten Zugang, speziell mit der Übertragung auf den HR-Bereich, wie es in dem Buch von *Becker/Huselid/Ulrich* (2000) dargestellt wird.

Mit zunehmendem Alter und den damit einhergehenden Erfahrungen ist es für einen Solo nur mehr eine Frage der Zeit, wann er die bisherige Auftraggeberkategorie PE-/FKE-ler verlässt und direkt für Geschäftsführungen arbeitet. Angesichts der „Juvenilisierung" von vielen PE-/FKE-Abteilungen erhält der Umstieg zu GF-Klientengruppen zudem eine zusätzliche Unterstützung; denn wer möchte schon als erfahrener Solo-Berater für einen Klienten arbeiten, den man hinsichtlich der Bewältigung vor allem von politischen Situationen, die immer mit PE und FKE in Verbindung stehen, noch als „Lehrling" einzustufen hat?

Das in diesem beispielhaft beschriebene Geschäftsmodell ist attraktiv, zumal man als gestandener Solo-Berater jetzt die Fähigkeit zum hinterfragenden Dialog mit GF-Vertretern auf Augenhöhe mitbringt. In Verbindung mit den jahrelangen Erfahrungen in der operativen Durchführung von Aufträgen betrieblicher PE-/FKE-Vertreter hat ein Solo eine sehr solide Basis für den Umgang mit Klientendaten, mit denen einer GF etwas über die Effektivität ihren PE-/FKE-Abteilungen vermittelt werden soll. Wenn ein GF-Mitglied derartige Aufträge dennoch an die eher unreifen „Exekutierer von Audit-Manuals" großer Beratergruppen vergeben sollte, kann man als gestandener Solo-Berater eigentlich nur froh sein, dass man mit seiner angebotenen Beraterhilfe diese manifeste Inkompetenz nicht noch weiter stabilisieren muss.

Eine Mahnung zur **Vorsicht** möchte ich im **Rahmen dieser Geschäftsidee** noch anschließen:

- Immer wenn man sich mit Evaluierungsfragen befasst und diese in entsprechenden Projekten ihren Niederschlag finden, macht man „Dinge" im Unternehmen transparent, die man zu anderen Zeitpunkten nicht immer so transparent haben wollte. Mit anderen Worten: Man betritt das **Feld von Macht, Einfluss und politischen Regeln** und dazu gehören auch Gewinner und Verlierer.

- Das stark vernachlässigte Thema der Evaluierung in HR und PE/FKE in vielen Unternehmen könnte einen Solo als am Markt sichtbar gewordenen Evaluierungsprofi in Versuchung bringen, das hier vorgeschlagene eng definierte Produkt der „Einschätzung von HRM-, PE- und FKE-Abteilungen als Wertschöpfungspartner" zu verlassen und auch **Evaluierungsprojekte im operativen PE-Bereich** zu übernehmen, so beispielsweise in Förderungsprogrammen und Veränderungsprojekten. Technisch ist diese Produktausweitung im Markt durchaus gefragt und attraktiv, zumal es nur wenige kompetente Trainer und Berater gibt, die über eine umfassende Evaluierungskompetenz verfügen. Wenn man diese Art von Projekten übernimmt, gibt man allerdings auch seine Zeitsouveränität auf und wird mit seinem Evaluierungsprojekt Teil eines Gesamtprojekts „Nachwuchsförderung" oder „Großflächige Veränderungsprozesse". Bei der Tätigkeit des erfolgreichen Solos lauern ständig Versuchungen, die die Life-Styling-Komponente dieses Berufsentwurfs gefährden. Am Ende steht – so betrachtet – immer das Thema „Geld oder Zeit" und diese Frage kann man für sich nur überzeugend beantworten, wenn man sich vorgängig mit Life Styling auseinandergesetzt hat.

4.3.3. Aufbau einer fachlichen Reputation als Differenzierungsmerkmal

Wenn sich die berufliche Sozialisation von externen PE- und FKE-lern als Solo sehr ähnlich auf die Anbieter von Serviceleistungen auswirkt und die Spannweite der verfolgten Geschäftsmodelle wegen der ähnlichen Kompetenzen der Solos eher begrenzt ist, braucht es Vorgehensweisen, um sich aus der Sicht der potentiellen Auftraggeber von anderen Anbietern im Markt abzuheben.

Der **Aufbau einer fachlichen Reputation** hat für mich eine **zentrale Rolle bei der Formulierung einer einzigartigen strategischen Positionierung**:

- Mit einer fachlichen Reputation konturiert man gegenüber den Nachfragern bestimmte Qualitätsdimensionen in seiner Arbeit.

- Als Solo mit der hier vorgestellten Provenienz gehört man zur Kategorie *„Professional Service Firms",* bei denen die *„opaque quality"* ein Wesensmerkmal ihrer Arbeit ist. *„This refers to situations where the quality of an expert's output is hard for nonexperts to evaluate, even after the output is produced and delivered" (von Nordenflycht* 2010, S. 161) Der Aufbau einer fachlichen Reputation übernimmt für den potentiellen Klienten die Funktion eines Qualitätssurrogats. Dies ist insbesondere wichtig, wenn man mit GF-Klienten als Auftraggebern zu tun hat. Aber auch bei PE/FKE-Abteilungen, die traditionellerweise über ein hohes Nachfragevolumen verfügen, hat die fachliche Beurteilungsfähigkeit von Trainer- und Beraterleistungen durch die

Verjüngung der Mitarbeiter in diesen Abteilungen abgenommen. Daneben zeigen sich in fachlich weniger kompetenten Abteilungen eindeutig Tendenzen zum risikoaversen Verhalten und der Orientierung an Surrogaten, die auf fachliche Qualität der unter Vertrag genommenen Trainer und Berater schließen lassen.

- Die fachliche Reputation ist für einen Solo gleichsam auch der Motor für zukünftige „Wunschprojekte", die man sich in seiner freiberuflichen Tätigkeit vorstellt, um *„flow"* zu erzielen. Wenn als Ergebnis wachsender fachlicher Reputation die Nachfrage nach den eigenen Leistungen eines Solos zunimmt, dann sind mit der gestiegenen Aufmerksamkeit auch die Chancen besser, solche Projekte zu erhalten, bei denen man mit Klienten zusammenarbeiten kann, mit denen man auch auf einer Wellenlänge ist.
- Mit einer bestimmten fachlichen Reputation kommt ein Solo nicht nur an seine „Wunschprojekte", die er bearbeiten möchte. Indem man einen sehr ähnlichen Bedarf bei Klienten über Zeit hinweg immer wieder bearbeitet, wird man mit fortschreitender Tätigkeit im Markt allmählich zum „Qualitätsführer", weil die Vielzahl der gleichen Projekte eine überragende Kompetenz im Umgang mit den spezifischen Feinheiten der zugrunde liegenden Bedarfe entstehen lässt, die in keinem Lehrbuch steht. In diesem Zusammenhang möchte ich auf die klassische Beobachtung von *Schön* erinnern, der seiner Forderung des besonderen Lernens aus der Praxis (*reflection-in-action* und *reflection-on-action*) voranstellt: *„An ophtalmologist says that a great many of his patients bring problems that are not in the book. In 80 or 85 percent of the cases, the patient's complaints and symptoms do not fall into familiar categories of diagnosis and treatment."* (*Schön* 1983, S. 64)
  Dasselbe könnte ein Solo sagen, der als Geschäftsmodell „Design-Architekt für die Bearbeitung von Leadership-Bedarfen" verfolgt.
- Die fachliche Reputation eines Solos hat natürlich auch eine *„Ego-boosting"*-Facette. In einer Branche, in der die vermittelte Souveränität Teil der verkauften Serviceleistung wird, differenziert man sich mit seinem durch fachliche Reputation unterlegten Auftritt bei Kunden von Mitbewerbern im Markt.

Eine fachliche Reputation schärft nicht nur die Konturen des gewählten Geschäftsmodells im Markt, sie hat auch eine Schlüsselfunktion für die anderen Erfolgsdimensionen eines Solos (Kap. 4.1.)

Man könnte es auch etwas pointierter ausdrücken: Ein Solo-Berater ohne fachliche Reputation lebt von der Hand in den Mund. Wenn er ohne finanzielle Beweglichkeit im Markt agiert, ist er langfristig existentiell gefährdet. Wenn ein Solo-Berater ohne fachliche Reputation aber mit finanzieller Beweglichkeit – egal wie erworben – im Markt tätig ist, dann muss man konstatieren, dass dieser Typ eigentlich „Berater spielt", aber nicht ernstzunehmend den Beratungsberuf als Profession betreibt.

Während die Bedeutung und Wertigkeit der fachlichen Reputation für den langfristigen Erfolg eines Solo-Beraters in kompetitiver gewordenen Märkten unbestritten ist, ist es nach meiner Beobachtung vielen im Markt als Solo operierenden Trainern und Beratern unklar, wie sie eine seriöse fachliche Reputation aufbauen können.

Ich möchte im Folgenden einige **Vorgehensweisen zum Aufbau einer fachlichen Reputation** vorstellen und kritisch bewerten bzw. mit ergänzenden Bedingungen versehen, damit diese Projekte auch zu nachhaltigen wirtschaftlichen Ergebnissen führen – fachliche Reputation ist für einen Solo kein Selbstzweck, sondern muss sich in Umsatz und „*Flow*"-Projekten kapitalisieren lassen.

Veröffentlichen eines Fachbuchs

Oft sagt man, dass die Publikation eines Fachbuchs die angestrebte fachliche Reputationssteigerung bringt und als eine Investition in die zukünftige Marktbearbeitung zu sehen ist. Diese Position ist jedoch nur vertretbar, wenn zusätzlich **vier Bedingungen** erfüllt sind:

1. Ein Fachbuch muss als überzeugende Darstellung im Zielgruppenmarkt rezipiert werden. Der negative Bumerang-Effekt ist bei einer Fachbuchveröffentlichung durch einen „Verriss" nicht auszuschließen, insbesondere dann, wenn man sich nicht genügend Zeit zum Schreiben nimmt, nicht exakt zitiert und sich keine Mühe macht, die bislang zum Thema erschienene Literatur zu verarbeiten. Wer will schon mit einem Führungstrainer arbeiten, dessen Bücher als banale Ergüsse qualifiziert wurden oder der nicht auf Ballhöhe mit der bereits vorhandenen Fachliteratur ist?

2. Ein Fachbuch muss eine gewisse Auflagenhöhe erreichen, um sich in fachlicher Reputationssteigerung des Autors niederzuschlagen. Die meisten Autoren, die heute in Management-Programmen von Verlagen erscheinen, erreichen mit ihren Büchern eine unterdurchschnittliche Auflagenhöhe. Zieht man davon die Zahl der Bücher ab, die von freiberuflichen Konkurrenten im Markt erworben werden, dann bleibt oft nur eine sehr geringe Zahl von verkauften Büchern an die eigentliche Zielgruppe übrig, bei der man die erhoffte fachliche Reputation aufbauen wollte.

3. Ein Fachbuch muss ein zeitloses Thema bearbeiten, bei dessen Festlegung der Autor längerfristig kein Risiko eingeht. Ein Risiko besteht beim Bücherschreiben für die erhoffte fachliche Reputation darin, dass man sich mit seiner ausgefalteten Position festgelegt hat und mit diesem „fachlichen Entwicklungsstand" im Markt gehandelt wird. Paradoxerweise sind die erfolgreichen *longseller* oft genau die Bücher, mit deren vermitteltem fachlichem Entwicklungsstand man als Freiberufler oft nichts mehr zu tun haben möchte. Man hatte ursprünglich vor, mit dem Fachbuch ein Thema zu besetzen, und muss sich nun im Laufe der Zeit von dem, womit man eine fachliche Reputation erwerben wollte, distanzieren, weil man sich selbst inhaltlich weiterentwickelt hat.

4. Das Fachbuchthema muss in Kongruenz mit der strategischen Ausrichtung und der strategischen Kompetenz des Autors stehen. Eine fachliche Reputation mit der Besetzung eines Fachbuchthemas muss von gleichzeitig vorhandenen Fähigkeiten des Autors bei Klientenprojekten unterstützt werden. Das ist nicht selbstverständlich. Wenn diese nicht vermittelt werden, bleibt die fach-

liche Reputation ohne Wert. Zudem muss das Zielpublikum eines Fachbuchs mit der Zielgruppe der Solo-Strategie kongruent sein, was faktisch oft auseinanderfällt. Beispiel: Ein Solo-Berater schreibt ein sehr gutes differenziertes Fachbuch über Hochleistungsteams und will damit mit der GF zukünftig ins Geschäft kommen. Die zweifellos exzellente Arbeit wird jedoch vornehmlich von Trainer- und Beraterkollegen als Fundgrube gekauft. Kein Manager liest ein umfassendes Buch über die „Entwicklung von Hochleistungsteams".

Fazit: Das Veröffentlichen eines Fachbuchs eignet sich sehr selten zum Aufbau einer fachlichen Reputation. Es braucht andere Formen der schriftlichen Kommunikation.

Übernahme eines Lehrauftrags

Einem noch größeren Trugschluss unterliegen jene Zeitgenossen, die meinen, sich mit einem Lehrauftrag an einer Hochschule von Mitbewerbern zu differenzieren, und sich dadurch eine konkurrenzüberlegene fachliche Reputation erhoffen. Die richtige Lesart heißt hier vielmehr: Wer Zeit hat, sich als Solo-Berater mit Studenten zu befassen, hat wahrscheinlich nicht genügend Aufträge, und wer nicht über genügend Aufträge verfügt, hat nicht die entsprechende fachliche Reputation. Der Lehrauftrag wird lediglich für die Stabilisierung des persönlichen Egos gebraucht. Respekt und Wertschätzung für ein akademisches Engagement in Wirtschafts- und Sozialwissenschaften sind schon lange im Abwind. Vorbei sind die Zeiten, in denen sich Freiberufler noch stolz im Briefkopf als Lehrbeauftragte auswiesen. Wer auf diese „fachliche Reputation" im Markt noch anspringt, ist selbst in seiner beruflichen Position hochgradig gefährdet.

Mit anderen Worten: Ein Lehrauftrag bringt einem Solo-Berater nicht nur nicht die erhoffte fachliche Reputation, sondern führt geradezu zum gegenteiligen Effekt. Dazu kommen die ökonomischen Nachteile, die daraus entstehen, dass man über längere Zeit wegen eines Lehrauftrags honorarfähige Tage in der Woche blockiert. Bei Blockveranstaltungen wird dieser Einwand etwas relativiert.

Wenn ein Trainer oder Berater meint, einen Lehrauftrag übernehmen zu müssen, dann sollte er sich nach Möglichkeit von einer werblichen Vermittlung dieses Engagements zurückhalten, falls er sich nicht selbst nachhaltig als erfolgreicher Praktiker beschädigen will. Einen Lehrauftrag aus dem potentiellen positiven Imagetransfer des Systems Hochschule zu begründen oder aus der Nähe zu einem Lehrstuhl abzuleiten, ist in der Managementlehre und in der akademisch betriebenen PE und FKE widersinnig. In beiden Fällen spielt die „Musik" in der Praxis, und wer dort etwas zu bieten hat, braucht keine Reputationsbestätigung durch einen Lehrauftrag.

Herausgabe eines Info-Briefs

Ein Info-Brief ist eine kurze, regelmäßig erscheinende Unterlage, mit der den relevanten Zielgruppen interessante Informationen, abgeleitet aus der Positionierung eines Solo-Beraters, offeriert werden. Damit es gelingt, mit einem Info-Brief eine fachliche Reputation mit dem Ziel eines nachhaltigen Erfolgsmanagements aufzubauen, müssen einige wichtige Anforderungen oder Bedingungen erfüllt sein.

1. Redaktionelles Format

– Zwischen den einzelnen Ausgaben dürfen keine zu großen Abstände liegen. Eine vierteljährliche Erscheinungsweise ist angebracht; bei zwei Ausgaben im Jahr ist der Abstand zu groß, eine mehr als vierteljährliche Erscheinungsweise übt einen zu starken Druck auf den Verfasser aus und führt sehr schnell zu einer Belastung und dem Gegenteil von *„flow"*.

– Hinsichtlich der Länge: Acht Seiten DIN-A4-Druck reichen völlig aus.

– Einhaltung der Periodizität; wenn man eine vierteljährliche Erscheinungsweise verspricht, muss diese auch unbedingt eingehalten werden.

– Beim Layout und der Aufmachung gehen die Meinungen auseinander. Ich möchte keine Vorgabe machen, jedoch zu bedenken geben, dass beispielsweise mehrfarbige Designs mit Bildern sich in entsprechenden Kosten niederschlagen und man nach einiger Zeit nicht mehr bereit ist, die begonnene Investition in den Aufbau einer fachlichen Reputation fortzusetzen. Wenn man aber nach vier oder sechs Ausgaben aus Kostengründen den Info-Brief einstellt, kann man auch die bis dahin erzielte Wirkung abschreiben.

– Ein Info-Brief braucht auf jeden Fall einen – vielleicht sogar „elektrisierenden" – Namen, der etwas bei der Zielgruppe auslöst.

– Die Diktion der Beiträge muss sich an der Informationsverarbeitung der Zielgruppe orientieren. Zudem muss sich die Sprache durch Frische und Lebendigkeit auszeichnen, die dem Leser neben dem Nutzen der erhaltenen Informationen auch Spaß vermittelt.

– Es gibt bei Info-Briefen zum einen das etwas kurzfristige Ziel der Marktbearbeitung, die sich in generierten Aufträgen niederschlägt, und zum anderen das längerfristige Ziel des Aufbaus einer fachlichen Reputation. Beiträge mit dieser Zielsetzung brauchen sich nicht sofort in neuen Projekten zu manifestieren, aber sie müssen über die Zeit im Markt eine gewisse Einzigartigkeit entstehen lassen.

2. Häufige Fehler

– Die Beiträge vermitteln nicht genügend Hingabe. Man merkt als Leser, dass sich der Autor zu wenig Zeit nimmt.

– Man hält sich nicht an seine versprochenen zeitlichen Vorgaben.

– Aufmachung, Layout und Design vermitteln nicht die Werte der Person, die hinter einem Info-Brief steht.

– Es wird zu wenig fachlich transportiert – man überfrachtet den Inhalt mit Anekdotischem.

– Man überfordert Leser mit anspruchsvollen Fremdbeiträgen.

– Man schafft es nicht, beim Leser aus den vermittelten Informationen „Vorsprungwissen mit Umsetzungskompetenz" mit seinem Namen in Verbindung zu bringen.

– Man verlässt das Print-Format und glaubt im *„Download"*-Zeitalter mit einem billigen „Rundbrief" zum Herunterladen *en vogue* zu sein.
– Man befindet sich mit den angebotenen Beiträgen außerhalb seiner strategischen Erfolgsposition als Solo-Berater.
– Man bringt zu viele eigene und unkritisch vorgetragene Erfolgsgeschichten.
– Man veröffentlicht einen Info-Brief, obwohl die eigene Stärke nicht im schriftlichen Kommunizieren liegt (in diesem Fall wählt man besser eine häufig aktualisierte interaktive Homepage).
– Man spürt als Leser nicht, dass das Verfassen der Beiträge *„flow"* ausgelöst hat.

3. Wann ist ein Info-Brief ein Erfolg?
– Die Empfänger müssten etwas vermissen, wenn sie die Ausgaben nicht mehr erhalten würden.
– Herausgeber von Info-Briefen brauchen Feedback-Schleifen, um über die erzielte Wirkung etwas zu erfahren.
– Der ultimative Erfolg eines Info-Briefs ist der Aufbau einer Abonnenten-Gruppe, die für die regelmäßigen Informationen so bezahlt, dass der Solo neben dem langfristig wirksamen Aufbau einer fachlichen Reputation auch eine finanzielle Entschädigung für seine eingesetzte Zeit erhält.

Herausgabe von *Working Papers* in einer eigenen Serie
Wenn man eine Stärke in der schriftlichen Kommunikation hat und in der strategischen Positionierung für Zielgruppen arbeitet, die noch Fachbeiträge lesen (PE-ler, FKE-ler, HR Manager, weniger GF-Mitglieder), kann man auch an die Herausgabe von *Working Papers* oder Arbeitspapieren denken, mit denen man zum Aufbau einer fachlichen Reputation beitragen kann. Mit den durchaus aperiodisch veröffentlichten *Working Papers* ist man in der Lage, ein Thema aus seiner strategischen Positionierung über Zeit hinweg zu „intonieren", um so der Leserschaft kundzutun, dass man in dem besagten Themen- und Problembereich über eine hohe Fachkompetenz verfügt. Dabei kann man mit den kurzen *Working Papers* in einem überschaubaren Zeitraum immer wieder neue Impulse setzen, die man vorab in einer Art Spannungsbogen komponiert.

Ein gleichwertiger Aufsatz in einer Fachzeitschrift bietet – wenn er der fachlichen Reputation zugute kommen soll – ungleich weniger Chancen:

• Die Zielgruppen von Zeitschriften decken sich nicht exakt mit den Zielgruppen der Strategie eines Solos.
• Der Beitrag kann im Kontext der übrigen Beiträge einer Zeitschriftenausgabe untergehen.
• In einem *Working Paper* kann man Layout, Diktion, Praxisrelevanz und Umsetzungsbetonung der Fachkompetenz in einer einzigartigen Weise vermitteln, ohne sich an redaktionelle Vorgaben anderer halten zu müssen.

- Man kann die Abfolge einer Themenbehandlung sowohl zeitlich als auch inhaltlich genau planen und damit einen besonderen Effekt erzielen.

Praktikerkonferenzen

Wenn man davon ausgeht, dass die zufriedenen Klienten der Entwicklungsprojekte eines Solos in Unternehmen die besten „Außendienstmitarbeiter" sind, dann bietet es sich an, diese Klienten über ihre Projekte sprechen zu lassen und dazu Teilnehmer aus dem Zielgruppensegment seiner Strategie einzuladen, die noch keine Klienten sind. Dies ist der Gedanke von Praktikerkonferenzen.

Man inszeniert ein Treffen von Klienten und lässt diese Projekte aus Klientensicht ausfalten. Unausgesprochen steht damit die fachliche Reputation des Solos im Raum – ohne dass man selbst seine fachlichen Erfolge zur Schau stellen muss. Wenn man dem Aufbau seiner fachlichen Reputation durch eine Praktikerkonferenz noch eine akzelerierende Wirkung geben will, kann man einen bekannten Experten aus dem Themenbereich seiner fachlichen Reputation einladen, der Attraktivität bei den Interessenten genießt und bei dem Solo zu einem positiven „Image-Abrieb" oder positiven Image-Transfer führen kann.

Homepage-Gestaltung

Das Medium Internet bietet mannigfache Möglichkeiten, beispielsweise über die Gestaltung einer Homepage, auf der Fachinformationen abgerufen werden können. Die Gefahr, die das neue Medium jedoch bietet, ist groß, weil es zur Selbstinszenierung missbraucht wird – und so das Gegenteil von fachlicher Reputation erreicht wird. Wer beispielsweise meint, mit ins Internet gestellten Beurteilungs-Statements von Teilnehmern seiner Seminare Reputationsaufbau zu betreiben, ist relativ weit weg von dem, was seriöse Reputation impliziert. Selbstinszenierungen und *Impression Management* sind eher untaugliche Mittel, um als Solo im Markt eine nachhaltige fachliche Reputation aufzubauen.

Gestaltung und Durchführung eines überbetrieblichen Programms

Ich habe im vorherigen Kapitel 4.3.2. die Durchführung eines überbetrieblichen Programms als denkbares Geschäftsmodell recht detailliert ausgefaltet. Diese Aktivität kann man aber auch etwas tiefer hängen und mit ihm den Aufbau einer fachlichen Reputation betreiben.

Ergänzend zu den dort gemachten Ausführungen möchte ich bei der Verwendung dieses Geschäftsmodells als Instrument zum Aufbau einer fachlichen Reputation noch anmerken:

- Man wählt den Titel des überbetrieblichen Programms aus dem Teil des Kerngeschäfts, in dem man zukünftig im Markt eine Einzigartigkeit beansprucht.
- Man identifiziert die gegenwärtig führenden Experten im ausgewählten Feld der aufzubauenden fachlichen Reputation.
- Mit der Verpflichtung eines dieser Experten für eine Veranstaltung im überbetrieblichen Programm und mit der hinreichend attraktiven Gestaltung der Werbeunterlagen leitet man einen Imagetransfer ein.

- Das Programm sollte niederschwellige Veranstaltungen für Teilnehmer enthalten, die die Wahrscheinlichkeit erhöhen, dass diese überhaupt stattfinden – z.B. Tagesveranstaltung mit dem eingeladenen Experten.
- Das Programm sollte über eine längere Zeit angelegt sein, damit im Markt ein Bild des Solos entstehen kann. Eine „Eintagsfliege" – eine Einmalaktion in einem Jahr – ist Geldverschwendung.
- Die Veranstaltungen brauchen gar nicht immer stattzufinden. Es reicht bereits, wenn man großräumig im Markt ein attraktives Programm verteilt, bei dem man den Solo als Experten im Feld des gewählten Programmtitels vermutet.

Ein überbetriebliches Programm ist ein generell potentes Instrument zum längerfristigen Aufbau einer fachlichen Reputation, wenn man bestimmte Gestaltungsregeln befolgt. Die meisten der heute im Markt verbreiteten Programme sind allerdings schlechte Beispiele und eignen sich in keiner Weise als Vorbilder.

Beim gesamten Konzept des Aufbaus einer fachlichen Reputation geht es bei Solos nicht um die Befriedigung von persönlichen Eitelkeiten, sondern um die nachhaltige Sicherung von mehrdimensionalem Erfolg und damit auch um die Erlangung einer hohen finanziellen Beweglichkeit, mit der man Lebensqualitäts- und „*Flow*"-Ziele in völlig souveräner Manier realisiert. Der Zuwachs an Wertschätzung für die persönliche Fachautorität zählt nur bei jenen, bei welchen man im Markt gemäß seiner Strategie tätig werden will; das ist also beispielsweise die Zielgruppe der leitenden FKE-ler in Großunternehmen, wenn man sich als Experte in Management und Leadership Development positioniert. Das akademische Establishment, das man vielleicht auch mit seinen Beiträgen interessieren will, kann einem Solo völlig gleichgültig sein. Ich erwähne diesen Fall deshalb, weil der nicht absolut strategiekonforme Aufbau einer fachlichen Reputation zu einer Fehlallokation von Energien führt. Eitelkeiten sind eine latente Quelle von falschen Entscheidungen für den Aufbau und die spätere Kultivierung der fachlichen Reputation! Wenn man als Solo-Berater erfolgreich sein will, kann man sich beim Aufbau einer fachlichen Reputation nicht wie ein Privatgelehrter gerieren.

4.3.4. Unvollkommenheiten im Markt als potentielle Beeinträchtigung einer Solo-Strategie

Es wäre schön, wenn ein Solo mit einer aussichtsreichen strategischen Positionierung nun ohne weitere Bedenken an die Umsetzung gehen könnte. Leider gibt es jedoch einige Unvollkommenheiten und Unwägbarkeiten in dem Marktsegment, in dem sich externe PE- und FKE-ler als Solos engagieren.

Ein Blick auf den Markt zeigt **zwei Kategorien von Unvollkommenheiten**, mit denen ein kompetenter Solo zu kämpfen hat:

- Unvollkommenheiten und Probleme auf Seiten der Nachfrager, insbesondere bei der GF.
- Unwägbarkeiten und Wettbewerbsverzerrungen durch unredliches Verhalten von Mitbewerbern.

Unvollkommenheiten auf der Nachfrageseite, insbesondere bei GF-Vertretern

Als Top-Problem in der PE- und FKE-Beratung zeigt sich immer wieder die **Unvollkommenheit** der Vertreter auf der ersten und zweiten Ebene im **Umgang mit PE/FKE und Lernen.**

GF-Vertreter sind in der Vergangenheit für den Einkauf von Berater- und Trainingsleistungen durch das **Verhalten von großen Beratergruppen** geprägt worden. Zwei Zitate vermitteln die Mentalität der Beziehung und die angestrebte Arbeitskultur von Beratern großer Beratergruppen zu GF-Vertretern:

„Here is why you have had the problems you've had for the last x years. I am going to set you straight. You're screwed up. You're going nowhere and you're getting there fast. If you don't listen to me you're dead." (Phills jr. 1996, S. 219).

„The first five to ten things you say at a client will determine their opinion of you for the first two to three months of a study. Every word out of your mouth builds or lowers your equity." (ebenda, S. 16)

Daraus folgt, dass ein GF-Klient erwartet, dass der Berater in der Diagnosephase ihm erläutert, was er braucht, und mit Unverständnis reagiert, wenn er in eine gemeinsame Exploration seiner empfundenen Bedarfssituation eingebunden wird.

In einer Typologie von diagnostischem Beraterverhalten (*Depres* 1994, S. 29 ff.) werden vier „Konstruktionen für Wirklichkeit" unterschieden:

	High	Facilitation (1,9)	Discourse (9,9)
Client's Construction of the Situation			
		Despair (1,1)	Tyranny (9,9)
	Low		
		Low	**High**

Consultants's Construction of the Situation

„Facilitation": Bei diesem Vorgehen des Beraters in der Diagnosephase steht die ausschließliche Sicht des Klienten auf seine Problemlage im Vordergrund. Der Berater verwendet als Verhalten oft einen sehr nicht direktiven Stil und lässt den Klienten – unwidersprochen – seine „Problem-Wirklichkeit" konstruieren.

„Tyranny": Mit diesem Vorgehen macht in der Diagnosephase der Berater dem Klienten überstülpend – klar, was in der Wirklichkeitsbeschreibung eines Beraters dem Klienten fehlt. Er ergreift die Initiative und macht dem Klienten

mit seinen „kognitiven Landkarten" deutlich, was es im Klientensystem braucht, um die Probleme zu lösen. Der Berater konstruiert – in Begriffen des Konstruktivismus – mit seinen Annahmen die Situation im Klientensystem.

„Despair": Bei dieser Vorgehensweise in der Diagnose halten sich beide – Klient und Berater – bei einem gestellten Problem auf und kreisen immerfort um dieses Problem, ohne die tieferliegenden verursachenden Wirkgrößen zu erkunden. Weder der Berater noch der Klient entwickeln die Initiative, für die vorhandene Problemlage „Bilder" von verursachenden Zusammenhängen zu generieren.

„Discourse": Bei diesem Diagnoseverhalten entsteht ein dialogischer Austausch der Sichtweisen für eine problembegründende Erklärung, die im Idealfall dazu führt, dass durch die in der Phase praktizierte Dialektik eine „Synthese" – eine neue Wirklichkeitsdarstellung – beim Klienten entsteht.

Wenn man die vier unterschiedlichen Diagnoseverhalten beurteilt, könnte man zu folgendem **Fazit** kommen:

Das „1,1-Verhalten" (*„Despair"*) verändert nichts in der Beratung, weil man mit der praktizierten Oberflächlichkeit im besten Fall „Placebos" erzeugt.

Das „9,1-Verhalten" (*„Tyranny"*) ist ein oft beobachtbares Vorgehen bei großen Beratergruppen, die

- mit fertigen Lösungen im Kopf und entsprechenden „Produkten" beim Kunden anmarschieren,
- den Kunden so bearbeiten, dass er die für die fertigen Lösungen passenden Probleme generiert,
- ihre Beratungsprodukte (und standardisierten Vorgehensweisen) dann in eindrucksvoll einstudierten Sitationen als Beitrag für die Lösung der „manipuliert" erhobenen Probleme demonstrieren.

Ein „1,9-Verhalten" (*„Facilitation"*) steht für das in der klassischen OE praktizierte Diagnoseverhalten. Mit den erarbeiteten problembegründenden „Bildern" des Klienten, die ein ausschließlich prozessorientierter Berater erhält, entsteht zwar für die spätere Veränderung die so notwendige *„Ownership"* für seine Probleme – die Frage, ob man mit den erhaltenen Lösungen aus einem „1,9-Verhalten" in der Diagnosephase und der sich einstellenden subjektiven Zufriedenheit auch auf längere Sicht als Organisation wirklich zufrieden sein kann, bleibt bestehen. Gerade die heute anstehenden transformationalen Veränderungsbedarfe werden nur schwerlich dadurch angepackt werden, indem man einem Klienten ausschließlich seine Sichtweise der Problemsituation zugesteht und ihn mit seinem „Weltbild" bejaht.

Ein „9,9-Verhalten" (*„Discourse"*) ermöglicht über den Austausch der beiden Sichtweisen und angewandten Erklärungsmodelle und kognitiven Deutungsraster, die man für Problemsituationen im Kopf hat, eine neue Qualität in der erhaltenen Lösung.

Viele Aufträge an Beratergruppen von Seiten der GF zielen auf eine **Kaschierung der eigentlichen Probleme**, insbesondere wenn man mit seinem bisherigen Verhalten eventuell zu einem Teil der Probleme gehört hat.

Die Komplizenschaft die GF-Vertreter mit der Auftragsvergabe an große Beratergruppen einzugehen, funktioniert nicht nur nach außen, sondern auch **nach innen:** Wert- und vermögensvernichtendes Verhalten als Ausfluss von Unvollkommenheiten von Vertretern der ersten und zweiten Ebene wird nicht angegangen. Es gibt auch keine oder nur unzureichende Systeme, um Unvollkommenheiten sichtbar zu machen und auch zu sanktionieren.

Wenn man sich auf das Marktsegment PE-/FKE-Abteilungen ausrichtet, kann man als kompetenter Solo mehr Glück in der Zusammenarbeit haben, insbesondere wenn man es mit einem kompetenten Auftraggeber zu tun hat. Die Besetzung der Planstellen mit immer jüngeren Mitarbeitern lässt die Gruppe der kompetenten Auftraggeber, die noch in Unternehmen verbleiben, jedoch ständig kleiner werden.

Wettbewerbsverzerrungen durch unredliches Verhalten von Mitbewerbern
Es gibt im Markt der Anbieter von PE-/FKE-Leistungen keinerlei objektive oder subjektive Zulassungsvoraussetzungen. Die Zahl der Anbieter ist größer geworden, die Konkurrenzintensität hat sich verstärkt und die Freiberuflichkeit ist heute – wesentlich häufiger als früher – nicht immer eine bewusste Berufswahlentscheidung, sondern für eine zunehmende Anzahl von Akteuren eine Art „letzte Zuflucht" geworden („Notselbständigkeit").

Gauner, Ganoven und Gangster (als Steigerung von manifestiertem Fehlverhalten) gab es schon immer in der Szene der externen PE- und FKE-ler. Der Umfang des Fehlverhaltens hat jedoch in den vergangenen Jahren markant zugenommen.

Ich möchte für den ehrenwerten professionell auftretenden Solo einige Tricks und Maschen ausfalten, mit denen heute auf Seiten der Mitanbieter im Markt gearbeitet wird.

- Mit Mitgliedschaften in Verbänden oder „professionellen Organisationen" soll eine besondere Qualität vermittelt werden. Kompetente Kenner der Szene wissen, dass es keinen Verband oder keine Vereinigung im nationalen und internationalen Bereich gibt, aus dessen Mitgliedschaft sich eine Qualität der Serviceleistungen einer Person oder eines Instituts ableiten lässt.
- Man verschafft sich durch Bezahlung von Agenturen oder durch korrumpierende Beziehungen zu Journalisten eine häufige Erwähnung in der Magazin- und Wirtschaftspresse und suggeriert damit, dass man als häufig erwähnter *„player"* über eine besondere Qualität verfügt. Ein besonders „ganovenhaftes" Verhalten ist die Beschäftigung eines Journalisten auf der Gehaltsliste, der für nichts anderes als für die Erwähnung seines Arbeitgebers in der Presse sorgt.
- Mit der Durchführung von „Studien" und ihrer Lancierung in der Presse wird „Forschung" suggeriert, und „Forschung" vermittelt dem Markt vorhandene Professionalität, aus der dann Qualität abgeleitet wird. Selbst wenn es sich um unstrittig durchgeführte Forschungsvorhaben handeln würde, die es in der Szene so gut wie nie gibt, wäre die Folgerung, daraus auf Qualität bei den späteren Servicebeziehungen zu schließen, höchst fraglich.

- Ein Ausfluss von übertriebenem *Impression Management* bringt einzelne Marktteilnehmer dazu, dass sie dubiose akademische Grade erwerben und/oder auch nicht davor zurückschrecken, mit dem Führen von Titeln eine besondere Professionalität anzudeuten. Dazu gehören einmal Grade und Titel von ausländischen privaten Hochschulen, mit denen in der Grauzone fehlender Nostrifizierung um Akquisitionsvorteile gekämpft wird. Daneben gibt es die rechtlich zweifelhafte Unsitte, dass ein Trainer oder Berater, der für kurze Zeit einmal an einer Fachhochschule oder „Operettenuniversität" einen Lehrauftrag hatte, mit dem Professoren-Titel später im Markt noch auftritt und durch diese Pseudo-Seriosität andere Mitbewerber konkurrenzieren will.
- Als bewussten Täuschungsversuch kann man auch den Fall eines „*Nobody*" oder einer „*Nobody*-Trainergruppe" sehen, die ihrer Sichtbarkeit am Markt finanziell nachhelfen will. Ähnlich wie bei großen Supermarktketten, denen ein noch unbekannter Hersteller eines Produkts erhebliche Summen für ein entsprechendes „*Product Placement*" in den Filialen bezahlt, gibt es Trainer, die für ihren Auftritt bei einem überbetrieblichen Institut bezahlen, damit sie im Kursprogramm breitflächig im Markt gestreut werden und man auf sie aufmerksam wird.
- Man referenziert seine Trainings- und Beratungsarbeit auf der Homepage oder in Selbstdarstellungen mit anerkannten Experten, die oft von ihrem „Glück" der Bezugnahme gar nichts wissen. Auch die urheberrechtlich unzulässige Bereitstellung von Materialien anerkannter Experten gehört als „nicht autorisierte Reputationsaneignung" in diese Verhaltenskategorie von Tricks und Maschen, mit denen man Qualität im Markt suggerieren will.
- Ein häufiges Merkmal für einen Qualität insinuierenden Marktauftritt ist die Nennung von Unternehmen, aus denen Teilnehmer an einem offenen Programm rekrutiert wurden oder in denen man bereits tätig war. Eine derartige Liste ist ohne nähere Präzisierung der jeweiligen Projekte bedeutungslos und spricht eher für hochstaplerisches Verhalten eines „Trainingsgauners" als für Qualität.
- Ein beliebter Trick ist auch der kommunizierte multilokale Auftritt am Markt, mit dem man mit Hinweis auf mehrere Standorte und „Niederlassungen" Größe und dadurch auch Erfolg suggerieren will – und wer an mehreren Standorten erfolgreich ist, muss über Qualität verfügen. Dass sich hinter den beispielhaft genannten Standorten Ascona, Wien, Berlin und Zürich Ferienwohnungen und Domizile der freiberuflichen Partner verbergen, ist die eigentliche Täuschung des Marktes.

Dieses unseriöse Verhalten von Mitbewerbern wäre eher erfolglos, würde es nicht **auf Seiten der Nachfrager** eine **ungewollte Unterstützung** geben:

- KMU-Geschäftsführungen sind zu überfordert, um die Tricks und Maschen zu erkennen, die heute in der externen PE-/FKE-Szene eingesetzt werden, um an Aufträge zu kommen. Dabei ist bekannt, dass KMU-Klienten dankbare Opfer von Trainingsfirmen sind.

- Aber auch GF-Mitglieder von größeren Unternehmen überschätzen ihre Kompetenz, wenn sie glauben, gute Qualität im Markt eindeutig als solche einschätzen zu können.
- HR-Leiter stehen mit anderen Aufgaben ihres Ressorts, die teilweise eine sehr hohe Dringlichkeit haben, so unter Druck, dass für die wichtigen, aber selten dringlichen Entwicklungsaufgaben wenig Zeit bleibt. Auch bei ihnen haben „Trainingsgauner" leichtes Spiel, insbesondere wenn die HR-Leiter bei Gesprächen mit einem seriös arbeitenden Solo erfahren, dass er seine Projekte nur **mit** der Organisation entwickelt und deshalb Mitarbeit von Seiten des Unternehmens notwendig ist. Da die enge Personaldecke häufig wenig personellen Spielraum für ein Engagement bei Entwicklungsprojekten erlaubt, greift man im Zweifel auf ein Angebot zurück, in dem man ein scheinbar „maßgeschneidertes Trainingskonzept" von jemandem erhält, der weiß, was der Kunde braucht.
- Im Fall von hauptamtlichen PE- und FKE-lern als „Einkäufern" von externen Leistungen sollte man erwarten, dass sie hinreichend kompetent sind, um Qualität unter den Anbietern relativ treffsicher einzuschätzen Hier begegnet einem seriösen Solo mitunter ein anderes Problem. Da viele PE- und FKE-ler in der Budgetmittelvergabe in hohem Maße autonom agieren und systematische Qualitätsbewertungen mit dem „Mehraugen-Prinzip" – wie man es vom Einkauf oder *„Procurement Management"* her kennt – eher selten sind, gibt es auch „korrumpiertes Verhalten" in diesen Abteilungen – ein delikates Thema, das von ganz evidenter Korruption bis zu sehr subtilen Formen reicht.

4.3.5. Kenntnis der eigenen Person als entscheidende Bestimmungsgröße einer Solo-Strategie

Ähnlich wie die Kenntnis der Karrierepersönlichkeit für intern beschäftigte PE- und FKE-ler wichtig ist, um Karriereentscheidungen mit einem hohen Zufriedenheitswert zu treffen, brauchen auch Solos Einsichten in ihr Wertesystem und insgesamt eine **Kenntnis ihrer „persönlichen Life-Styling-Daten"**, um langfristig ein Geschäftsmodell zu befolgen, sodass die Ergebnisse mit den persönlichen Lebenszielen in Einklang stehen. Zudem bietet ein Solo im Rahmen seiner Strategie nicht nur kompetenzbasierte Produkte und Serviceleistungen bei Opportunitäten im Markt und seinen Zielgruppen an. Wichtiger als das Erfassen von Marktchancen ist die Kenntnis der eigenen Person für eine Deduktion der strategischen Positionierung, denn ein Solo setzt immer seine Person als integrierten Teil seiner Serviceleistungen gegenüber Klienten ein. *„Bringing who you are to what you do"* heißt es treffend im Untertitel eines Beraterbuchs (*Bellman* 1990) – was zu einem essentiellen Leitsatz in einer Solo-Strategie wird.

Der bekannte Management-Professor *Kets de Vries* hat jüngst auch bei Führungskräften diese Position vertreten: *„If we can understood what motivates and drives ourselves, we can find ways not only to improve our own performance, but also to improve the performance of our organizations."* (*Kets de Vries* 2010, S. 2) Damit Führungskräfte Zugang zu ihren „persönlichen Life-Styling-Daten" – wie ich diese Datenbasis bezeichne – erhalten, hat *Kets de Vries* mit ihnen in einer Studie die folgenden Fragen in einem teilstrukturierten Interview erörtert:

- *What do you want out of life?*
- *What does success actually mean to you?*
- *Do you have an idea where this desire to be successful comes from?*
- *List what you perceive as important to feeling successful in order of priority.*
- *What do you need to do in order to be successful?*
- *Do you feel you have to pay a price in order to be successful?*
- *What would you be willing to give up in pursuing what you have defined as success?*
- *How far are you prepared to go to acquire wealth?*
- *Would you be prepared to do things you hate in order to make tons of money?*
- *Would you be prepared to sacrifice your health and/or your principles in order to be successful?*
- *Do you need an audience to recognize your success?*
- *Who would that audience be?*
- *What would you do in life if you could not fail?*

Das, was *Kets de Vries* jetzt verstärkt verfolgt, habe ich in etwas anderer Form frühzeitig durch meine Beschäftigung mit Life Styling erfahren, die nicht nur zu einem Buch darüber, sondern auch zu einem Führungskonzept geführt hat, das ich als **„lebensqualitätsorientierte Führung"** ausgefaltet habe, ohne dass in Unternehmen dafür zu jener Zeit besonderes Interesse bestanden hätte. Daneben habe ich meine Solo-Beratertätigkeit sehr stark auf meinen persönlichen Life-Styling-Daten aufgebaut – und gehörte mit dieser Ausrichtung nie zum *„mainstream"* in der Berater-Szene.

Natürlich muss sich auch ein life-styling-basierter Solo fragen, wie er mit seiner strategischen Positionierung und seinem Geschäftsmodell Geld verdient. Wenn man als Solo seine wertgeleiteten Anliegen verfolgt, erbringt man immer eine überzeugende Leistung gegenüber einem Klienten – und wenn man als Solo eine überzeugende Leistung abliefert, dann braucht man sich um den Umsatz keine Sorgen zu machen.

Viele Solos trauen am Beginn ihrer Arbeit nicht dem Modell der wert- und persönlichkeitsgeleiteten Positionierung und packen mit allem, was sie bekommen können, den Kalender voll. Ein kleiner Teil davon kommt nach einiger Zeit zur Besinnung und stellt dann gerade jene Fragen, die man besser zu einem früheren Zeitpunkt behandelt hätte. Der größere Teil bleibt im „Paradies" des vollen Kalenders und beklagt gleichzeitig die persönliche Lebenssituation. Dieses Paradoxon begleitet manche sogar bis zum Ende ihres aktiven Berufslebens!

5. Konzipierung einer theoriebasierten Praxislehre für die Entwicklung von Führungskräften

Die Beschäftigung mit Weiterbildung, PE und FKE zieht sich wie ein roter Faden durch meine gesamte berufliche Tätigkeit. Dabei begnügte ich mich selten mit dem, was in der *„Mainstream"*-Literatur als „trittfester Boden" für die Bearbeitung realer Probleme in Unternehmen, aber auch in Akademien und Weiterbildungsinstituten vorhanden war. Ich suchte nach neuen Lösungen, die einen Kunden oder Problem-*„Owner"* zufriedenstellen mussten und die mit vorhandenen Theoriekonzepten vereinbar waren, zu denen ich als ein im Laufe der Zeit recht belesener Fachmann Zugang hatte. Meine theoriebasierte Praxislehre entstand aus dem Credo: *„There is nothing so theoretical as good practice"* und war eine Umkehrung des *Kurt Lewin* zugeschriebenen Diktums: *„There is nothing so practical as good theories"* – eine Position, die auch von dem OISE-Professor *David E. Hunt* in einer fortgeschrittenen Phase seines Berufslebens vertreten wurde (1987, S. 29 ff.).

Mein persönliches durch Erfahrungen abgestütztes Wissen und die Notwendigkeit, ein praktisches Problem zu lösen oder einen Auftrag zu bearbeiten, waren die entscheidenden Treiber einer „theoriebasierten Praxislehre der Entwicklungsarbeit", die ich sehr deutlich von den Beiträgen der deutschsprachigen „Hochschul-PE-Vertreter" abgrenzen möchte, die mich so gut wie nie bei der innovativen Suche anlässlich der Bearbeitung von Projekten aus der Praxis inspirierten.

Ich möchte im Folgenden eine der zentralen Herausforderungen in seiner Bearbeitung vorstellen, die in allen Organisationen ansteht und die mich bis heute begleitet hat: **„Wie sieht ein generelles System des betrieblichen Führungskräfte-Lernens aus?"**

5.1. Hintergrund-Raster

Ich habe in der Management-Weiterbildung im weitesten Sinne – sowohl in Organisationen als auch an Management-Instituten und Akademien – eine Reihe von Konzepten und Rastern eingesetzt, die mir geholfen haben, dem Klienten Situationen und Probleme verständlich zu machen, um diese dann anschließend mit ihm zu bearbeiten.

5.1.1. „Weltbilder" in der Management-Weiterbildung – Entwicklungs- und Reifestufen

In meiner Trainer- und Beratertätigkeit habe ich sehr unterschiedlich entwickelte Systeme des Lernens von Führungskräften kennengelernt. Jedes dieser Systeme hat seine eigenen Probleme und Fragestellungen. Da ich seit Mitte der 60er Jahre gleichsam als teilnehmender Beobachter und als Akteur in der FKE-Szene engagiert bin, habe ich die meisten Systeme hautnah erlebt. Aus der Beobachtung dieser Systeme und aus der Analyse der in den letzten Jahrzehnten erschienenen Fachliteratur habe ich den Eindruck gewonnen, dass die **Management-Weiterbildung** unter historisch-genetischer und literarhistorischer Blickstellung sich in **sieben Entwicklungs- und Reifestufen** manifestiert, die gleichsam auch jeweils eine Art „Weltbild" der Beteiligten vermittelt.

Ich stelle im Folgenden diese Entwicklungs- und Entfaltungsstufen unter historischen, insbesondere literarhistorischen, Aspekten dar. Diese Übersicht schließt nicht aus, dass man in einem Unternehmen heute auf einer Entwicklungsstufe stehengeblieben ist, die literarhistorisch den 60er oder 70er Jahren zuzurechnen ist. Die jeweils genannte Zeitperiode zeigt den fachwissenschaftlichen Stand der Literatur und dokumentiert nicht notwendigerweise auch die Beschreibung der Management-Weiterbildung in der Praxis der jeweiligen Zeitperiode.

1. Die lehrorientierte Entwicklungsstufe

Die lehrorientierte Entwicklungsstufe lässt sich als die Zeitspanne bis Ende der 50er Jahre umschreiben und leitet ihren Namen von den im Vordergrund stehenden Lehrinhalten ab, die es in der Management-Weiterbildungsarbeit zu unterrichten galt.

Als **dominante Fragestellung** stand unausgesprochen die **Suche nach den richtigen Lehrinhalten** im Raum, wobei man sich im Erkenntnisgewinn auf die vielen Studiengruppen verließ, die zu jener Zeit mit Unterstützung der European Productivity Agency (EPA) nach Nordamerika pilgerten und dann mit einem mehr oder weniger umfangreichen enzyklopädischen Lehrinhaltskatalog zurückkamen. Der Programmtyp, die Form der Lernorganisation dieser Entwicklungsstufe, war die singulär im Raum stehende Weiterbildungsveranstaltung mit den beispielhaften Beschreibungsmerkmalen:

- fehlende Vor- und Nachbereitung der Teilnehmer
- keine Einbindung des Umfelds eines Teilnehmers
- perfekt durchstrukturierte Lernorganisation
- keine Mitwirkungsmöglichkeit der Teilnehmer
- Prozessdimension des Lernens war nicht existent
- Lernen wurde als Funktion des Lehrens gesehen,

wobei folgerichtig

- die Kompetenz des Trainers ausschließlich in der Beherrschung der Lehrinhalte bestand.

Es dauerte eine ganze Reihe von Jahren, bis man eingesehen hatte, dass perfektes Lehren nicht unbedingt zu Lernen führt und für die Management-Weiterbildung arteigene Vermittlungsmethoden eingesetzt werden müssen.

2. Die lernorientierte Entwicklungsstufe

Mit dem Aufkommen neuer Methoden (wie z.B. *Action Maze*), dem Wiederentdecken bewährter Rollenspielformen in der Therapie (z.B. Psychodrama) und der dann auch zunehmenden Rezipierung des gesamten aktivitätspädagogischen Gedankenguts als erwachsenenadäquater Lernform trat das Lernen der Teilnehmer in den Vordergrund, wobei sich jetzt als **dominante Fragestellung die Suche nach der geeigneten Lehrmethode** in der Management-Weiterbildung abzeichnete. Während der ganzen 60er Jahre wurden zahlreiche Monografien über einzelne aktivitätspädagogische Lehrmethoden veröffentlicht. Dabei war interessant zu beobachten, wie jede erörterte Lehrmethode in der Fachliteratur zunächst als „Allheilmittel" gefeiert wurde, nach einer unkontrollierten Übernahme in die Praxis eine wahre *„Honeymoon*-Phase" erlebte, bevor sie einer kritischen und differenzierteren Betrachtung wich. Bezeichnend waren auch die in der zweiten Hälfte der 60er Jahre einsetzenden Forschungsprojekte über die Effizienz aktivitätspädagogischer Lehrmethoden, die Ausdruck jenes Unbehagens waren, dass es beinahe zu jeder Veranstaltung gehörte, dass man den Teilnehmern ein Planspiel anbot.

Die lernorientierte Entwicklungsstufe war eine Erweiterung der lehrorientierten Entwicklungsstufe, indem ein aktivitätspädagogischer Lehrmethoden-Mix an die Stelle des dozierenden Unterrichts der lehrorientierten Stufe trat. Ansonsten hatte sich aber in der Ideologie der Management-Weiterbildung der 60er Jahre wenig verändert:

- Die einstufigen Veranstaltungen wurden teilweise mit einer Vorbereitungsphase ausgestattet.
- Der Trainer war nach wie vor ein lehrinhaltlicher Experte, der sich jetzt aber auch aktivitätspädagogischer Lehrmethoden bediente (ohne die zugrunde liegenden lernpsychologischen Erkenntnisse der neuen Methoden in ihrem Ablauf immer zu begreifen).
- Der Vorgesetzte des Teilnehmers spielte weiterhin keine Rolle.
- Der Strukturierungsgrad der Lernorganisation war nicht mehr so rigide, aber nach wie vor trainerbestimmt, was zur Folge hatte, dass es jetzt im Veranstaltungsverlauf auch Aufarbeitungsnotwendigkeiten von Lernstörungen gab, die in Form von sog. „Blitzlichtern" angegangen wurden.

Auch in der lernorientierten Entwicklungsstufe war die Management-Weiterbildung auf das eigentliche Lernfeld im Seminar beschränkt, wobei man versuchte, das Lernen der Teilnehmer zu optimieren. Die lernorientierte Entwicklungsstufe begann sich um 1970 in einer qualitativ anderen Stufe fortzusetzen, als die Fragen nicht nach einer weiteren Optimierung des Subsystems Lernfeld gestellt wurden, sondern das Konzept der Lerntransfersicherung Einzug hielt.

3. Die transferorientierte Entwicklungsstufe
Die entscheidende Ausrichtung der Management-Weiterbildungsaktivitäten konzentrierte sich auf die erfolgreiche Übertragung des Gelernten auf den Arbeitsplatz. Neben dem Lernfeld gab es auch ein teilnehmerindividuelles Funktionsfeld, in dem jetzt der Vorgesetzte als die „wichtigste Figur" entdeckt wurde. Hatten sich die Veranstaltungen der 60er Jahre durch den Einsatz von aktivitätspädagogischen Lehrmethoden ausgezeichnet, um als progressiv zu gelten, dann wurde es ein Markenzeichen der Veranstaltungen der transferorientierten Entwicklungsstufe, dass sie am Ende die Aufstellung eines Aktionsplans enthiel-

ten, mit dessen Hilfe ein Teilnehmer die **beschleunigte Umsetzung der Lernerkenntnisse** in die Praxis vornahm. Die Entdeckung des Vorgesetzten führte zum Abhalten von Vor- und Nachbereitungsgesprächen zwischen ihm und dem Teilnehmer; einmal, um in der Vorbereitungsphase durch den Vorgesetzten die so wichtige Lern- und spätere Anwendungsmotivation zu erzeugen; zum anderen sollte er in der Nachbereitungsphase ein Wiedereintrittsgespräch durchführen und den Mitarbeiter in der Anwendung des Gelernten am Arbeitsplatz betreuen.

In der transferorientierten Entwicklungsstufe wurde davon ausgegangen, dass die einfache Gleichung – perfekt geplantes Lehren führt zu Lernen und erfolgreiches Lernen führt zu Transfer – nicht mehr gilt, sondern dass eine transferorientierte Veranstaltung für teilnehmende Führungskräfte anderen Überlegungen folgt. In der Fachliteratur begann sich jetzt die wissenschaftlich betriebene Management-Weiterbildung von der Erwachsenenbildung zu lösen und ihre Fragestellungen in einer eigenständigen Fachdisziplin, der Management-Andragogik, zu verfolgen.

Der Veranstaltungstyp der transferorientierten Entwicklungsstufe enthielt einige wesentliche Merkmale, die in den Programmen der früheren Stufen nicht enthalten waren:

- Die Lernziele wurden als Transferziele definiert.
- Der Vorgesetzte als entscheidender Faktor des Umfelds eines Teilnehmers wurde in den Entwicklungsprozess einbezogen; direkt, indem er die besagten Gespräche führte, und indirekt, um ein umsetzungsfreundliches Klima in der Arbeitsgruppe eines von einem Seminar zurückkehrenden Teilnehmers aufzubauen.
- Dem Teilnehmer wurde durch verschiedene *Back-home*-Übungen geholfen, die Brücke vom Lernfeld zum Funktionsfeld zu schlagen.
- Das erfahrungsorientierte Lernen wurde stärker betont, da erkannt wurde, dass eine bestimmte Lernqualität bei berufserfahrenen Teilnehmern eine Voraussetzung für einen erfolgreichen Transfererfolg ist.
- Der Teilnehmerkreis hatte eine stärkere Mitwirkungsmöglichkeit im Seminar durch das Einbringen seiner Lernbedürfnisse, die neben den zu bearbeitenden organisatorischen Bedarf traten und die sich in der Verwendung von sog. Erwartungs- und Probleminventuren am Beginn des Trainings ausdrückten.
- Die Mitgestaltung des Teilnehmerkreises manifestierte sich auch in dem wahren Siegeszug der Pinnwand-Methodik, die jetzt auf breiter Front eingeführt wurde.
- Der Trainer war jetzt nicht mehr nur als Lehrinhaltsexperte und Methodenexperte gefordert, sondern musste den Teilnehmerkreis durch die Transferausrichtung auch als „Innovationsexperte" betreuen, denn Transfer bedeutete auch immer wieder Umgang mit Veränderungen am Arbeitsplatz, Abbau von Widerständen und Entwicklung von Durchsetzungsstrategien im betrieblichen Umfeld.

Der qualitative Sprung der Management-Weiterbildung in der transferorientierten Entwicklungsstufe reichte jedoch nicht aus, um mit den Management-Weiterbildungsaktivitäten zufrieden zu werden. Als neuralgischer Punkt in der Arbeit mit Führungskräften wurde das Konzept von Bedarf, Problem und Bedürfnis entdeckt und wurde insbesondere unter dem Einfluss der sich Mitte der 70er Jahre auch im deutschsprachigen Raum etablierenden Organisationsentwicklung neu gestellt.

4. Die problemlösungsorientierte Entwicklungsstufe

Die sich so perfekt darstellenden Veranstaltungen der transferorientierten Entwicklungsstufe hatten einen schwachen Punkt, der allerdings für die gesamte Arbeit zentrale Bedeutung hatte. Die Weiterbildung stützte sich auf Daten von Bedarfserfassungssystemen, die nur unscharfe und häufig wenig gültige Bedarfsdaten lieferten. Ein Leistungsbeurteilungssystem, das über die Leistungsdefizitanalyse durch den Vorgesetzten auch die Weiterbildungsbedarfe meldet, ist eben nur so gut wie die entwickelte Wahrnehmungsschärfe dieser Vorgesetzten. Aber auch die eigens zur Erfassung von Weiterbildungsbedarfen etablierten Systeme übersahen, dass die Beteiligten zum einen eine gewisse Reife im Umgang mit den Systemen haben mussten, und zum anderen waren diese Systeme meistens als Bedarfserfassung zu einem gewissen Zeitpunkt konstruiert. Dass Bedarfserfassung als gemeinsamer zeitraumgreifender Suchprozess der Betroffenen und Beteiligten einzurichten ist, wurde erst mit der Durchführung von Organisationsentwicklungsprojekten auch für die Management-Weiterbildung deutlich. Das Konstrukt des „organisatorischen Eisbergs", nach dem nur ein kleiner Teil eines Problems sichtbar ist und der Rest in einer Klärungs- und Diagnosephase ausgelotet werden muss, manifestierte, welche Fragezeichen eigentlich hinter den so perfekten transferorientierten Veranstaltungen zu sehen waren.

Die neue **dominante Fragestellung** der problemlösungsorientierten Entwicklungsstufe richtete sich deshalb auch folgerichtig an den Ausgangspunkt jeglicher Management-Weiterbildungsbemühungen: **„Was ist der eigentliche Bedarf und das echte Problem und welcher Teil des als echt und valide erkannten Problems kann mit Weiterbildung in Angriff genommen werden, und wo müssen andere Änderungsmaßnahmen vorgeschaltet, flankierend und/oder nachgeschaltet werden?"** Mit dieser Fragestellung wurden die vielen Seminare über Zeitmanagement, persönliche Arbeits- und Führungstechnik und die in der transferorientierten Entwicklungsstufe so beliebten Kommunikations- und Kooperationstrainings zweifelhaft, weil sie gewisse „Modebedarfe" widerspiegelten und sich nicht auf valide und abgesicherte Bedarfe abstützten. Zudem setzte mit der problemlösungsorientierten Entwicklungsstufe für viele Management-Weiterbildner eine teilweise schmerzlich erlebte Desillusionierung ein; mussten sie doch jetzt bei stärkerer Hinterfragung der vordergründigen Bedarfe erleben, dass die Bedarfsursachen tiefer liegen und anders aussehen als die ursprünglich wahrgenommenen oder von der Linie gemeldeten Bedarfe und dass diese jetzt erkannten Bedarfe vor allem keine Weiterbildungsbedarfe mehr waren, für deren Bearbeitung auch die transferorientierten Seminare keine Hilfe boten.

Die problemlösungsorientierte Entwicklungsstufe führte mit ihrer besonderen Wertschätzung der Bedarfsklärung einen neuen Seminartyp in der Management-Weiterbildung ein: das sog. **Problemklärungsseminar**, in dem die Teilnehmer mit Hilfe des Trainers zu verstehen suchten, was ihre eigentlichen Probleme und Bedürfnisse sind. Erst danach wurde das Problemlösungsseminar konzipiert. War das Programm der transferorientierten Entwicklungsstufe noch eher „Konfektionsware", bei der bestimmte Abänderungen aufgrund der in der Erwartungsinventur am Beginn der Veranstaltung gesammelten Lernbedürfnisse vorgenommen wurden, dann war der Programmtyp der problemlösungsorientierten Entwicklungsstufe immer ein „Maßanzug", der auf den Teilnehmerkreis und die Kultur des Unternehmens zugeschnitten wurde. Damit gingen auch neue Kompetenzen für den Trainer einher, denn jetzt galt es die entsprechenden Zuschnittsbedürfnisse systematisch zu erfassen und dann diese Daten in entsprechende Entwicklungsmaßnahmen umzusetzen. Da sich der Trainer jetzt mit den speziellen Zuschnittsbedürfnissen von Teilnehmern auseinandersetzen musste, kamen neue Fragenkreise wie Lerngeschichte eines Teilnehmers, Lern- und Informationsverarbeitungsstil, Lernkultur im Unternehmen und organisationale Lernsysteme eines Unternehmens als Teil der Unternehmenskultur auf, die ihm von nun an auch neue Fähigkeiten abforderten und ihn nicht länger in den bestehenden Kompetenzsträngen verharren ließen.

Eine besondere Erscheinung der problemlösungsorientierten Entwicklungsstufe waren die mehrstufigen Programme, die aus einzelnen Elementen bestanden und den Prozess der Weiterbildung der Führungskräfte auch zeitlich streckten. Neben das Problemklärungsseminar trat das zeitversetzte Problemlösungsseminar und anschließend folgte – wiederum nach einiger Zeit am Ende der Transferphase – ein Transferseminar, in dem die Teilnehmer eine Überprüfung des Einführungsstands ihrer Transfererfolge vornahmen.

Im Rahmen der problemlösungsorientierten Entwicklungsarbeit kam der sensitive Management-Bildner in dieser Entwicklungsstufe immer wieder auch mit den Werten und den Normen eines Unternehmens in Berührung, die nun um 1980 mit dem neuen Schlagwort der Unternehmenskultur auch für die Management-Weiterbildung eine neue Entwicklungsstufe begründeten.

5. Die werteorientierte Entwicklungsstufe

Die werteorientierte Entwicklungsstufe würde ich zeitlich mit der Veröffentlichung der *Peters-Waterman*-Studie und den dort zitierten „weichen Erfolgsfaktoren" als neue Entwicklungsperiode beginnen lassen. Zwar gab es auch schon vorher Veröffentlichungen über Unternehmenskultur und Werthaltungen in Organisationen, doch gab dieser Bestseller eine neue Trendmarke an, in dessen Gefolge auch die bis dahin sich etwas schwer tuende *„New-Age"*-Bewegung eine neue Eigendynamik gewann. Vorher war diese Bewegung eine Art extrapolierte Sammelbewegung der humanistischen Psychologie und der unter diesem Schirm etablierten Exoten.

Die Aufgabenstellung der Management-Weiterbildung in der werteorientierten Entwicklungsstufe richtet sich nicht an dem durch Problemklärungsseminare freigelegten Phänotyp aus, sondern setzt sich – gleichsam genotypisch – mit den freigelegten Problemen auseinander. „Genotypisch" umschreibt in der Genetik die Gesamtheit der in den Chromosomen bestimmten Erbanlagen, „phäno-typisch" betrifft dagegen das äußere Erscheinungsbild eines Lebewesens. In der Curriculumtheorie werden diese beiden Begriffe verwandt, wenn ein Lernender seine grundlegende Disposition und seine Anlagen entwickelt, um damit später ein bestimmtes Verhalten zu produzieren (genotypisch), oder wenn ein Lernen-der im Training ein ganz bestimmtes, sofort einsetzbares Verhalten erwirbt (phä-notypisch).

Während sich in der problemlösungsorientierten Entwicklungsstufe für die Teilnehmer ein sich darauf aufbauendes Seminar anschloss, in dem sie ein direkt verwendbares Problemlösungsverhalten erwerben, fragt der Trainer in der werte-orientierten Entwicklungsstufe nach den problembegründenden Normen: **„Wel-che Werte und Normen können wir bei uns im Unternehmen identifizieren, die dazu geführt haben, dass wir dieses Problem haben?"**

Typische Aktionsfelder der Management-Weiterbildung in der werteorien-tierten Entwicklungsstufe sind auch hier die – jetzt allerdings genotypisch – durchgeführten Problemklärungsseminare; dazu treten im Gefolge der Nor-men- und Werteentwicklung und der sie bedingenden Lernprozesse neue Ak-tionsfelder auf. „Wer sind die Schlüsselpersonen, die wir als *„cultural heroes"* für wertbildende Sozialisationsprozesse einsetzen können?", ist beispielswei-se eine der neuen Aufgabenstellungen des werteorientierten Management-Wei-terbildners.

Die Rolle des Trainers ist in der werteorientierten Entwicklungsstufe eben-falls komplexer geworden und wird jetzt um einen Kompetenzstrang der Nor-men- und Werteidentifizierung sowie der Feststellung von Unternehmenskultur-ausprägung erweitert. Als neue Hilfsdisziplin tritt die Sozialanthropologie auf den Plan, die der Management-Weiterbildung Methoden zur Verfügung stellt, um an das kulturelle Gefüge heranzukommen, was ein Unternehmen ausmacht. Eth-nografische Methoden beginnen jetzt Einzug in die Management-Weiterbildung zu halten und die Management-Andragogik als Fachgebiet öffnet sich gegenüber der Sozialanthropologie und der dort verwandten Methodik.

6. Die autonomieorientierte Entwicklungsstufe

Die werteorientierte Entwicklungsstufe hat in ihrer **dominanten Fragestellung** bereits den Übergang zu einer neuen Entwicklungsstufe Anfang der 90er Jah-re eingeleitet, die allerdings nicht so markant den management-andragogischen Zeitgeist bestimmt hat. Das individuelle und organisationale Lernen rückte in den Fokus der Betrachtung, insbesondere die Frage nach den **hemmenden und fördernden Faktoren im Unternehmen**, die das **individuelle und organisatio-nale Lernen beeinflussen**.

Wenn man lernkompetente Mitarbeiter hat, die selbsttätig ihre Probleme in Angriff nehmen, und im Unternehmen Werte und Systeme existieren, die das autonome Lernen fördern (z.B. eine ausgeprägte Fehlerkultur), dann braucht es keine klassischen Trainings mehr. Im Grunde ist die autonomieorientierte Ent-wicklungsstufe eine besondere Ausprägung der werteorientierten Entwicklungs-stufe, indem man sich speziell mit Werten auseinandersetzt, die sich auf das Lernen einzelner Mitarbeiter und auf das organisationale Lernen des Systems auswirken.

7. Die wertschöpfungsorientierte Entwicklungsstufe

Mit dem Aufkommen der Fragestellungen einer strategisch ausgerichteten PE und einer Positionierung als Business-Partner für die Geschäftsführung entstehen auch neue Arbeitsfelder für PE-ler und Trainer. In **Zentrum der Betrachtung** steht die **Arbeit an der Strategieumsetzung**. Die „Traineraufgaben" werden komplexer und wesentlich anspruchsvoller, wenn man an die Durchführung von „strategischen Bedarfsklärungs-Workshops" oder die Entwicklungsarbeit mit Inhabern von Schlüsselpositionen denkt. Im Einzelnen *Stiefel* (2010).

Zum Abschluss dieses Kapitels folgen die Entwicklungsstufen mit ihren essentiellen Aspekten als Zusammenfassung.

Zeitraum	50er-Jahre	60-Jahre	Bis Mitte 70er Jahre
Entwicklungsorientierung	Lehrorientiert	Lernorientiert	Transferorientiert
Dominante Fragestellung	„Was sind die richtigen Lehrinhalte?"	„Welche Effizienz haben einzelne Lehrmethoden?"	„Wie kann die Übertragung des Gelernten an den Arbeitsplatz unterstützt werden?"
Typische Weiterbildungsaktionen	Aneinanderreihung von Themenblöcken in durchstrukturierten Seminaren	Aktivitätspädagogischer Lehrmoden-Mix	Unterrichtseinheiten mit individuellen Einfühungsfähig- keiten und unterstützender Transferberatung
Rolle des Vorgesetzten	Keine	Keine	Vor- und Nachbereitungsgespräche mit den Teilnehmern
Rolle des Trainers	Experte von Lehrinhalten	Zusätzlich: Experte im Methodeneinsatz	Zusätzlich: Experte in Vorbereitung von Innovationsprozessen

Zeitraum	Ende der 70er-Jahre	Seit Anfang der 80-Jahre	Seit Anfang der 90er Jahre
Entwicklungsorientierung	Problemlösungsorientiert	Werteorientiert	Autonomieorientiert
Dominante Fragestellung	„Welcher Teil des Problems kann mit Weiterbildung in Angriff genommen werden?"	„Welche Werte und Normen haben dazu geführt, dass wir dieses Problem haben?"	„Was hindert/fördert in unserem Unternehmen die Auseinandersetzung, auf neue Frage- und Problemstellungen Antworten zu finden?"

Typische Weiterbildungsaktionen	Problemklärungsworkshops	Problemklärungsworkshops mit der Frage nach problembegründenden Werten	Thematische Untersuchung der Erscheinungsformen des organisationalen Lernens mit positiver und negativer Wirkung
Rolle des Vorgesetzten	Zentrale Rolle als Schlüsselperson für Weiterbildung der Mitarbeiter	Zentrale Rolle als Schlüsselperson für betriebliche Sozialisationsprozesse	Zentrale Rolle als „Agent für individuelles und organisationales Lernen"
Rolle des Trainers	Zusätzlich: Experte von Lern- und Problemlösungsprozessen	Zusätzlich: Kompetenz und Normen- und Werteidentifizierung	Zusätzlich: Kompetenz und Wahrnehmung und Bearbeitung von lernhemmenden und -fördernden Strukturen und Systemen in Unternehmen

Zeitraum	Seit Mitte der 90er-Jahre
Entwicklungsorientierung	Wertschöpfungsorientiert
Dominante Fragestellung	„Welchen Beitrag liefern PE und Weiterbildung zur Entwicklung von Wettbewerbsvorteilen und strategischen Erfolgspositionen?"
Typische Weiterbildungsaktionen	Fokus auf klar abgegrenzte Projekte mit klarer Zielsetzung und messbarem Wertschöpfungsbeitrag
Rolle des Vorgesetzten	Zentrale Rolle als Manager für die Wertentwicklung des Organisations- und Humankapitals
Rolle des Trainers	Zusätzlich: Analyst und Berater bzw. Koordinator in der Umsetzung wertschöpfender Maßnahmen

5.1.2. Einige Design-Konzepte für die Bearbeitung von FKE-Themen – Hilfen im Umgang mit der Komplexität

Das Feld der FKE stellt sich für einen Amateur recht überschaubar dar, insbesondere dann, wenn er auf einer frühen Entwicklungsstufe des organisierten Lernens via Seminare stehengeblieben ist. Für einen Professional verbirgt sich hinter der Begrifflichkeit FKE eine hohe Komplexität, die in der FKE-Beratung besondere Anforderungen stellt.

Ich wurde in der Vergangenheit immer wieder in Großunternehmen eingeladen, um mit leitenden Vertretern der PE und FKE grundsätzliche Fragen ihrer FKE-Arbeit zu besprechen. Dabei haben mir die folgenden Design-Konzepte geholfen, mit denen ich mich der komplexen Thematik angenommen habe.

1. Ich verwende den Begriff Design oder Design-Architektur, um den **Transformationsprozess** von einzelnen Führungskräften und dem gesamten Management (als kollektiven Lernprozess) **von einem Zustand A zu einem erwünschten Zustand B** besprechbar zu machen. Bei diesem Bild lehne ich mich an den Begriffsinhalt von Design des früheren Centre for the Study of Managerial Learning (CSML) an der University of Lancaster an.

2. Ein erstes älteres Raster bei der Diskussion von Design in der FKE betrifft die **Unterscheidung nach Design-Ebenen**:
   - Design-Ebene A befasst sich mit den grundsätzlich geplanten Lernerfahrungen für Führungskräfte über deren gesamte Karriere hinweg.
   - Design-Ebene B befasst sich mit der Gestaltung eines bestimmten Lernereignisses.
   - Design-Ebene C befasst sich mit der Gestaltung von Lernen innerhalb eines Lernereignisses.

   Diese Unterscheidung geht zurück auf einen Beitrag des CSML-Leiters *Binsted* (1980).

3. Die **Design-Ebene A** legt für ihre Entscheidungen einen **karriereumspannenden Zeithorizont** zugrunde und fragt beispielsweise danach,
   - welche Positionen ein Manager in seiner Förderung durchlaufen muss (und zwar in welcher Reihenfolge und mit welcher Verweildauer)
   - welche Rolle und Bedeutung das organisierte Lernen in Seminaren gegenüber dem *„workplace learning"* hat, oder
   - achtet besonders auf Bildsamkeitsphasen, die beispielsweise bei Karriereübergängen vorhanden sind.

4. Die **Design-Ebene B** behandelt die **klassischen curricularen Themen in der management-andragogischen Programmplanung**, wie beispielsweise
   - Einarbeitung einer Transferorientierung in anpassungsqualifizierende Seminare oder die
   - Sequenzierung von Lerninhalten in einem problemorientierten Workshop.

5. **Design-Ebene C** setzt sich mit Fragen des **Unterrichtsaufbaus** oder der **Gestaltung einzelner Sessions** auseinander. Hier geht es um Unterrichtsmodelle, wie sie beispielsweise in dem relativ unbekannt gebliebenen Klassiker von *Joyce/Weil* (1972) behandelt werden, der in jeder Management-Teacher- oder Leadership-Teacher-Ausbildung auch heute noch eine zentrale Rolle spielen müsste.

   Zur Design-Ebene C gehören auch Fragen, wie die Abfolge von Input-, Entdeckungs- und Reflexionslernen in den Lerndomänen eines Managers gewählt wird, am besten illustriert durch *Binsteds* Matrix (1980, S. 26):

Outcome Process	Cognitive	Skill	Affective
Reception of input	Hearing, reading about knowledge etc.	Watching demonstrations or being told of methodology	Receiving emotional data about self
Discovery	Perceiving the consequences of activities	Acting and experiencing results	Experiencing feelings, etc. as a result of activity
Reflection	Extracting new meaning, conceptualising, changing constructs	Valuing, choosing, integrating, gaining confidence	Getting in touch with feelings, changing

6. Für serielles *„workplace learning"* in der **Design-Ebene A** gibt es zahlreiche unterschiedliche Raster, so beispielsweise das Design von Rotationen als Lernchancen in einer unternehmerischen Unternehmenskultur. Da man sich als FKE-ler in Unternehmen erstaunlich wenig in der Design-Architektur von Rotationssystemen auskennt, muss ich bei diesem Design-Konzept bei Klienten immer etwas detaillierter ausholen:
   - Eine grundsätzliche Überlegung betrifft die **Ziele**, die ein Unternehmen mit **horizontalen Rotationen** verbindet:
     - Die Rotation kann beispielsweise zur Begrenzung einer überlangen Verweildauer auf Positionen und deren nachteiligen Folgen eingesetzt werden.
     - Die Rotation kann zum Erwerb bestimmter Werte und Kompetenzen durch die Übernahme bestimmter Positionen erfolgen.
     - Die Rotation kann zum Erwerb bestimmter Werte und Kompetenzen durch die Zusammenarbeit mit bestimmten Vorgesetzten oder Mitarbeitern erfolgen.
     - Die Rotation kann zur kurzfristigen Produktivitätssteigerung in einer Position geplant werden.
     - Die Rotation kann aber auch zur Förderung der mentalen Flexibilität beim Einzelnen eingesetzt werden, gleichsam als eine Art Dauertraining für die Stärkung des „individuellen Lernmuskels".
   - Horizontale Rotation kann als Merkmal der Karrierekultur für **alle Führungskräfte** praktiziert oder auch nur für eine **selegierte Gruppe** eingesetzt werden.
   - Je mehr die Rotation für alle Mitarbeiter gilt, desto eher kann man seine Stars unter den Kandidaten mit Förderungspotential für höherwertige Positionen **„geräuschlos"** qualifizieren.
   - Die Rotation kann bei der Übernahme von neuen Positionen gewissen **„Sequenzierungsanforderungen"** folgen oder für Mitarbeiter – davon unabhängig – verwandt werden.
     Eine horizontale Sequenzierung im Rotationssystem würde beispielsweise beinhalten, dass ein Mitarbeiter immer zuerst in einer Außendienst-

funktion tätig war, bevor er andere Funktionen übernimmt. Desgleichen können Mitarbeiter – um eine andere Sequenzierungslogik anzusprechen – horizontal entlang der Wertschöpfungskette im Unternehmen rotieren – am Beginn ausgehend von Positionen mit direktem Kundenkontakt.

Oder man folgt in der Sequenzierungslogik Prinzipien der personalen Einflussnahme und fragt sich, mit wem Mitarbeiter im zeitlichen Längsschnitt zusammenarbeiten müssen.

– Die Rotation kann so erfolgen, dass der Stellenvorgänger immer noch eine Einarbeitung ermöglicht, also während der ersten Zeit noch in der Position tätig ist, um den **„Stabwechsel"** vorzunehmen. Sie kann aber auch bewusst als eine **„Ins-Wasser-Werfen"**-Strategie verfolgt werden, bei der der neue Positionsinhaber die Unterstützung seines neuen Vorgesetzten und seiner geführten Mitarbeiter mobilisieren muss.

– Die Rotationsentscheidungen können von Seiten des Unternehmens mit einem Höchstmaß **gesteuert werden**, indem für Mitarbeiter entschieden wird, wer wann welche Position übernehmen soll, und anschließend die Entscheidung dem Mitarbeiter „verkauft" wird. Horizontale Rotation kann aber auch mit dem **Instrument des internen Arbeitsmarktes** verbunden werden – Mitarbeiter bewerben sich für vakante Positionen.

– Die horizontale Rotation als Merkmal der Karrierekultur bringt den jeweiligen **Vorgesetzten des neuen Positionsinhabers** in die **Coaching-Verantwortung** und fordert ihm die Wahrnehmung von PE-Aufgaben im weitesten Sinne ab.

– Die Kandidaten von horizontalen Rotationssystemen (in großen Unternehmen) können mit dem jeweiligen Antritt einer neuen Position **Mitglied einer Erfahrungsaustausch-Gruppe** werden, denn alle neuen Positionsinhaber machen trotz der unterschiedlichen Positionen sehr ähnliche Erfahrungen. Man kann das Rotationssystem aber auch – bewusst – ohne diese Unterstützungseinrichtung konzipieren.

– Horizontale Rotationen können mit einem **Mentorenelement** verbunden oder ohne einen Mentor ausgestattet werden. Das bedeutet, dass im ersteren Fall ein neuer Positionsinhaber Zugang zu einem Mentor in einem anderen Ressort erhält, der die Praxis der horizontalen Rotationskultur im Unternehmen bereits mehrmals erlebt hat und dem neuen Positionsinhaber zur Seite stehen kann.

– Die horizontale Rotation kann auch mit einem **„SOS-Element" besonderer Art** verbunden werden, so wenn der neue Positionsinhaber (Rotation in bestimmten hierarchischen Positionen) die Möglichkeit des Zugangs zu einem externen Coach erhält oder bei bestimmten Situationen auch (s)einen FKE-Berater in Anspruch nehmen kann.

7. Ein klassisches Raster für die **unternehmensspezifische Gestaltung von Führungslernen (in Design-Ebene B)** geht von der Strategie des Unternehmens aus, fragt sodann nach den Merkmalen der für die Implementierung notwendigen Soll-Kultur und entwickelt eine kongruente Prozessqualität, de-

ren transferierte Meta-Ziele die Ist-Unternehmenskultur in Richtung Sollkultur weiterentwickeln:

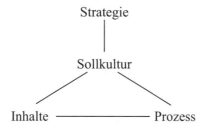

8. Ein wichtiges Design-Konzept leite ich aus den generellen Zielsetzungen der Führungskräfte-Entwicklung her:
    –   Es gibt Entwicklungsmaßnahmen, die auf die Verbesserung der Leistungsfähigkeit in einer gegenwärtigen Position abzielen (*performance improvement*/fit für heute).
    –   Es gibt Entwicklungsmaßnahmen, die eine höhere oder anderwertige Verwendung im Unternehmen verfolgen (Potentialförderung/fit für die Zukunft).
9. Ich stelle in diesem Kontext auch immer mein **multiples Lernstrangkonzept** vor, das ich zwar primär für die Potentialförderung (Design-Ebene B) entwickelt habe, jedoch ein **universelles Design-Konzept auf der gesamten Design-Ebene B** darstellt (siehe im Einzelnen *Stiefel* 2010, S. 44 ff.).

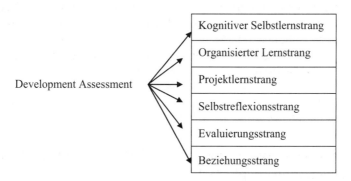

Welches Fazit kann ich aus diesen Ausfaltungen von Design-Konzepten mit Klienten ziehen?
1. Die Design-Ebene A wird für das Führungslernen als relevant erachtet, der primäre Handlungs- und Verantwortungsbereich von FKE-Abteilungen endet jedoch häufig bei der Design-Ebene B.
2. Die Design-Ebene B ist fast immer das ausschließliche „Spielfeld" von FKE-Abteilungen. Dabei kann ich nicht beurteilen, ob man sich bewusst auf organisiertes Lernen in der Design-Ebene B beschränkt oder ob man mit dem Potential von *„workplace learning"* wenig anfangen kann und dieses Lernfeld zur Gestaltung deshalb eher ausklammert. Mein Hinweis, dass nur fünf bis 15

Prozent des Lernens von Führungskräften auf der Design-Ebene B entschieden werden, wirkt aufrüttelnd und macht nachdenklich.

3. Die meisten Trainer, die heute in der FKE auf der Design-Ebene C eingesetzt werden, haben enorme Lücken, was die Begründung ihrer Unterrichtsgestaltung anlangt.

4. Über Design-Raster bei der Vielzahl von *„work based"* Lernformen macht man sich in der mir bekannten FKE-Praxis sehr wenig Gedanken, obwohl die einschlägige Fachliteratur eine Überlegenheit von reflektierten Praxiserfahrungen gegenüber organisiertem Lernen begründet (z.B. *McCall jr.* 2004, S. 127 ff.). Für die Illustration dieser Erkenntnis gibt es gute Quellen, von denen ich hier lediglich als grundsätzliche Arbeit *Raelin* (2000) sowie als Handbuch über die verschiedenen Lernformen *Cunningham/Dawes/Bennett* (2004) nennen möchte.

5. Man kann als FKE-Abteilung sehr wenig Hebelkraft im strategieumsetzenden Lernen von Führungskräften ausüben, wenn man sich nicht systematisch mit der Design-Ebene A befasst hat.

6. Entscheidungen auf der Design-Ebene B und C können in ihrem Mix zur Ausprägung einer Einzigartigkeit des Führungslernens in einem Unternehmen beitragen.

7. Meine Erfahrungen in der „Design-Beratung" haben mich darin bestätigt, dass häufig nur wenig Kenntnis von den „Schätzen" der älteren Fachliteratur vorhanden ist. Man „plappert" als FKE-ler das neue In-Vokabular nach und merkt nicht, dass man im „Handwerklichen" enorme Lücken hat, die bei Kenntnis der älteren Fachliteratur durchaus zu schließen wären. Was *Mintzberg* als Merkmal der Management-Literatur ausgemacht hat, gilt wahrscheinlich in noch höherem Maße für die FKE-Fachliteratur: *„Die moderne Management-Literatur hat bedauerlicherweise einen starken Hang zum Aktuellsten, zum Neuesten, zum ‚Heißesten'. Dadurch wird nicht nur den hervorragenden alten Autoren Unrecht getan, sondern vor allem auch den Lesern, denen viel zu häufig das banale Neue an Stelle des signifikanten Alten vorgesetzt wird."* (*Mintzberg* et al. 1999, S. 21)

5.2. Ein generelles System der betrieblichen FKE auf der Basis von „sophisticated simplicity"

Vor dem Hintergrund der bereits vorgetragenen Überlegungen komme ich in meiner FKE-Beratung zu einer relativ einfach strukturierten nachvollziehbaren Matrix, deren Felder jedoch sehr anspruchsvoll ausgefüllt werden müssen. Dabei lasse ich mich von meinem Grundsatz der *„sophisticated simplicity"* leiten, der auf der einen Seite FKE-Lösungen fordert, die gegenüber den Führungskräften gut zu kommunizieren sind (*„simplicity"*), gleichzeitig aber anspruchsvoll und imitationsgeschützt gegenüber Konkurrenten sind und nicht ohne weiteres übernommen werden können (*„sophisticated"*).

Ich unterscheide in der einen Dimension zwischen *Executives* und normalen Managern anderer Ebenen. Da eine strategieumsetzende FKE-Arbeit nicht ohne die oberen Führungskräfte realisiert werden kann und diese Gruppe häufig in der Praxis ausgeklammert wird, führe ich *Executives* ganz bewusst und explizit als Zielgruppe der FKE auf.

In der anderen Dimension wird die FKE nach den Zielen differenziert: Performance-Verbesserung in der gegenwärtigen Position (fit für heute) und Potentialförderung für zukünftige Einsätze im Unternehmen (fit für die Zukunft). Daraus ergibt sich eine Matrix mit vier Feldern.

	Fit für heute	**Fit für die Zukunft**
Executive	1	3
Manager	2	4

Die mittlere Zeile ist mit "**Ebene**" beschriftet.

Diese FKE-Matrix ist mit der Matrix der Geschäftsfelder der strategieumsetzenden PE kompatibel (*Stiefel* 2010, S. 15 ff.); in den einzelnen FKE-Matrix-Feldern 1 und 2 werden jeweils individuelle und kollektive Lernprozesse erörtert.

5.2.1. Häufigste Praxisfehler

Bevor ich mein FKE-System im Einzelnen vorstelle, möchte ich auf einige **häufige Praxisfehler** verweisen, die in Unternehmen immer wieder begangen werden.

Feld 1
- Man geht davon aus, dass erfahrene Manager bei einer „*Executive*-Nominierung" über so viel Know-how und Kompetenzen verfügen, dass sie sich problemlos in die Herausforderungen einer neuen Position einarbeiten. Schließlich hat das „Potential-Einschätzungs-System" des Unternehmens den Kandidaten als geeignet befunden und der „*Executive*-Kandidat" während seines bisherigen Managerlebens eine große Zahl von Seminaren besucht, die ihn auch für die neue Aufgabe befähigen sollten.
- Man entsendet die *Executives* zur Vorbereitung ihrer neuen General-Management-Anforderungen in ein General-Management-Programm einer bekannten Business School, damit sie sich von ihrer beschränkten funktionalen

Management-Perspektive lösen lernen. Dies kann vor Übernahme oder unmittelbar nach Übernahme der neuen Position erfolgen.

- Man folgt der Vorstellung, dass man sich in oberen Etagen speziell mit dem Leadership-Thema befassen sollte. In großen Unternehmen führt man für die OFK-Kandidaten ein eingekauftes Leadership-Programm von einer bekannten Trainer- und Beratergruppe durch, damit die Teilnehmer jetzt Leadership im Unterschied zu Management lernen.

Feld 2

- Man ist als FKE-Abteilung auf sein klassisches Seminar „Von der Fach- zur Führungskraft – Das erste Mal führen" stolz, das als Kompaktseminar vor der Übernahme der neuen Führungsposition besucht wird, damit die Kandidaten in der neuen Position keine Fehler machen.
- Man legt großen Wert auf die ausgegebenen umfangreichen Trainingsunterlagen, die den Teilnehmern als neuen Führungskräften die Sicherheit vermitteln sollen, dass sie über die notwendigen Inhalte für ihre neue Position verfügen.
- Solange man mit den bekannten Namen von Trainer- und Beratergruppen im Markt zusammenarbeitet, die über umfangreiche Erfahrungen in der Qualifizierung von neuen und neu ernannten Führungskräften verfügen, kann das Unternehmen nur profitieren. Schließlich führen die dort angestellten erfahrenen Trainer die Teilnehmer so gekonnt – auch via Rollenspiele – in ihre neuen Führungssituationen ein, dass nichts „anbrennen" kann. Zudem verfügen die Trainer über so viel Erfahrung in transferorientierter Seminargestaltung, dass die Teilnehmer auf ihre neuen Führungspositionen sehr gut vorbereitet sind.

Feld 3

- Man setzt „bewährte" Tableau-Runden für die Potentialeinschätzung von OFK-Kandidaten ein – sowohl für die vorgängige Führungskräfte-Selektion als auch für das spätere *Executive Placement*.
- Man macht sich zu wenig Gedanken darüber, welche *Executive*-Kompetenzen sich aus der zukünftigen Strategie und einem allfälligen Strategiewechsel ergeben. Dazu kommt, dass man keine entsprechende Vorsorge hinsichtlich der Rotation dieser Kandidaten in die entsprechenden Positionen trifft, damit sie die strategisch bedeutsamen Kompetenzen erwerben.
- Das Top-Management delegiert das ganze Thema *Executive Development* an eine Fachabteilung MD, ohne sich selbst sichtbar zu engagieren.

Feld 4

- Das Lernen von Führung wird im Unternehmen im Wesentlichen als Folge von organisierten Seminaren verfolgt.
- Mit andragogischen Schnellschüssen mithilfe kurzzeitiger Module statt längerer arbeitsbegleitender, mehrsträngiger Entwicklungsprogramme will man die Teilnehmer auf ihre neue Rolle als Führungskraft oder – bei einer Beförderung von erfahrenen Führungskräften – auf ihre neue Abteilungsleiter-Rolle vorbereiten.

- Der Einsatz von Coaching-Maßnahmen ist nicht vorgesehen, da die erfahrenen Führungskräfte bei einer Beförderung und die Führungskräfte-Novizen damit eine vorhandene Schwäche eingestehen müssten.
- Das *„workplace learning"* wird als nützlich angesehen, jedoch nicht gesteuert eingesetzt.

5.2.2. Maßnahmen zur Leistungsverbesserung von Executives

Für die Bearbeitung des Feldes 1 in der oben aufgeführten Matrix werden Entwicklungsmaßnahmen für die betreffenden Teilnehmer mit der Zielrichtung der unmittelbaren Leistungsverbesserung in der gegenwärtigen Position ausgefaltet. Dabei hat sich in der anspruchsvollen Praxis gezeigt, dass es in diesem **Feld 1 drei unterschiedliche Situationen** gibt:

- Betreuung eines *Executive* in einer Position, in der er schon längere Zeit tätig ist. Angezielt ist die Verbesserung seiner Performance.
- Betreuung eines neu ernannten *Executive* in einer für ihn neuen Führungsposition.
- Qualifizierung des gesamten *Executive*-Kollektives.

Diese drei Situationen, die alle in die gleiche Zielrichtung zeigen, verlangen sehr unterschiedliche Bearbeitungsmethoden.

Betreuung eines *Executive* in einer Position, in der er schon längere Zeit tätig ist – Angezielte Verbesserung seiner Performance
Wenn ein *Executive* in seiner gegenwärtigen Rolle und Position Schwächen zeigt (oder für sich seinen Leistungsstand überprüfen soll/möchte), muss ein erster Schritt in die Richtung erfolgen, dass er seine allfälligen „Deltas" zunächst überhaupt erkennt, sie akzeptiert und danach bereit ist, für sich Veränderungen einzuleiten.

Für das Erkennen von „Leistungsdeltas" ist ein 180°- oder 360°-Feedback-Verfahren angebracht, in dem die Verhaltens-Items maßgeschneidert aus der Strategie und den Kulturmerkmalen des Unternehmens abgeleitet werden müssen. Die Selbst- und Fremdeinschätzungsdaten müssen – obligatorisch, nicht fakultativ – mit einem FKE-Spezialisten oder einem *Executive Coach* durchgesprochen werden. Anlässlich dieser Gespräche ist es unabdingbar, dass der *Executive* den Zusammenhang der Feedbackdaten mit seiner Persönlichkeitsorientierung erkennt; gemeinsam – *Executive* und Coach – werden Verhaltensbereiche markiert, in denen eine Veränderung angestrebt wird.

Nach dieser eher diagnostischen Phase beginnt die eigentliche Entwicklung des *Executive*:

- Festlegung von Veränderungen im eigenen Ressort
- Einrichtung eines Feedback-Systems, das Daten liefert, ob der *Executive* sich in Richtung der Veränderung bewegt
- Regelmäßige Sessions mit einem *Executive Coach*. In diesen Sitzungen kann sich – in seltenen Fällen – ein Bedarf ergeben, der auch in einer externen

Veranstaltung mit gleichrangigen Teilnehmern verfolgt werden kann. Gemeinsame Veranstaltungen mit anderen *Executives* aus dem Unternehmen sind für substantielles Lernen bedeutungslos, weil sich die Teilnehmer auf dieser Ebene nie völlig gegenüber ihrem *Executive*-Kollegen öffnen. Genau das wäre aber notwendig, weil viele Probleme im Ressort eines *Executive* nur in Verbindung mit seiner Persönlichkeit verstanden werden können.

Alternativ zu einem selbstgesteuerten Veränderungsprojekt mit einem begleitenden *Executive Coach* kann der *Executive* mit seinem Projekt an einem offenen Programm an einer Business School (mit einem ausgeprägten Projektlernstrang) teilnehmen, in dem die anderen *Executive*-Teilnehmer zum Lernhelfer für die persönliche und berufliche Weiterentwicklung des *Executive* werden. Derartige Programme sind im seriösen Bereich eine Ausnahme; ein positives Beispiel ist das Programm von *Kets de Vries* am INSEAD (*Kets de Vries/Korotov* 2007, S. 375 ff.). Zumeist werden die *Executive*-Teilnehmer in externen Programmen mit für sie persönlich nahezu irrelevanten Inhalten „zugedeckt", die als Mischung von *„nice to know"* auf dieser Ebene und kognitivem Entertainment sogar schädlich werden können, weil sie den Blick für die Notwendigkeit der eigenen Weiterentwicklung verstellen.

Das von den beiden INSEAD-Dozenten konzipierte Programm geht von der Annahme aus, dass „... *managers often see such programs as an opportunity to take stock of their lives and careers and to deal with personal issues"* (S. 375 f.). Ihr 18-tägiges Programm, das sich über etwa ein Jahr erstreckt, konzentriert sich auf Veränderungen in der Organisation der Teilnehmer, die vorgängig selbst bereit sein müssen, sich zu verändern. *„If people are not ready to explore their personal responsibility in making things happen in organizations, a program that positions itself as a transformational one may not be right for them."* (S. 381)

Das Programm lebt von dem psychoanalytischen Zugang, den speziell *Kets de Vries* verkörpert, wobei er selbst konzediert, dass „... *managing this sort of program demand the kind of knowledge, skills, and attitudes that are not typically found in a traditional executive educator"*. (S. 385)

Betreuung eines neu ernannten *Executive* in einer für ihn neuen Führungsposition

Für diese leistungssteigernde Situation ist eine individuelle *Onboarding*-Begleitung unverzichtbar.

Bei Nominierungen für die OFK-Etage geht man gemeinhin davon aus, dass eine gründliche Selektion ausreicht, um die als passend beurteilten *Executive*-Kandidaten dann in die neue Position zu bringen. Gelegentlich wird der Karriereübergang mit einer adäquaten „Hochglanz-Leadership Development-Teilnahme" bei einem renommierten Veranstalter belohnt. Ein **systematisches „onboarding"**, wie man den Prozess bildhaft bezeichnet, der einen erfahrenen Manager in die *Executive*-Rolle bringt, findet man nur in wenigen Unternehmen.

Bei diesem Karriereübergang gibt es in der Praxis **drei kritische Aspekte**, die Beobachtern der Szene bekannt sind:

- Man unterschätzt den Lernbedarf des Übergangs vom erfahrenen Manager in eine *Executive*-Position.
- Man erwartet, dass der ausgewählte *Executive*-Kandidat sich relativ rasch in die neue Position einfindet; schließlich verfügt er über eine längere Führungsvergangenheit, in der er sich auch wiederholt in neue Situationen einarbeiten musste. Aus diesem Grund unterbleibt in der Regel für den nominierten *Executive*-Kandidaten ein entsprechendes *„developmental feedback"* mit den darauf aufbauenden Maßnahmen.
- Die Wahrscheinlichkeit, dass bei dieser Form der Übernahme etwas schiefgeht – *„derailment"* wie man diese Situation im Fachjargon dann bezeichnet – ist relativ groß. *„Complex new role demands combined with a lack of developmental support can produce a ‚perfect storm' – the failure of the new leader."* (*Conger/Fishel* 2007, S. 442)

Ausgehend von dieser Situationsbeschreibung hat *Conger*, einer der führenden Experten auf dem *Executive-Development*-Gebiet, mit dem *Inhouse*-Verantwortlichen der Bank of America einen Prozess konzipiert, wie der Übergang von der Ebene des erfahrenen Managers in eine *Executive*-Rolle ablaufen soll – eben das *„on-boarding"*.

Im Folgenden möchte ich daraus einige **Merkmale** vorstellen:

1. Die Autoren präzisieren anfänglich noch einmal die besondere Situation dieses Karriereübergangs: *„For many managers, the promotion to an executive leadership role will be the steepest jump in their career history and potentially the one with the least amount of transition support."* (S. 443) Diese paradoxe Situation wird durch mehrere Faktoren verursacht:
   - Man sieht in vielen Organisationen nicht den fundamentalen Unterschied zwischen der Welt eines funktionalen Linienverantwortlichen und der Welt eines *Executive*, dessen neue Aufgaben die Einnahme einer viel weiteren *Executive*-Perspektive erfordern. Die Arbeiten von *Elliott Jaques*, die sich im Kern dieser Thematik annehmen, sind in MD-Kreisen so gut wie unbekannt oder werden einfach übergangen – auch deshalb, weil *Jaques* für seine Zeitgenossen ein eher kritischer und unangenehmer Geist war. (*Jaques/Clement* 1991)
   - Der *Executive*-Kandidat gibt sich durch die Beförderung einer Selbsttäuschung hin, die dazu führt, dass man keinen Bedarf für das eigene Lernen sieht. Sich um Coaching oder Feedback zu bemühen, könnte vielmehr als Schwäche ausgelegt werden.
   - Man unterschätzt als erfahrener Manager die wesentlich stärkere politische Dimension in einer *Executive*-Position. Die neuen Kollegen sind auf dieser Ebene immer auch „Konkurrenten" um die höchsten Positionen und deshalb ist es als neues Mitglied in diesem *Executive*-Kreis schwierig, Entwicklungsunterstützung und Feedback zu erhalten.
   - Viele CEOs sehen Coaching für ihre unterstellten „Direktoren" nicht als besonders wichtigen Teil ihrer Rolle. Ich habe selbst bei der Auswertung verschiedener Business-School-Erfahrungen von OFK-Teilnehmern fest-

gestellt, dass ihr jeweiliger „Entwicklungsverantwortlicher" im Vorstand völlig abgetaucht war. (*Stiefel* 2003, S. 255 ff.)

– Die Gefahr des „*derailment*" ist bei internen Beförderungen schon hoch. Bei der Rekrutierung von außen berichten die Autoren sogar von einer „*Derailment*-Rate" von 40 Prozent während der ersten 18 Monate. Dieser Prozentsatz schlägt sich natürlich nicht in einer entsprechenden Fluktuation nieder, weil es in vielen Firmen nicht Teil der gelebten Unternehmenskultur ist, Fehlentscheidungen bei extern rekrutierten Führungskräften zu korrigieren.

2. Ein erfolgskritischer Faktor für das „*executive on-boarding*" ist das Engagement des CEO, der als Champion für die gesamte *Executive-Development*-Strategie der Bank auftritt.

3. Das „*on-boarding*" ist kein singulärer Event, sondern ein Prozess, der zwölf bis 18 Monate andauert und bei dem etliche „*stakeholder*" involviert sind. „*To engage solely the new executive's superior (the hiring executive) is not sufficient to ensure a successful on-boarding experience. Rather the fullest possible spectrum of stakeholders must be involved in selection, entry and on-boarding phases.*" (S. 446)

4. Bei den unterstützenden Interventionen wird besonderer Wert auf die Qualität der Interventionen zwischen dem neuen *Executive* und seinen „*stakeholder*" gelegt. „*A purely paperwork-driven or bureaucratic process will not succeed. The approach must therefore focus on the quality of dialogue and interaction rather than documentation and formal processes.*" (S. 446)

5. Eine entscheidende Figur in dem „*Stakeholder*"-Orchester des gesamten „*On-boarding*"-Prozesses ist der *Leadership Development Officer* aus dem HR-Ressort (der LD- oder FKE-Partner), der in Zusammenarbeit mit dem Vorgesetzten des neuen *Executive* gleichsam „*ownership*" über den gesamten „*On-boarding*"-Prozess hat. Diese LD-Partner verfügen durch ihre Erfahrung und Kompetenz über eine hohe Glaubwürdigkeit. Um eine Vorstellung von der Intensität von deren Betreuungsarbeit zu geben: Die Bank hat 40 dieser karätigen LD-Partner, die im Jahr etwa 100 neue *Executives* begleiten – etwa 60 Prozent sind davon interne Beförderungen und 40 Prozent werden vom Markt rekrutiert, in Zusammenarbeit mit *Executive-Search*-Firmen.

6. Es gibt verschiedene Design-Elemente, die zu einem erfolgreichen „*on-boarding*" gehören:

Design Elements of Effective On-Boarding

Successful on-boarding is the result of several distinct elements working together

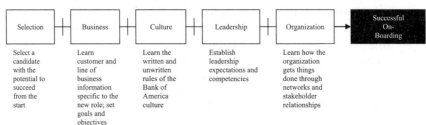

7. Die aufwendige Unterstützung im *„on-boarding"* für den *Executive* wird verdeutlicht, wenn man die Aktivitäten der ersten 180 Tage auf einem Zeitstrahl abträgt. (S. 448)

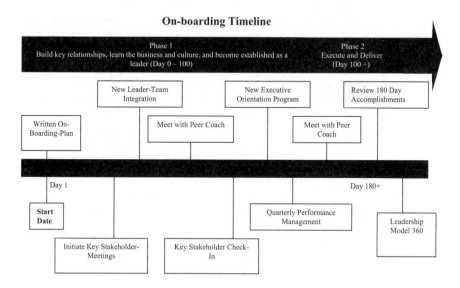

On-boarding Timeline

(1) Am Beginn steht die Vorbereitung des *„On-boarding"*-Plans, den der LD-Partner ausarbeitet. In diesem Plan sind zwei wichtige Komponenten enthalten:
  – Dem *Executive* werden detaillierte Informationen über seinen neuen Bereich zur Verfügung gestellt, die er als Leader benötigt. *„They are given an overview of their unit's financials, the unit business plan, key initiatives, assessments of their team's leadership talent, and other important background information such as biographies of key managers, customer surveys, and recent presentations on key issues in the unit."* (S. 449)
  – Der *Executive* muss Aussagen über die anzustrebenden Ergebnisse nach 90 Tagen machen – *„along three dimensions: financial, leadership, and organizational."* (S. 449)
(2) Wichtige Figuren im *„on-boarding"* sind der *„peer coach"* und der *„senior advisor"*.
  – *„The peer coach is able to provide ‚insider'-information."* (S. 449)
  – *„The senior advisor is someone who provides the new executive with mentoring around their career."* (S. 450)
(3) Eine wesentliche Einrichtung des *„on-boarding"* ist die Sitzung *„New-Leader-Team-Integration"*, die in drei Phasen abläuft:
  – Der LD-Partner bereitet mit dem *Executive* im Vorfeld die Sitzung vor, indem Fragen erörtert werden, die hilfreich für einen späteren Dialog des *Executive* mit dem Team sind. Beispielhafte Fragen (S. 450):

1. *What do you need to know about your team?*
2. *What don't you know about your team?*
3. *What are your concerns?*
4. *What things are most important to you as a leader?*
5. *What does the team need to know about expectations and operating style?*
6. *How can the team best support you in your transition into the new role?*
7. *What key messages would you like to send to the team?*

– Anschließend trifft sich der LD-Partner des neuen *Executive* mit diesem Team, ohne dass der *Executive* dabei ist (als Gruppengespräch oder in Einzelgesprächen). Mit dieser Maßnahme sollen im Vorfeld des späteren gemeinsamen Treffens zunächst die Anliegen aus der Sicht des Teams ermittelt werden. Beispielhafte Fragen (S. 450):

1. *What do you already know about the new executive?*
2. *What don't you know, but would like to know?*
3. *What advice do you have for the new executive that will help him or her be even more effective?*
4. *What questions do you have for the new executive?*
5. *What are your concerns about their becoming the leader of the team?*
6. *What major obstacles are you encountering as a team? What opportunities exist?*
7. *What is going well that you would like to keep? What is not going well that you would like to change?*
8. *What do you need from the new executive to allow us to be even more effective?*

– Auf diese unabhängige Sammlung von „Themen und Anliegen" folgt das Treffen des *Executive* mit seinem Team, das vom LD-Partner moderiert wird. Nachdem Team und *Executive* jeweils ein *„Briefing"* über die Fragen und Erwartungen der anderen Seiten erhalten haben, erarbeiten beide Seiten getrennt Antworten darauf, die dann in einem gemeinsamen Treffen ausgetauscht werden.

(4) Nach einem sehr ähnlichen Schnittmuster wie die „*New Leader-Team Integration-Session*" läuft das Treffen mit Kollegen auf derselben Ebene ab, die „*New Peer Integration Session*", die in dem Zeitabschnitt zwischen 30 und 60 Tagen des Prozessplans stattfindet.

(5) Ein weiteres Stellglied im „*on-boarding*" ist das „*New Executive Orientation Program*", bei dem der CEO als Sponsor auftritt und das zweimal im Jahr durchgeführt wird. Das wesentliche Ziel dieses Design-Elements ist die Schaffung von Networking-Möglichkeiten für den neuen *Executive*.

(6) Coaching und Unterstützung des neuen *Executive* ist ein zentrales Prozesselement. Für jeden neuen *Executive* wird ein „*On-boarding*"-Team eingerichtet (*peer coach, hiring manager, HR generalist and LD-partner*). Als Ziele verfolgt dieses „*On-boarding*"-Team:

- *„Clarify and reinforce the manager's role in the on-boarding process.*
- *Align whatever HR resources are relevant.*
- *Introduce the concept of a ‚peer coach‘.*
- *Introduce the Leadership Development Specialist as a legitimate support coach in this process."* (S. 452)

(7) Zur Halbzeit der Einführungsperiode des neuen *Executive folgt das „Key Stakeholder Check-in"*, ein Treffen, in dem der Neue mündlich und schriftlich Feedback seiner *„key stakeholder"* erhält. *„This experience is designed to accelerate the development of effective working relationships between the new leader and the stakeholders who have shared responsibility for the new leader's success."* (S. 452)

Im Vorfeld dieser Feedbacksitzung erarbeitet der LD-Partner mit seinem Klienten die Bereiche und Verhalten, in denen der neue *Executive* gerne Feedback erhalten möchte, auch durch ausgewählte *stakeholder*. Anschließend trifft sich der LD-Partner mit dem *Stakeholder*-Kreis für ein 15- bis 30-minütiges Gespräch, um – anonym – Feedback-Daten zu erheben, die sich an den ursprünglich mit dem *Executive* festgelegten Verhaltensbereichen orientieren. Daneben sammelt der LD-Partner für seinen *Executive* auch allgemeines Feedback von beispielhaft genannten Fragen wie (S. 453):

1. *What are your initial impressions of your new leader's strengths?*
2. *What are the potential landmines/obstacles that he or she may come up against?*
3. *What advice would you give to the new leader to be even more effective and to accelerate performance in the role?*
4. *What 1–3 things do you specifically need from this individual?*
5. *To increase effectiveness, what does this individual need to 1) continue doing, 2) stop doing, and 3) start doing?*

Im Anschluss trifft sich der LD-Partner mit seinem *Executive*-Klienten, um ihm die erhaltenen Feedback-Daten darzulegen. In dieser Feedback-Sitzung formuliert der *Executive* für sich seinen Aktionsplan, um spezifische Rückmeldungen zu bearbeiten. Dieser Aktionsplan wird dann auch vom *Executive* – auf dessen Initiative – mit seinem Vorgesetzten besprochen. Der LD-Partner verliert seinen Klienten auch jetzt nicht aus den Augen, aber die Diskussion der Aktionsplanungsziele findet zwischen dem *Executive* und seinem Vorgesetzten statt.

(8) Etwa zwölf Monate nach dem *Stakeholder*-Treffen gibt es für den neuen *Executive* ein 360°-Feedback auf der Basis des Leadership-Konzepts und anderer Dimensionen der Bank. Dieser Zeitpunkt wurde gewählt, da sich zur Halbzeit das erste Feedback durch die *stakeholder* in einem Aktionsplan zur Veränderung niedergeschlagen hat und man jetzt anhand der 360°-Feedback-Daten überprüfen kann, wo sich der *Executive* nach einem neuerlichen Gespräch mit seinem LD-Partner noch engagieren muss. Anschließend folgt eine weitere Diskussion mit dem Vorgesetzten.

Dieses Konzept des *executive „on-bording"* ist ein Musterbeispiel für ein imitationsgeschütztes Vorgehen, das mit seiner Qualität und der Einbettung in die Unternehmenskultur einen einzigartigen Wettbewerbsvorsprung gegenüber anderen Unternehmen sichert. Zudem ist es so beispielhaft für die eingangs erörterte Situation im Feld 1 der FKE-Matrix, dass ich diese Entwicklungsmaßnahme einer kritischen Bewertung unterziehen möchte.

Eine kritische Bewertung

1. Wenn ein *Executive* bei der Übernahme einer neuen Position „entgleist" oder die Anforderungen nicht erfüllt, entsteht auf dieser Ebene immer ein hoher Schaden für eine Organisation. Mit der Vielzahl von Interventionen auf dem „Zeitstrahl der Induktion" wird eine Art „Frühwarnsystem" geschaffen, das anzeigt, in welcher Hinsicht der Neue Hilfe braucht.

2. Gegenüber der oft nur zu Beginn der Übernahme einer neuen *Executive*-Position erfolgten Unterstützung schafft die Aufreihung einer Vielzahl helfender Interventionen eine völlig andere Qualität der Induktion.

3. Man weiß aus der Praxis, dass der Entwicklungsverantwortliche eines neuen *Executive,* zumeist aus der GF-Etage, seine Rolle nur ungenügend wahrnimmt. Die Einbeziehung der *stakeholder* des Neuen und der *Executive*-Kollegen in den Feedback-Prozess sichert die rechtzeitige Bereitstellung von Daten für die weitere Entwicklung.

4. Ein erfolgskritischer Stellhebel für das *„on-boarding"* ist der Einsatz qualifizierter LD-Partner, die mit ihrem Engagement auch gewährleisten, dass die Termine und die Maßnahmen auf dem Zeitstrahl der Induktion eingehalten werden. Ansonsten würde das eintreten, was aus vielen Organisationen bekannt ist: Die Zeitfenster im Kalender des Vorgesetzten entscheiden darüber, wann er sich mit dem neuen *Executive* „abgibt".

5. Das erläuterte *„on-boarding"* gilt für extern und intern rekrutierte Führungskräfte für *Executive*-Positionen gleichermaßen. Es enthält ein Element in der Design-Architektur, das auch für die Entwicklung von Führungskräften anderer Ebenen eingesetzt werden kann: die Fokussierung der Entwicklungsressourcen auf Karriereübergänge. Dies ist ein wesentlich wirksamerer Design-Parameter der gesamten FKE eines Unternehmens als beispielsweise die Entsendung neuer Führungskräfte in entsprechende Leadership-Development-Programme, die womöglich von einem externen Trainingsanbieter mit einem Geschäftsmodell von *„standardized services"* durchgeführt werden. (*Delong* et al. 2007)

6. Die bei den beschriebenen *„on-boarding"* eingesetzten „Feedback-Mechanismen" betonen die Qualität der Daten und den anschließenden Dialog. Sie unterscheiden sich deutlich von dem häufig bei Unternehmen zu beobachtenden Prozess, bei dem ein Feedback-Modell instrumentiert wird und die Profile, natürlich mehrfarbig beeindruckend auf einem Computer-Printout, von einem externen Angestellten einer Trainergruppe in belangloser Weise erläutert werden.

7. Wenn Unternehmen über eine ausgeprägte Kultur verfügen, dann braucht es eine Begleitung von *Executives* während der ersten Zeit ihrer Nominierung, in der sie noch besonders bildsam sind.

Qualifizierung des gesamten *Executive*-Kollektivs

Es geht im Feld 1 der Performance-Steigerung auf der *Executive*-Ebene in diesem Quadranten nicht nur um die Weiterentwicklung individueller Führungskräfte, sondern vor allem auch um die Entwicklung des gesamten Kollektivs, um kurzfristig Veränderungen im Unternehmen zu erreichen.

Ein Modell für diesen Fall stellt das **Entwicklungskonzept von *Ulrich/ Smallwood*** (2007) dar, wie sie es insbesondere in den vier Stufen

- *Learning the leadership brand*
- *Demonstrating brand efficacy*
- *Building the leadership brand in others*
- *Perpetuating the leadership brand in the organization (S. 79 ff.)*

ausgefaltet haben.

Ein anderes Konzept der kollektiven *Executive*-Qualifizierung habe ich vor Jahren anlässlich der **Propagierung der *Peters/Waterman*-Erfolgsfaktoren** in einem Unternehmen als „Blaupause" vorgelegt, die sämtliche obere Führungskräfte ins Boot holte, um mit ihnen eine Überprüfung der bekannten acht Erfolgsfaktoren in ihren Ressorts vorzunehmen, an die sich dann Qualifizierungsprogramme anschlossen (*Stiefel* 2003, S. 349 ff.).

Auch die Vorbereitung eines strategisch bedeutsamen Schwerpunktthemas nach der **Bearbeitungsmethodik des Korridorthemas** (*Stiefel* 2010, S. 36 ff.) gehört zur kollektiven Performance-Steigerung von *Executives*.

Bei der Qualifizierung von

- *Executives* als Individuum und
- *Executives* als Kollektiv

braucht es im Feld 1 der kurzfristig wirksamen Veränderung auf *Executive*-Positionen keine eigentlichen „Trainings" im klassischen Sinn, sondern immer eine entwicklungsorientierte Vorgehensweise. Die klassische Abhaltung von Leadership-Seminaren für obere Führungskräfte, wie sie im Markt von Trainergruppen durchgeführt werden, ist absolut bedeutungslos.

Wichtig und bislang stark vernachlässigt in der Praxis der Performance-Steigerung von *Executives* ist die Unterscheidung in individuelle und kollektive Maßnahmen, die jeweils völlig andere Design-Merkmale erfordern.

Während es bei der Bearbeitung der einzelnen Führungskraft um eine kurzfristige Veränderung auf einer *Executive*-Position geht, führt die Bearbeitung des *Executive*-Kollektivs zwar auch zu unmittelbar wirksamen Veränderungen auf den jeweiligen Führungspositionen. Durch die Bearbeitung eines „gemeinsamen Anliegens" im weitesten Sinne entsteht jedoch auch ein **einheitlicher Vektor der Veränderung auf allen *Executive*-Positionen**, was sich in einem **markanten „Delta" der Entwicklung des gesamten Unternehmens** niederschlagen kann.

5.2.3. Maßnahmen zur Verbesserung der Führungsleistung im Non-Executive-Bereich

Die Mehrzahl der FKE-Entwicklungsmaßnahmen in Unternehmen findet im Feld 2 der angeführten Matrix statt. Dabei muss auch hier zwischen mehreren Situationen entschieden werden:

- Ein Manager ist bereits in seiner Führungsposition und wird aufgrund von
  - Performance-Schwächen
  - Übernahme von veränderten strategischen Vorgaben der Unternehmensspitze in seinen Verantwortungsbereich
  „bearbeitet".
- Das gesamte Management oder ein Großteil des Management-Kollektivs soll qualifiziert werden.
- Ein für eine Führungsposition ausgewählter Experte aus dem Unternehmen soll für seine Führungsaufgabe qualifiziert werden (erstmalige Übernahme einer Führungsposition).
- Führungskräfte, die bereits in anderen Unternehmen geführt haben und von außen rekrutiert werden, sollen für die Spezifika ihres neuen Arbeitgebers qualifiziert werden.

Betreuung eines Managers in einer Führungsposition, in der er schon längere Zeit tätig ist: Verbesserung der Performance
Wenn bei einem Manager zu irgendeinem Zeitpunkt eine Performance-Schwäche aufgetreten ist, die vordem nicht bestanden hat, ist es oberstes Gebot, den Auslöser der Performance-Schwäche herauszufinden. Sind es neue Mitarbeiter, die er zu führen hat? Hat der Manager einen neuen Vorgesetzten erhalten? Oder gibt es Probleme im privaten Umfeld (z.B. eine Partnerschaftskrise oder anstehende Scheidung), die auf die Performance durchschlagen?

Da die Performance-Schwächen der einzelnen Kandidaten für ein geplantes Training sehr unterschiedlich sein können, ist der Design-Zugang für diese Zielgruppe eine sehr individuell ausgestattete „Bedarfs-Exploration". Wenn man mit den vermeintlichen Teilnehmern dieser „Trainingsgruppe" problemklärende Gespräche führt, wird man feststellen, dass ein Großteil dieser Kandidaten von einem klassischen Führungstraining nicht profitiert.

Das geeignete Design-Konzept für diese Manager ist die Einrichtung eines Coaching-Pools. Die zur Verfügung gestellten Coaches brauchen mit dem Kandidaten nicht danach zu suchen, was sie zur Verbesserung ihrer Performance benötigen. *Performance Improvement* tritt bereits ein, wenn die Ursachen für den Leistungsabfall valide und akzeptierbar gefunden wurden und man gemeinsam darüber spricht, wie man zukünftig mit diesen „Leistungsbremsen" fertig wird. Es ist nicht ausgeschlossen, dass sich eine Coaching-Begleitung anschließt. Auch wenn es desillusionierend klingt: Das Training in einer Lerngruppe ist für Kandidaten die in dieser Situation völlig falsche Maßnahme!

Ein Manager muss veränderte strategische Vorgaben in sein Führungsverhalten übernehmen

In einem Unternehmen, das sich nicht den „Luxus" oder den „Konstruktionsfehler" einer eigenen PE-/FKE-Abteilung leistet, ist es ein ganz normaler Vorgang, dass strategische und unternehmenskulturelle Neuausrichtungen durch die jeweiligen Vorgesetzten kaskadenförmig von oben nach unten an die einzelnen Führungskräfte herangetragen werden. Dabei kann sich jeder Vorgesetzte auch des früheren „Lernstatt-Ansatzes" bedienen und beispielsweise als Leiter einer Abteilung seine Gruppenleiter in mehreren kurzzeitigen Treffen über die geplante Neuausrichtung informieren und mit ihnen erarbeiten, welche Konsequenzen sich für die Führung generell und das Führungsverhalten der einzelnen Gruppenleiter ergeben. Falls eine PE-/FKE-Abteilung besteht, darf diese auf keinen Fall den Vorgesetzen ihre Arbeit abnehmen. Sie kann höchstens die einzelnen Vorgesetzten von Gruppenleitern (um beim Beispiel zu bleiben) beraten, wie sie ihre „lernstattähnlichen Sessions" gestalten.

Externe Führungstrainer sind bei Kandidaten in dieser Situation fehl am Platz!

Das gesamte Management oder ein Großteil des Manager-Kollektives soll qualifiziert werden

Hier geht es im Wesentlichen um eine strategisch relevante Neuerung oder eine strategische Veränderung, die man nicht individuell-kaskadenmäßig bearbeiten möchte, sondern die man relativ schnell in geschlossenen Arbeitsgruppen in konkretes Führungsverhalten mit nachhaltiger Wirkung umsetzen will. Dafür eignet sich in besonderer Form das „Trainingssystem" des Korridorthemas als Bearbeitungsmethodik – ausgewählte Bedarfe für das gesamte Management sind damit zu bearbeiten (*Stiefel* 2010, S. 36 ff.).

Erstmalige Übernahme einer Führungsposition

Dieser Falltyp steht für die häufigste Situation in diesem Matrixfeld: Ein Mitarbeiter war als Experte, als „Sach"-Bearbeiter oder in anderen Projekten des Unternehmens tätig und soll nun, nachdem ihm durch unterschiedliche Verfahren „Führungspotential" attestiert wurde, durch Trainings auf die erstmalige Übernahme einer Führungsposition „vorbereitet" werden.

Ungleich der vielen Vorbereitungsseminare für „neue Führungskräfte" halte ich von einer Vorbereitung durch die Teilnahme an einem Führungsseminar, das den Kompetenzerwerb zur Wahrnehmung von Führungsaufgaben verspricht, nicht sehr viel – auch wenn sich mit diesem „Produkt" ganze Generationen von externen Führungstrainern eine goldene Nase verdient haben.

Ich sehe in diesem Fall eine Art *„Taking-charge"*-Prozess mit den folgenden Trainingselementen:

t_1 (vor Übernahme der Führungsposition)
- Kennenlernen der eigenen Führungspersönlichkeit
- Bedeutung der spezifischen Unternehmenskultur für die Rolle als Führungskraft im Unternehmen

- Wer und was kann für eine neue Führungskraft hilfreich sein?
  - Rolle des unmittelbaren Vorgesetzten in den ersten Wochen
  - *Download*-Hilfen zur Bewältigung von Führungssituationen
  - Einweisen in Führung eines Tagebuchs zur Sammlung von kritischen Führungssituationen
- Keine Trainings zum Erwerb von Management-*„skills"*
- Vermittlung der Erwartung durch einen hochrangigen *Executive*, dass die neue Führungskraft mit Unterstützung des Vorgesetzten und des *„Download"*-Materials ihre Aufgaben unternehmerisch und eigenverantwortlich wahrnehmen kann (Pygmalion-Effekt)

t_2 (während der ersten Wochen in der neuen Führungsposition)
- Häufiges Vorgesetzten-Coaching
- Sammlung von Führungssituationen zur späteren Aufarbeitung in einem problemorientierten Führungsseminar (t_3)

t_3 (nach drei bis vier Monaten in der neuen Führungsposition)
- Teilnahme an einem mehrstufigen problemorientierten Führungstraining mit Erwerb der Führungsgrundlagen (siehe S. 44 in diesem Buch)
- Identifizierung von spezifischen *„Skill"*-Defiziten bei bisher erlebten Führungssituationen

t_4 (anschließend)
- Teilnahme an spezifischen *„Skill"*-Trainingssessions
- Selbstgesteuerte Treffen zur Lösung von Führungsproblemen in Kleingruppen (als Folge der Teilnahme am problemorientierten Führungstraining)

t_5 (nach mindestens zwei bis drei Jahren Führungserfahrung)
- Einsatz als Co-Trainer mit einem hauptamtlichen innerbetrieblichen Trainer aus der FKE-Abteilung in der Begleitung des Führungsnachwuchses in t_1 und t_3

Betreuung von Führungskräften, die neu ins Unternehmen eintreten und bereits über Führungserfahrung verfügen
Da diese Fälle zahlenmäßig zumeist überschaubar sind, werden sie tendenziell individuell betreut. Wichtig ist, dass die extern rekrutierte Führungskraft die Unternehmenskultur und ihre Konsequenzen für die Wahrnehmung von Führung im Unternehmen versteht und eine personelle „Anlaufstelle" für Fragen hat. Für diese Situationen würde ich einen „Mentor" vorsehen. Den Bedarf für ein spezifisches Führungstraining für von außen rekrutierte Führungskräfte sehe ich nicht, zumal es auch noch den direkten Vorgesetzten des „Neuen" gibt, der mit Coaching-Unterstützung zur Verfügung steht.

Im Unterschied zur bisherigen Praxis sehe ich in Matrixfeld 2 wesentlich weniger Bedarf an „Führungstrainings". Und wenn es welche braucht, dann sind es andere als die, die heute angeboten werden. Das hören die sich im Markt tummelnden Trainingsfirmen nicht gern; wenn sie jedoch nicht primär an ihren Umsatz, sondern an die Wertschöpfung bei ihren Klientenunternehmen denken, kämen sie zu einem ähnlichen Ergebnis.

5.2.4. Entwicklung von Executives für eine zukünftige Verwendung im Unternehmen

Die Felder 3 und 4 beinhalten Maßnahmen, die nicht auf die Verbesserung einer Führungsleistung in einer begleiteten oder vorhandenen Position abzielen, sondern die den Mitarbeiter „wertvoller" für das Unternehmen machen sollen, damit eine Neubesetzung von vakanten Stellen aus den eigenen Reihen erfolgen kann.

Das Feld 3 beinhaltet die Situationen, in denen es um die Förderung von *Executives* geht – also um die Weiterentwicklung von erfahrenen oberen Führungskräften, die an der Schwelle zum OFK stehen oder dem OFK bereits angehören und die nun für eine zukünftige höherwertige Verwendung qualifiziert werden sollen. (Der OFK als „Oberer Führungskreis" umfasst die direkt berichtenden Führungskräfte an den Vorstand.)

Das Feld 3 ist der Bereich in der Matrix, in dem besonders viel falsch gemacht wird – ohne dass man sich bewusst macht, dass es sich dabei um profunde professionelle Kunstfehler handelt, die für ein Unternehmen dramatische Konsequenzen haben können.

Da mein Förderungsprogramme-Handbuch (*Stiefel* 2003) verschiedene Kapitel zum Thema *„Executive Development"* enthält, beschränke ich mich hier auf die **Design-Essenz der Entwicklungsarbeit im Feld 3 der Matrix**, den Design-Prämissen und der Design-Architektur.

Design-Prämissen

- Es gibt eine eindeutige Überlegenheit der langfristigen Förderung eigener Kandidaten gegenüber der Rekrutierung von Externen und deren anschließender Unterstützung. *Bower* auf der Basis von breit angelegten Untersuchungen: *„Strong evidence supports the notion that a well-groomed insider is a key to sustained company performance... Qualified insider leadership correlates with better company performance..."* (2007, S. 91 f.).

- Man entwickelt *Executives* nicht durch ein Business-School-Programm oder *Advanced-Leadership*-Lehrgänge. *„Succession is a process, not an event."* (*Bower* 2007, S. 92)

- Die Entwicklung von *Executives* findet durch die Übernahme von Aufgaben mit ständig wachsender Verantwortung statt, mit deren Bearbeitung sich allmählich eine General-Management-Perspektive herausbildet.

- Die Entwicklung von *Executives* muss längerfristig angelegt sein, damit die unterschiedlichen Erfahrungen zu einem *„inside-outsider"* führen – *„internal candidates who have outside perspective"*. (*Bower* 2007, S. 92)

- Die Entwicklung von *Executives* mit diesem durch gesteigerte Verantwortungsübernahme gesteuerten Kompetenzaufbau und der Persönlichkeitsentwicklung verlangt, dass der Prozess der Förderung relativ früh – im Alter von etwa 30 Jahren – beginnt. *„If leaders need a decade to develop and need to take the helm with a decade of service still ahead of them, they need to be identified by the time they are 30."* (*Bower* 2007, S. 96)

- *Executive Coaches* und Mentoring sind wichtige Entwicklungsinstanzen für die Förderung von *Executives*. Der wichtigste Treiber der Entwicklung ist jedoch der *Executive*-Kandidat selbst, der sich am *„big picture"* seiner Entwicklung mit Hilfe eines Mentors und von Coaches orientiert. *Bower* hat für dieses *„big picture"* einige Fragen zusammengestellt, von denen ich auszugsweise einige übernehme (*Bower* 2007, S. 95). Deren fortdauernde Bearbeitung mit Coaches und einem Mentor lässt *Executive*-Qualität mit der Zeit heranreifen:

  (1) *„How will the company help you grow? (What patterns of assignments will you get? Will you have time to learn?)*

  (2) *What kind of mentoring will you receive?*

  (3) *How soon can you run a business? (If you don't get general management responsibility early, you can't learn the job.)*

  (4) *Do you meet your numbers?*

  (5) *Do you help others? (Are you developing their talent?)*

  (6) *What do you do for your peers? (Are you just their in-house competitor?)*

  (7) *Are you transparent? (Managers who get a reputation for spinning events gradually lose the trust of peers and superiors.)*

  (8) *Are you developing a group of senior-manager friends who know you and are willing to back your original ideas with resources?*

  (9) *Is your network expanding outside your division? (Have you visited with customers, vendors, and related organizations?)*

  (10) *Living a balanced life: Are you there for your family? (Managing can be lonely – support of family can be invaluable.)"* (*Bower* 2007, S. 95)

Und schließlich eine besonders wichtige Frage für die Einrichtung eines persönlich funktionierenden Lernsystems für den *Executive*-Kandidaten:

„Have you cultivated a relationship with someone ... who tells you the truths you don't want to hear? (The higher you rise in your organization, the more your colleagues will tell you what they think you want to hear)." (*Bower* 2007, S. 96)

Design-Architektur

- Der Zugang zum *Executive Development* basiert nicht auf selegierenden Assessments. Aufgrund von subjektiv erreichbaren Kriterien (z.B. Erfahrungen in zwei unterschiedlichen Ressorts, Mitarbeit an einem großflächigen Change-Projekt) plus überdurchschnittliche Leistung kommt man in eine *„Executive Feeder-Group"* (siehe im Einzelnen *Stiefel* 2003, S. 137 ff.).
- Man kommt relativ einfach in eine *„Executive Feeder-Group"* oder *„-Pipeline"*, in der vielerlei Lernimpulse angelegt sind. Man verlässt die *„Executive Pipeline"*, wenn man in seiner Entwicklung stagniert, persönlich „angekommen" ist oder seine angemessene Zielposition erreicht hat.
- Reflexion von Praxis mit Hilfe zahlreicher Mechanismen ist der wichtigste Treiber für *Executive*-Lernen.

- Der Umgang mit der eigenen Führungspersönlichkeit in einer Vielzahl von unternehmensstrategisch bedeutsamen Situationen ist ein wichtiges Thema für die Treffen mit Coach und Mentor. Externe Seminare mit gleichrangigen Teilnehmern zur Weiterentwicklung der Persönlichkeit, interpersonellen Sensibilität und Verhaltensflexibilität sind hilfreich.
- General-Management-Programme sind nur sinnvoll im *Executive Development*, wenn sie in das größere Entwicklungsprogramm für einen *Executive*-Kandidaten eingebettet sind (siehe *Stiefel* 2003, S. 342 ff.).
- Die Teilnahme an Weiterbildungsveranstaltungen soll im Zusammenhang mit der Bearbeitung eines strategischen Problems als reales Projekt gesehen werden. Bei der Problemlösung und ihrer allfälligen Implementierung hat der Mentor eine gewichtige Rolle (*"The trick is to give the young manager the time and leeway to turn a new idea into a great business without giving him the rope to hang himself"* – *Bower* 2007, S. 96).
- Singulär freistehende Programme, auch *Executive-MBA*-Programme, wie sie in den ersten drei „Schulen der Förderung"
  - Modell der kognitiven Kompetenzerweiterung
  - Modell der allgemeinen kognitiven und sozialen Kompetenzerweiterung
  - Modell der teilnehmerspezifischen Kompetenzerweiterung (*Stiefel* 2010, S. 40 ff.)
  erwähnt sind, sind überflüssig – in vielen Fällen sogar schädlich.
- Gemeinsame interne Leadership-Programme der *Executive*-Kandidaten sind als Maßnahme der individuellen Förderung im Feld 3 der Matrix nicht angebracht. Sie gehören lediglich ins Feld 1 der Matrix, vorausgesetzt, sie werden richtig durchgeführt.

Wenn ich ein **Fazit** für die vielen Einrichtungen und Veranstaltungen ziehe, die für obere Führungskräfte etwas anbieten: Sie sind fast immer so gut wie bedeutungslos für das eigentliche Development der *Executives* – eine desillusionierende Feststellung, die sich jedoch bislang noch nicht hinreichend in der Praxis durchgesetzt hat.

5.2.5. Entwicklung von Führungskräften im Non-Executive-Bereich für eine zukünftige Verwendung im Unternehmen

Im **Feld 4** geht es um die Gestaltung diverser Förderungsprogramme von Mitgliedern der Führungsebenen unterhalb des OFK, in denen sie für eine höherwertige und/oder anderwärtige Verwendung in der Organisation vorbereitet werden. Da ich in meinem sehr umfassenden Förderungsprogramme-Handbuch (*Stiefel* 2003) eine Vielzahl von Themen bereits behandelt habe, beschränke ich mich hier auf die **Formulierung der essentiellen Fragen**, die ein FKE-Designer bezogen auf dieses Matrixfeld beantworten muss.

Da es bei diesem Matrixfeld 4 um längerfristige Entwicklungsprozesse geht, bei denen die Entwicklung neuer Fähigkeiten (*"skills"*) auch von der Entwicklung eines neuen Bezugsrahmens („Mentalitätsveränderung") begleitet wird – in meiner Blickstellung begleitet werden muss –, verwende ich hier ganz bewusst in Anlehnung an *Dixon* den Begriff *„Development"*. *„Learning is differentiated from development, in that learning involves new techniques to function more effectively in an existing framework, whereas development is the movement from one framework to another."* (*Dixon* 1993, S. 245)

- Ist das *Development* der Manager einzelner Führungsebenen als
  - individuelle Fähigkeitenentwicklung und/oder
  - Mentalitätsveränderungsprogramm
  konzipiert?
- In welchem Verhältnis stehen seminaristische Förderungsprogramme und das *Development* durch Rotationen, *Job Enlargement* oder temporäre Mitarbeit an Projekten?
- Welche Rollen übernehmen die einzelnen *Development*-Beteiligten (Mitglieder der GF, Mentoren, Coaches, der unmittelbare Noch-Vorgesetzte etc.) in der Förderung der Manager?
- Wie werden die Entwicklungsrichtungen in den einzelnen Förderungsprogrammen
  - vom Mitarbeiter zur ersten Führungsposition,
  - vom Gruppenleiter zum Abteilungsleiter und
  - vom Abteilungsleiter zum Bereichsleiter
  bestimmt und ebenenspezifisch präzisiert?
- Mit welcher Einsatzflexibilität werden die Teilnehmer in einem Förderungsprogramm auf ihre neue Verwendung vorbereitet? (Konzipiert man Förderungsprogramme gedanklich nahe an einem Höherqualifizierungsprogramm, in dem die Einsatzsituationen für die Teilnehmer mehr oder weniger feststehen, oder qualifiziert man sie für einen „Einsatz-Pool"?)
- Wie sind die drei Subsysteme im *Development* von Managern

  - Zulassungssystem,
  - System des Lernens (Mikrogestaltung) und
  - System der Verwendung (*Placement*)
  ausgestaltet?
- Wie werden allfällige negative Nebeneffekte wie
  - Kronprinzeneffekt (Druck auf die Organisation zum Erhalten eine höherwertigen Position)
  - Abwanderung zu Konkurrenten, die qualifizierte Kandidaten abwerben,
  - extrem hohe Kosten pro Teilnehmer
  - Rivalität unter Teilnehmern, die sich als Konkurrenten um attraktive Positionen sehen,
  - Vernachlässigung der Leistung am gegenwärtigen Arbeitsplatz während der Förderung (Arbeitsdruck)
  aufgefangen oder das Design der *Development*-Phase so angelegt, dass diese negativen Effekte erst gar nicht entstehen?
- Was macht das Gesamtsystem des *Development* von Managern
  - imitationsgeschützt gegenüber Mitbewerbern im Markt?

- einzigartig für ein Unternehmen?
- Wie wird das *Development*-System
  - im Unternehmen gegenüber potentiellen Teilnehmern
  - nach außen als Merkmal von Arbeitgeberattraktivität
  kommuniziert und vermarktet?

Dies sind nur einige Fragen, die sich ein Design-Verantwortlicher stellen muss, wenn er eine FKE-Policy im weitesten Sinne und dann deren Umsetzung bis zur Gestaltung von Mikro-Situationen in der Förderung (z.B. durch eingebaute Merkmale des permanenten Reflexions-Lernens) begleitet oder durch Einbindung von kompetenten Umsetzungshelfern (z.B. extern rekrutierte Entwicklungsbegleiter) sicherstellt.

5.3. Wider das lehrinhaltliche Chaos in der FKE

Die in der FKE, speziell in Trainings- und Entwicklungsmaßnahmen vermittelten Lehrinhalte sowie die aus Arbeits- und Projekteinsätzen reflektierten Erfahrungen stehen – zumindest auf dem Papier – in engem Zusammenhang zu der Vorstellung, was ein guter Manager können muss. Zu diesem letzten Punkt sind im Laufe der Jahre ganze Bücherregale gefüllt worden.

Je nachdem, welchem „Weltbild" man in der FKE anhängt und welche Modethemen man in Unternehmen favorisiert, gibt es die Legitimation für die unterschiedlichsten Themen, die man seinen Führungskräften vorsetzt. Selbst so schillernde Figuren wie der ehemalige EKD-Ratspräsident *Huber*, der sich mit seinem neuen Geschäftsmodell und seiner hohen verbalen Flüssigkeit, die man in allen kirchlichen Organisationen erwirbt, erhalten in jüngster Zeit die Chance, zu „Wirtschaftsethik und Moral" als den neuen Modethemen im managementandragogischen Entertainment ihren Beitrag zu leisten. Und wenn dann jemand wie *Huber* mit Aussagen wie „Es ist Gottes Auftrag an die Menschen, ihre Fähigkeiten unternehmerisch einzusetzen" (*Meck* 2010, S. 38), auf sich aufmerksam macht, dann können die neuen Inhalte in Management-Curricula eine richtige Konjunktur erleben.

Ich habe zumindest **zwei markante Beobachtungen** hinsichtlich der **Inhalte in Management-Programmen** von Unternehmen gemacht:

- Man verfügt zuweilen über ein Kompetenz-Modell für seine Führungskräfte, das dann bei näherer Prüfung zumeist nicht mehr so überzeugend ist, wie es propagiert wird. Eine Verbindung zu der Gestaltung des Lernens in der FKE wird nicht systematisch vorgenommen.
- Es gibt sehr selten ein überzeugendes didaktisches Entscheidungskonzept, welche Lehrinhalte unternehmensunspezifisch und welche Lehrinhalte spezifisch als Manager einer bestimmten Führungsebene in einem Unternehmen erworben werden müssen.

Die diesbezügliche Realität zeigt ein echtes Chaos und wenn man sich in guter ignoranter Gemeinschaft mit der FKE anderer Unternehmen befindet, kann man ja nicht so falsch liegen. Dies ist mein Befund aus der Blickstellung eines kritischen Management-Andragogen, der natürlich nicht zur „herrschenden Lehre" in den einschlägigen Verbänden der P- und HR-Vertreter gehört.

Die externen Management-Institute und auch *Executive-Education*-Programme boten in den 60er und 70er Jahren eine gewisse didaktische Orientierung. Heute wird dort das an Lehrinhalten angeboten, was man gut vermarkten kann und eine gewisse Plausibilität oder Oberflächen-Validität für individuellen Führungserfolg und einen allfälligen Unternehmenserfolg hat. Ob der einzelne Manager oder ein bestimmtes Unternehmen diese Inhalte benötigt, um erfolgreich zu werden, kommt zumeist nicht über den Stand der Vermutung hinaus.

Hinsichtlich dieser Beobachtungen möchte ich **drei konstruktive Ergänzungen** vornehmen.

1. Den Unternehmen, die an ihre Kompetenzmodelle glauben, um daraus lehrinhaltliche Gestaltungsentscheidungen für das Lernen von Führungskräften abzuleiten, möchte ich ein sehr treffendes Zitat von *Burgoyne* (1989, S. 72) entgegenhalten, das aus der Zeit der Hochkonjunktur der Diskussion von Kompetenzmodellen in Großbritannien stammt: *„Being competent is different from having competencies."*

Führungskompetenz wird mit der Fähigkeit und der Bereitschaft umschrieben, Führungsaufgaben wahrzunehmen. Da aber Führungsaufgaben für einen Manager nicht als vorstrukturierte Aufgabenbeschreibung vorliegen – zumindest nicht im heutigen Verständnis –, sondern vom Manager selbst erst kreiert, definiert und interpunktiert werden, beginnt bereits hier die große Schwierigkeit. Zu den Aufstellungen von Führungskompetenzen hat *Burgoyne* eine Reihe von Einwänden erhoben und Fragestellungen aufgeworfen:

- Der Prozess der Führung ist nicht eine sequentiell durchgeführte Übung von bestimmten Führungskompetenzen, die man während eines Tages absolviert und die sich am Ende eines Tages als effektive Führung manifestieren. Wenn man einzelne spezielle Aspekte von Führung erwirbt, ist noch lange nicht gesagt, dass sich differenziert erworbene „Kompetenz-Bausteine" in ein ganzheitliches Leistungsverhalten integrieren. Das bedeutet
    - für Training und Entwicklung, dass einzelne „Kompetenzbausteine" sich nicht in Führungsleistung ausdrücken müssen, und
    - für die Auswahl- und Potentialeinschätzung, dass isoliert identifizierte einzelne Führungskompetenzen bei einem Manager nicht unbedingt eine erfolgreiche Führungsleistung prognostizieren lassen.
- Geht man von der Annahme aus, dass zur Führung jeweils die selbsttätige Aufgabendefinition gehört, um erfolgreich zu sein, dann kann es keine vorab formulierten Kriterien geben, die darüber eine Aussage machen, was erfolgreiches Führungsverhalten eines Managers darstellt.
- Wenn man kompetente Führung immer als Kompetenz in ganz spezifischen einzigartigen Situationen begreift, dann taucht die Frage auf, wie universell Führungskompetenzen eigentlich sein können. Auf einer hinreichend abstrakten Ebene sind Führungskompetenzen allgemeingültig,

doch kann mit ihrem Erwerb keine spezielle Führungssituation bewältigt werden. Es gibt so etwas wie eine allgemeine „Alphabetisierung", doch ist deren Beherrschung für erfolgreiches Führungsverhalten in einzelnen Situationen unzureichend und zusätzlich ändert sich im Zeitablauf das „Alphabet", das man als notwendige Basiskompetenz als wichtig einschätzt.

– Wird Führung als kreativer Akt begriffen, der wie jede kreative Aktivität seine Grenze nach vorne verschiebt, dann werden die Kompetenzen, die heute in diesem kreativen Akt gebraucht werden, morgen überflüssig und obsolet und neue sind notwendig, um den Prozess des Führens fortzusetzen.

– Führungskompetenz addiert sich nicht aus einer Liste von „technischen Einzelkompetenzen". Vielmehr braucht es auch Ethik und Moral im Führungsprozess, um als Manager als kompetent zu gelten. Kompetentes Führungsverhalten erfordert deshalb auch das Engagement und die Auseinandersetzung des Einzelnen, um individuelle Werte und Werte einer Organisation anzugleichen.

– Forschungsprojekte wie auch gesunder Menschenverstand haben gezeigt, dass es in jeder spezifischen Führungssituation immer mehrere richtige Formen von Führung gibt. Kompetenzansätze in der Auswahl und im Training sowie bei der Entwicklung von Führungskräften müssen demnach hinreichend anpassungsfähig sein.

– Hinter den Führungskompetenzen steht immer auch eine Person mit einer Persönlichkeit, die die erworbenen Kompetenzen einsetzt. Deshalb kann der Aspekt der Persönlichkeitsentwicklung nicht von der Rolle einer Führungskraft abgekoppelt werden.

– Da Führung in Unternehmen nicht nur als Kompetenz Einzelner, sondern vor allem als Team- und Gruppenkompetenz erfolgreich ist, darf in der Kompetenzentwicklung nicht nur beim Einzelnen gehandelt werden. Es ist ein Fehlschluss zu glauben, dass die addierte Kompetenzentwicklung von einzelnen Führungskräften sich auch in mehr Führungsleistung im Unternehmen niederschlägt.

2. Bei meiner zweiten Beobachtung verfolge ich heute eine Linie im lehrinhaltlichen Entscheidungskonzept, die sich an den folgenden Annahmen orientiert:

– Es gibt relativ unternehmenskulturunabhängige Wissens- und Verhaltensbausteine, die von erfolgreichen Führungskräften beherrscht werden müssen und die sie von weniger erfolgreichen Führungskräften unterscheiden.

Dazu gehört beispielsweise das Führungsstil-Konzept von *Hersey/ Blanchard* (1977), das für mich zu den inhaltlichen Klassikern gehört, die eine besondere Praxisrelevanz auszeichnet.

– *Hersey/Blanchard* ist eine Art Alphabetisierung in Sachen Einsatz des eigenen Führungsverhaltens, deren Nachvollziehbarkeit und einfache Trainierbarkeit unübertroffen ist. Dabei ist bemerkenswert, dass das Erlernen des Führungs-ABC nach *Hersey/Blanchard* für Teilnehmer in allen Unternehmenskulturen geeignet ist.

- Ursächlich für die hohe Rezipierung der Arbeit bei Praktikern ist eine sehr verständliche und nutzerfreundliche Diktion, die speziell *Blanchard* zu verdanken ist, während der ältere *Hersey* der eigentliche wissenschaftliche Kopf im Autorenteam war.
- Ursächlich ist aber auch, dass jeder Teilnehmer mit seinem natürlichen Stilverhalten in einem Training abgeholt wurde, bevor er sich dann auf das – oft unterschätzte – Entwicklungsprojekt einer Erhöhung seiner Stilflexibilität eingelassen hat.
- Führungsstile werden bei *Hersey/Blanchard* von einem Vorgesetzten nicht im Abstrakten eingeübt, sondern in Verbindung mit Zielen und Verantwortungsbereichen von Mitarbeitern. Diese Verbindung von MbO und Führungsstil-Kontrahierung ist unter Praxisaspekten ein besonders herausragendes Merkmal (*Hersey/Blanchard/Hambleton* 1977).
- Das Konzept des Reifegrads und seine Instrumentierung ist ein besonderes Merkmal von *Hersey/Blanchard*. Mitarbeiter werden danach beurteilt, welche fachliche und welche psychologische Reife oder Motivation sie für einen bestimmten Aufgabenbereich haben. Danach bestimmt sich der Führungsstil des Vorgesetzten.
- Vorgesetzte sollen Mitarbeiter so führen, dass diese auch ihren Reifegrad in einem Aufgabenbereich verändern und im Laufe der Zeit eine hohe fachliche und eine hohe psychologische Reife erwerben. Das Führungsstil-Konzept von *Hersey/Blanchard* verfolgt am ausgeprägtesten von allen Führungstheorien das Konzept des entwicklungsorientierten Führens.
- Aber auch die Meilenstein-Arbeit von *Mintzberg* (1973) gehört mit den zehn Rollen eines Managers zu den kulturunabhängigen Themenkreisen, die in den Curricula von Management-Programmen von den Teilnehmern erworben werden sollten – und die man heute als „inhaltliche Gestalt" vergeblich sucht. Zwar tauchen Fragmente – wie Kommunikation oder Konfliktlösung – in großer Regelmäßigkeit in der FKE auf, doch fehlt es am Erwerb eines unternehmenskulturunabhängigen lehrinhaltlichen Gesamtkonzepts. Die Rollen von *Mintzberg* wurden von *Bartlett/Goshal* (1998, S. 79 ff.) weiterentwickelt und könnten – ähnlich wie das Führungsstil-Konzept von *Hersey/Blanchard* – zu den Grundlagen einer führungsinhaltlichen Alphabetisierung werden, deren Fehlen jüngst zur Erklärung der Umsetzungslücke in vielen Unternehmen angeprangert wurde (*Sull* 2010, S. 71 ff.).
- Daneben gibt es Themen, die sehr spezifisch mit der Strategie und der Kultur eines Unternehmens zusammenhängen und die von erfolgreichen Führungskräften dieses Unternehmens beherrscht werden müssen. Ein klassisches *Schein* -Zitat dazu: „*... the only thing of real importance that leaders do is to create and manage culture and that the unique talent of leaders is their ability to understand and work with culture. If one wishes to distinguish leadership from management or administration, one can ar-*

*gue that leaders create and change cultures, while managers and admin-
straters live within them."* (*Schein* 1992, S. 5)

Basierend auf meinem Schema in Kapitel 5.1.2 (S. 151) gehören zu diesem inhaltlichen Kanon:

– Strategie des eigenen Unternehmens, die Produkte, Märkte und Tech-
nologien im weitesten Sinn sowie das Konkurrenzumfeld.

– Soll-Kultur des Unternehmens mit seinen Wesensmerkmalen.

– Persönlichkeit und Kultur (mit der eigenen Führungspersönlichkeit
und der geführten Persönlichkeit von Mitarbeitern in einer bestimmten Unternehmenskultur Ergebnisse erzielen).

– Execution Management und Change Management, um vorhandene Ist-
Situationen zu angestrebten Soll-Zuständen überzuführen. Dieser Teil
eines kulturabhängigen lehrinhaltlichen Curriculums wird in einer anderen begriffsinhaltlichen Deutung auch mit „Leadership" umschrieben (z.B. *Kouzes/Posner* 1987).

3. Ein dritter Aspekt beim Thema „Lehrinhaltliches Chaos in der FKE" betrifft
die zu enge einseitige Perspektive, die man in der FKE auf den Design-Ebenen B und C bis heute anwendet. Wenn es um Entscheidungen in der Programmplanung geht, wird in der Praxis die Frage nach den Inhalten so stark
in den Vordergrund gerückt, dass für die Beantwortung anderer Fragen der
Gestaltung des Lernens der Teilnehmer kein Raum mehr bleibt. Es gibt in jeder Lernsituation eine inhaltliche und eine prozessuale Seite. Wenn man ein
kulturspezifisches FKE für ein bestimmtes Unternehmen konzipiert, muss
sich die angestrebte Soll-Kultur des Unternehmens in der Lernkultur der einzelnen Maßnahmen abbilden. Mit anderen Worten: Die Teilnehmer erleben
eine zukünftige Soll-Kultur ihres Unternehmens in der Lernwelt der FKE-
Maßnahmen und transferieren diese erlebte Lernkultur als „Meta-Ziele" der
Weiterbildung an ihren Arbeitsplatz.

Da die meisten FKE-Verantwortlichen auch heute noch zu wenig im Fachgebiet Management-Andragogik kompetent sind, reduzieren sie die Komplexität der management-andragogischen Programmplanung auf die Suche nach
den zu lehrenden Inhalten. Innovative Design-Strategien für „Inhalt aus Pro-
zess-Seminaren", mit denen ein besonders wirkungsvolles ganzheitliches Lernen der Teilnehmer möglich wird und bei dem die Inhalte aus dem von den
Teilnehmern erlebten Lernprozess abgeleitet werden, bleiben so vielerorts un-
genutzt. Ich bin immer wieder überrascht, wie wenig Mitarbeiter mit FKE-
Verantwortung in Unternehmen und Akademien mit einem über 30 Jahre alten Aufsatz-Klassiker anfangen können, in dem ich die Systematisierung von
Führungsseminaren in ihren Konsequenzen für das Trainerverhalten detailliert ausgefaltet habe (*Stiefel* 1979, S. 226 ff.). Stattdessen erfahren unausge-
gorene „Trainingskonzepte" im *Outdoor*-Bereich oder in der „Führungs-Ar-
beit" mit Tieren (z.B. Pferden und Hunden) eine große Beachtung, weil man
meint, seinen saturierten Führungskräften immer wieder etwas Neues oder
einen neuen spektakulären „*kick*" bieten zu müssen. Dies scheint eine unhin-
terfragte Prämisse im Markt der Manager-Weiterbildung zu sein.

Ich möchte nur zwei Beispiele nennen, die mir jüngst aufgefallen sind:

Ein Zürcher Management-Institut, das mittlerweile am Markt als „International Business School" auftritt und seinen Teilnehmern auch zu einem „MBA" verhilft, hat einen Workshop „Führung und Spiritualität" u.a. auch mit einem mongolischen Schamanen durchgeführt, der den Teilnehmern den Steppenalltag in einer Jurte nahebrachte: Wie man sich gegenseitig nach dem Erwachen die Augen ausleckt oder wie der Nomade den ersten Urin mit der Hand auffängt und damit die Zähne spült und gleichzeitig desinfiziert. (NZZ am Sonntag vom 22.10.06, S. 43)

Im Zürcher *cash daily* (05.01.2007, S. 6) erschien ein Bericht über einen britischen *Stand-up*-Komödianten, der seinen Auftritt als Management-Weiterbildung deklariert und den Teilnehmern die bekannten aufbauenden Thesen einiger szenebekannter „Trainingsgauner" wie *„Ich glaube an die Kraft des Ja"* oder *„Du bist kein Versager, du bist ein Nicht-Erreicher"* vermittelt. Das im Londoner Amüsierviertel Soho angebotene Management-Seminar ist in Wahrheit ein Unterhaltungsprogramm, in dem der „Management-Trainer" sich verkleidet, einen Pferdeschwanz anklebt und dann seine Teilnehmer mit einer Mischung aus Trivial-Psychologie und klischeehaften Management-Weisheiten zum Lachen bringt.

Welches Fazit kann man angesichts dieser immer skurrileren Auswüchse im lehrinhaltlichen Chaos ziehen?

1. Die Grenzen zwischen Teilnehmer-Events, Unterhaltungsprogrammen und eigentlicher Management-Weiterbildung werden unschärfer. Um „Events" und Unterhaltung von Management-Weiterbildung zu trennen, braucht es klare Kriterien.

   Eines dieser Kriterien ist Lernen und ein Schlüssel zum Lernen ist nachdenkliche Reflexion – auch in Anlehnung an *Gosling/Mintzberg* (2006, S. 422 f.), die als einen ihrer Grundsätze für gehaltvolle Management-Weiterbildung Folgendes sehen: *„... the key to the learning is thoughtful reflection."* Dazu gehören reflexive Diskussionen mit anderen Teilnehmern, aber auch die sehr persönlichen Träumereien *(„private reverie")*, für die man Zeit braucht.

   Ein zweites Kriterium, um Unterhaltung, Klamauk oder reine *Comedy* von Management-Weiterbildung zu unterscheiden, besteht darin, dass sich anschließend ein Niederschlag, eine Veränderung im organisatorischen Umfeld der Teilnehmer ergibt. Unterhaltung darf auf den „Seminarraum" beschränkt bleiben, wenn sie sich als Management-Weiterbildung ausgibt, *„... impact on the organization should follow"* (*Gosling/Mintzberg* 2006, S. 423).

2. Es gibt sehr unterschiedliche Zugänge, wie man sich mit seiner Arbeit als Manager auseinandersetzt und wie man für diese Arbeit zu neuen Erkenntnissen und zu neuem Handeln kommt. Dazu können durchaus auch Verfremdungen im Design dienlich sein. Aber an irgendeiner Stelle während der Teilnahme am „Event" oder der Unterhaltung muss eine Rück-

besinnung auf die eigene Arbeit als Manager erfolgen, um das Erlebte als Management-Weiterbildung zu qualifizieren.

3. Es gibt Vertreter, die ihr Happening als Management-Weiterbildung verkaufen und darauf bestehen, dass man das Erlebte nicht zerredet, also nicht verbal reflektiert. Ich kann dies dann noch als Management-Weiterbildung einordnen, wenn zum „persönlichen Verarbeiten" Zeit eingeräumt wird, in der jeder Teilnehmer seine Form der Auseinandersetzung für sich wählen kann – aber es muss eine entsprechend ausgewiesene Zeitpassage als Teil des Lernprozesses vorhanden sein, damit das Erlebte nicht wie *„Rauch durch den Schornstein abzieht"*, wie es in einem Klassiker heißt. (*Progroff* 1975, S. 18)

    Ohne irgendwelche reflexive Verarbeitungs-Modi, die eine angemessene Zeit voraussetzen, um den Bezug des Erfahrenen/Erlebten zur Rolle als Manager in einer Organisation herzustellen, bleibt eine Design-Verfremdung ein Happening – egal, wie es überschrieben ist.

4. Ich deklariere eine teure Veranstaltung für Manager eines sich innovativ gebenden Management-Instituts nicht a priori als „Scharlatanerie", wenn keine Lehrinhalte mit Management-Bezug abgehandelt werden. Aber in diesen Fällen wäre ich als FKE-Verantwortlicher besonders kritisch, wenn es um die Beurteilung des verfremdeten Lern-Designs geht.

5. Die eigentlichen Unterhaltungsprogramme für Manager oder – wie es heute vermehrt heißt – Leader, denn keiner will nur noch Manager sein, kommen jedoch völlig unerkannt daher. Indem ein Trainer auftritt und Inhalte und Lösungen anbietet, um bei Teilnehmern bestimmte *„leadership-skills"* zu entwickeln (*Raelin* 2004, S. 131: *„The list approach to leadership"*), wird damit Leadership Development reklamiert, aber es bleibt eine höhere Form der Unterhaltung. *„The problem with the list approach is that most trainees find that, as a leadership development method, it doesn't work that well upon their return in their professional homes."* (*Raelin* 2004, S. 131)

Ich bin heute besonders hellhörig, wenn immer wieder neue spektakuläre *„kicks"* für Manager angeboten werden, mit denen man erwünschte und beabsichtigte Lern- und Entwicklungsprozesse auslösen will. Viele dieser neuen Maßnahmen erfüllen lediglich das Merkmal, unterhaltend zu sein, wobei es durchaus kurzweilig sein kann, in andere Lebensformen und Kulturkreise einzutauchen. Die besonders kritisch zu betrachtenden Management-Unterhaltungsprogramme sind jedoch nicht die ausgefallenen „Events", sondern die Vielzahl der heute noch abgehaltenen Programme in Unternehmen, die sich bei genauerer Prüfung als Unterhaltungsveranstaltung für Manager darstellen – und dazu häufig sogar noch als denkbar langweilige und schlechte. Die eigene Erfahrungswirklichkeit und das reflektierende Erleben neuer Erfahrungen müssen zum Gegenstand des Manager-Lernens werden – „... *experiences rather than programs should form the core of executive development"* (*McCall jr.* 2004, S. 127).

Das Thema Management-Unterhaltung und Management-Weiterbildung hat eine lange Geschichte, die mich bereits vor nahezu 30 Jahren zur Veröffentlichung eines Beitrags im Harvardmanager veranlasste: „Managementtraining – Eine besondere Form von Entertainment? (*Stiefel* 1982, S. 32 ff.). Als ich darüber Anfang der 80er Jahre einmal eine gleichlautende Tagesveranstaltung durchführte, war unter den Teilnehmern auch ein Casino- und Spielbank-Manager, der sich eine Erweiterung des Angebots für seine Besucher erhoffte. Wie man sieht, sitzen die Programm-Manager für Management-Unterhaltung nicht nur in Management-Instituten und FKE-Abteilungen, sondern auch in offiziellen Unterhaltungsbetrieben, wobei man Letzteren zugute halten muss, dass sie bei ihren Angeboten wenigstens ehrlich sind und keiner Selbsttäuschung unterliegen oder Scharlatanerie betreiben.

5.4. Ein FKE-„Handling"-Konzept als „missing link"

Unternehmen benötigen ein FKE-System, das von der Anlage her geeignet ist, substantielle individuelle und kollektive Lernprozesse bei den Mitarbeitern im Management entstehen zu lassen, die auf nachhaltigen Erfolg ausgerichtet sind. Wenn ein Unternehmen so weit ist, dass es ein FKE-System mit einer hohen Erfolgswahrscheinlichkeit konzipiert hat, dann unterscheidet es sich bereits von den vielen FKE-Einrichtungen, die es in der Praxis zu beobachten gibt.

Ich kann mit großer Überzeugung versichern, dass in den vier Feldern der vorgestellten Matrix, die das FKE-Geschäft in Unternehmen ausmacht, heute in der Praxis mehr falsch als richtig gemacht wird. Dafür ist weniger die fachwissenschaftliche Basis der Management-Andragogik verantwortlich, sondern es sind die vielen „Köche" im FKE-Geschäft, die mit ihren tatsächlichen und angemaßten Machtpositionen für das Chaos in der Praxis sorgen. Es kommt hinzu, dass leitende FKE-ler in Unternehmen mit einer alleinigen Autonomie in der Konzipierung von FKE-Systemen – noch immer – ausgestattet sind, die faktisch für einen Großteil der unbefriedigenden Situationen verantwortlich sind. Ich habe aus meiner langjährigen Erfahrung für GF-Vertreter das Fazit gezogen, dass man sich bei einer Veränderung des betrieblichen FKE-Systems immer zuerst die Person des Leitungsverantwortlichen vornehmen sollte! (*Stiefel* 2010, S. 111)

Aber selbst dann, wenn ein befriedigendes FKE-System vorhanden ist, gibt es in meiner Wahrnehmung der Praxis das oft völlige Fehlen eines **„Handling"-Konzepts** oder Fehlvorstellungen, wie man mit einem FKE-System umgehen sollte. Hier zeigt sich abermals das Manko, das man auch bei anderen Systemen der Verhaltensproduktion beobachten kann: Die „Systemkonstrukteure" konzentrieren sich zu sehr auf den Entwurf und die Ausgestaltung ihrer Systeme und machen sich zu wenig Gedanken darüber, wie das System in der Praxis richtig funktionieren soll.

Drei Beispiele:
* Man organisiert Entwicklungsmaßnahmen in den einzelnen Matrixfeldern und wartet darauf, dass Vorgesetzte für ihre geführten Führungskräfte oder Führungskräfte durch Selbstnominierung Bedarfe dafür anmelden.

- Eine FKE-Abteilung erhebt alle erdenklichen Bedarfe im Unternehmen und gewichtet sie nach Dringlichkeit und bietet dafür Veranstaltungen und eventuell auch Coaching-Maßnahmen an.
- Die Freiwilligkeit der Nachfrage nach FKE-Leistungen führt dazu, dass *Executives* überhaupt keinen Betreuungsbedarf anmelden und andere Führungskräfte nur dann Leistungen in Anspruch nehmen, wenn sie Zeit für eine Entwicklungsmaßnahme aufbringen können und keine Probleme darin sehen, über einen Bedarf zu sprechen.

Bei einem derart funktionierenden System der FKE wäre es besser, die gesamte Abteilung aufzulösen oder an einen externen FKE-Generalunternehmer zu vergeben, denn diese oft stark am organisierten, auf der lern- oder transferorientierten Entwicklungsstufe stehen gebliebenen Lernen (z.B. Seminare) orientierten FKE-Systeme mit ihren faktisch etablierten „Handling"-Konzepten bringen das gesamte Entwicklungsgeschäft in die Nähe von gehobenem Entertainment.

Welche Merkmale muss ein „Handling"-Konzept der FKE aufweisen, dass es die Investitionen in die Führungskräfte eines Unternehmens rechtfertigt?
Der Existenzgrund eines FKE-System muss eindeutig expliziert werden – in meiner Werthaltung gibt es nur einen Grund für ein FKE-System, und zwar den, dass das Lernen der Führungskräfte im weitesten Sinne die Weiterentwicklung des Unternehmens unterstützt.

- Alle Führungskräfte müssen bereit sein, sich für die Weiterentwicklung des Unternehmens in Lern- und Entwicklungsprozesse einzulassen.
- Die begrenzten Ressourcen bedingen, dass in einer bestimmten zeitlichen Phase des Unternehmens Zielgruppen und Inhaber von Schlüsselpositionen vorrangig bearbeitet werden.
- Die Investitionen in eine Person oder eine Zielgruppe sind nicht defizitorientiert, sondern an Chancen für das Unternehmen ausgerichtet.
- Die Geschäftsführung übernimmt eine wichtige Controllerfunktion in der Allokation von Investitionen in ihr Führungskräfte-Team.
- Überdurchschnittliches Engagement für Lernen im FKE-System gehört zum erwarteten Leistungsverhalten einer Führungskraft.

Ein eigens etabliertes Gremium, das ressortübergreifend von OFK-Mitgliedern und/oder Mitgliedern der Geschäftsführung sowie mit externen Experten besetzt ist, trifft die zentralen Entscheidungen für ein FKE-System. Eine PE- oder FKE-Abteilung hat lediglich eine auf der Basis dieser Entscheidungen ausführende Funktion.

Wenn ein Unternehmen ein derartiges „Handling"-Konzept für ein FKE-System zur Anwendung bringt, ist eine hohe Effektivität und Effizienz sichergestellt. Insbesondere wird FKE wieder in höherem Maße in die Verantwortung der GF und der Führungskräfte selbst übertragen und mit diesen Merkmalen wird auch der schleichenden Mittelmäßigkeit und der professionellen Obsoleszenz von PE- und FKE-Abteilungen als Fachabteilungen entgegengewirkt. Die Mittelmäßigkeit in diesen Abteilungen in Verbindung mit der oft faktisch ausgeübten Autonomie für das „Handling" des FKE-Systems ist die eigentliche Crux der FKE-Arbeit in vielen Unternehmen. Einzelheiten einer anderen Form von PE und FKE habe ich in meinem Buch über „Strategieumsetzende Personalentwicklung – Schneller lernen als die Konkurrenz" (2010) ausgefaltet.

6. FKE in international tätigen Unternehmen

Da ich in meinem Berufsleben von Anfang an in einem interkulturellen Kontext tätig war und zur Hoch-Zeit meiner Trainings- und Beratungsarbeit gleichzeitig Klienten in den vier Anrainerländern des Bodensees (Deutschland, Österreich, Schweiz, Liechtenstein) betreut habe, war es natürlich, meine Erfahrungen in die FKE-Arbeit in international tätigen Unternehmen einzubringen. Die erwartete Resonanz blieb jedoch auf der breiteren Front aus, zumal die FKE-Verantwortlichen ganz selten über eigene Auslandseinsätze verfügten und nicht die Bedeutung der FKE-Arbeit für die Effektivierung von Auslandsinvestitionen ihrer Unternehmen einschätzen konnten.

„International business is much more personal and relationship oriented than domestic business" – so heißt es in einem empfehlenswerten Lehrbuch von *Lane/ Distefano* (1988, S. 2). Wenn man diese Generalthese ernst nimmt, dann muss man alle Facetten seines FKE-Geschäfts überdenken, insbesondere vor dem strategischen Hintergrund in vielen Unternehmen, dass sich die Wachstumsmärkte eindeutig ins Ausland verlagert haben.

PE- und FKE-Abteilungen sind nicht immer originär für die Unterstützung der Internationalisierung eines Unternehmens zuständig. Oft ist es eine Fachabteilung (z.B. Produktionsressort, wenn eine Motorenfertigung ins Ausland verlagert wird), die sich dafür kompetent hält. Oder das Thema Auslandsentsendungen wird vom betrieblichen Personaljuristen bearbeitet, der die diversen rechtlichen Fragen eines *Expatriate* klärt und entsprechend der Arbeitsverträge für dringliche und vordergründige Themen beim Auslandseinsatz so bearbeitet, dass für die wichtigen und weniger offenkundigen Bedarfe der ins Ausland delegierten Fach- und Führungskraft kein Raum und keine Zeit mehr bleibt.

Auch wenn eine FKE-Abteilung für die „Performance-Seite" nicht originär zuständig ist, muss sie die Initiative entwickeln, um Projekte in Gang zu setzen, die zur Sicherstellung des Erfolgs von Auslandsinvestitionen notwendig sind – auch dann, wenn sie nicht um Unterstützung gebeten wird. Dies ist im Übrigen ein Beispiel dafür, dass PE und FKE in hohem Maße auch „politisch" verfolgt werden müssen und die **„Fähigkeit zur Initiierung von Schnittstellenprojekten mit anderen Abteilungen"** (*Stiefel* 2010, S. 92) eine **wichtige Kompetenz des strategieumsetzenden PE-/FKE-lers ist.**

Ich möchte einige Themen und Arbeitsfelder unterstreichen, die für einen FKE-ler in einem internationalen Unternehmen besonders bedeutsam sind.

6.1. Erarbeitung einer internationalen FKE-Strategie

Eigentlich sind heute fast alle Unternehmen ab einer bestimmten Betriebsgröße in einer offenen und weltweit verflochtenen Volkswirtschaft internationale Unternehmen. Sie unterscheiden sich nur im Internationalisierungsanteil, der bei hoher Ausprägung zum Begriff des „global agierenden Unternehmens" geführt hat.

Wie könnte eine derartige Strategie aussehen?

Ein Beispiel des französischen Multis **Lafarge**, der die entwicklungsorientierten Anteile von HRM als Treiber der Internationalisierung einsetzt (*Som* 2003, S. 281):

Why Internationalize?
Internationalization is an essential strategic element. Its aim is to:

- *Bring together the human resources necessary to take in hand the new activities and developments of the Group and the search for new opportunities. Taking into account our development objectives, we want to double the number of managers in international situations in the next five years.*
- *Diffuse accumulated know-how and expertise throughout the Group's diverse operating units.*
- *Integrate men and women of different nationalities, origins, and professions.*
- *Develop a management style based on networking in the different domains of the company's management.*
- *Increase the awareness, within our management ranks, including nonexpatriates, of the „international" reality of the Group's strategy, activities, and way of functioning.*

Whom to Internationalize?

- *Internationalization must be a success not only for the Group but for the person who is internationalized.*
- *Expatriates for international assignments should have a desire to go overseas and have a recognized level of performance. The priority is to offer career development opportunities to managers and experts who have an important development potential.*
- *Internationalization is not only reserved for technical people.*
- *It is also important to diversify the origins (nationality and culture) of expatriates in order to have the necessary human resources in place, avoid the difficulties of reinsertion in the home country and make up international teams who have good local roots.*
- *Internationalization also concerns the expatriate's family.*

How to Internationalize?

- *The Group has made a policy decision to encourage international exposure to as large a number of employees as possible. Internationalization can take many diverse forms depending on the objective required:*
- *Classic expatriation for 3 to 5 year period in respect to career development.*
- *Expatriation of professionals in order to respond to precise operational needs due to international needs of the Group.*
- *Assignments of reasonably short duration.*

Wenn man den Prozess der Erarbeitung einer Internationalisierungsstrategie als FKE-ler in die Hand nehmen möchte, kann man sich an die Ergebnisse einer Studie „anhängen" und überprüfen, inwieweit diese auch für das eigene Unternehmen zutreffen (*Roberts/Kossek/Ozeki* 1998, S. 93 ff.).

Die Untersuchung der Studie wurde in acht Unternehmen mit insgesamt 24 leitenden HRM-Professionals durchgeführt, denen für die Vorbereitung der Interviews vier Fragenkreise vorab zugestellt wurden:

- *„Was sind die wichtigsten globalen Herausforderungen, denen Ihr Unternehmen im Bereich der HRM-Arbeit gegenwärtig und zukünftig gegenübersteht?*
- *Über welche Kompetenzen sollten HR-Professionals angesichts dieser Herausforderungen in Art und Umfang verfügen?*
- *Welche vorzeigbaren Beispiele von internationaler HRM-Praxis gibt es in Ihrem Unternehmen?*
- *Über welche ‚Internationalisierungskenntnisse' sollten HR-Professionals verfügen, wenn sie eine HRM-Aufgabe in Ihrem Unternehmen übernehmen?"*

1. Bei der Frage nach dem ideal funktionierenden internen Arbeitsmarkt schälten sich **drei Aufgabenfelder** heraus:
   - *„Deployment":* Wie schafft man es, dass die notwendigen Kompetenzen – unabhängig von der geografischen Region – dort eingesetzt werden, wo man sie im Unternehmen benötigt?
   - *„Knowledge and innovation dissemination":* Wie kann man neues Wissen und neue Erfahrungen im Unternehmen allgemein zugänglich machen, unabhängig davon, wo es entstanden ist und entwickelt wurde?
   - *„Identifying and developing talent on a global basis":* Wer verfügt im Unternehmen über das Potential oder wie kann man die notwendigen Kompetenzen bei Mitarbeitern für ein global agierendes Unternehmen entwickeln?

2. Mehr und mehr Unternehmen erkennen, dass das traditionelle *Expatriate*-Modell beim deployment – um den Kurzbegriff zu verwenden – überholt ist, zumal damit impliziert wird, dass Fähigkeiten immer von der Hauptverwaltung an Niederlassungen übertragen werden müssen. Heute geht es darum, dass Fähigkeiten auch von einer „Front" an die andere „Front" im Unternehmen gehen, ohne dass der Prozess von einem *expatriate* gesteuert werden muss.

   Zum Zweiten hat man festgestellt, dass das *Expatriate*-Modell mit seinen immensen Kosten oft nicht mehr tragbar ist, und man sich deshalb Gedanken machen muss, wie Fähigkeiten weltweit zugänglich werden, ohne dass man *expatriates* delegieren muss.

3. Beim *knowledge transfer* – als Kurzbegriff – hatte man lange Zeit aufgrund einer ethnozentrischen Einstellung den Fehler begangen, dass man neues Wissen und neue Fähigkeiten von einzelnen Länderfronten unterschätzte – auch weil man anderen Nationalitäten zu wenig Vertrauen entgegenbrachte. Dieses Vertrauensproblem wurde noch verschärft, wenn man sich mit der ethnozentrischen Perspektive dazu verleiten ließ, mit dem gesprochenen und dem geschriebenen Englisch anderer Nationalitäten die vorhandenen **lokalen Wis-**

sens- und Fähigkeitsstrukturen abzuwerten oder zumindest nicht zu erkennen.

4. *Talent identification and development* wurde von den befragten Unternehmen als besonderes Problem erachtet, da viele Direktinvestitionen von global agierenden Unternehmen heute in Ländern vorgenommen werden, die von der Lebensqualität her wenig Attraktivität bieten. Zudem bewirkt die Tendenz zu dualen Laufbahnfamilien in der Gesellschaft, dass Neigungen von jungen Führungskräften für eine Auslandtätigkeit stark eingeschränkt werden. Trotz aller Systeme zur Erfassung von Potentialdaten hatte man festgestellt, dass man zu wenig auf interkulturelle Unterschiede abstellte und beispielsweise mit dem US-eingefärbten Kriterium von *commitment* für die Aufgabe und das Unternehmen viele kompetente Potentialträger übergangen werden. Die HR-Systeme funktionieren technisch, aber werden ungenügend „gefüttert". Eindeutiges Fazit der Studie: Es wird heute immer schwerer, **junge Menschen für eine Auslandstätigkeit zu motivieren**, wobei nicht immer wahrgenommen wurde, welchen Anteil ein Unternehmen selbst daran hat. *„Most organizations send a mixed message to employees about the value of overseas experience."* (S. 102)

5. Bei den erhobenen Daten über die Reaktionen der befragten HR-Professionals im Umgang mit den neuen Herausforderungen wurden **vier Strategien** abgeleitet:

   – **„*Aspatial careers*":** Einrichtung von internationalen Karrieren für eine kleine Gruppe von Mitarbeitern, die in einer Vielzahl von Ländern – ohne Einschränkung durch Landesgrenzen – verwendbar sind. Mit ihrer Führungserfahrung in unterschiedlichen Ländern bauen sie ein umfassendes Repertoire von interkulturellem Management auf, das vor dem Hintergrund einer nachgewiesenen Loyalität zum Unternehmen einen immensen Aktivposten darstellt – in einem Maße, dass diese häufiger ihre Einsatzländer wechselnden Führungskräfte gleichsam zu einem Pool für spätere Führungsaufgaben an der Spitze des Unternehmen gehören: *„The underlying logic is that those who have rotated across different countries have the global perspective needed at the top of the organization."* (S. 96)

   – **„*Awareness-building assignments*":** Mit diesen kurzzeitigen Einsätzen (zwischen drei und zwölf Monaten) soll jungen Fachkräften mit Potential zur Übernahme späterer Führungsaufgaben sehr früh eine Möglichkeit zur Entwicklung einer interkulturellen Sensibilität geboten werden. Die Familien der ins Ausland delegierten Fachkräfte nehmen nicht an den Transfers teil. Mit dieser Maßnahme wird das Ziel verfolgt, dass in einem global agierenden Unternehmen möglichst viele Fach- und Führungskräfte über interkulturelle Erfahrungen verfügen sollten, auch wenn sie später im Heimatland eingesetzt werden.

   – **„SWAT-*team*"-Einsätze:** Der Begriff SWAT ist militärischen Ursprungs und steht für *„special weapons and tactics units"*. Im übertragenen Sinne werden darunter sehr spezialisierte Gruppen von Fachleuten eingeordnet, die mit kurzzeitigen bedarfsbezogenen *Trouble-shooter-Einsätzen* in einzelnen Ländern bestimmte Probleme lösen oder Aufgaben bewältigen sollen. Das Ziel dieser – zumeist weniger als drei Monate dauernden – Einsätze ist aufgabenbezogen; der Entwicklungsaspekt Einzelner wird damit nicht in Verbindung gebracht; da Entwicklung als Ergebnis reflektierter Erfahrung jedoch immer vorhanden ist, können auch SWAT-Einsätze zur Entwicklung Einzelner beitragen – so für die Reflexion gesorgt wird.

– *„Virtual solutions":* Darunter werden alle Möglichkeiten der Verwendung von elektronischer Kommunikation eingeordnet. Dazu gehören der in den befragten Unternehmen rasch wachsende Einsatz von Videokonferenzen oder Projektarbeit in virtuellen Teams, deren Mitglieder rund um den Globus tätig sind und gleichsam mit einer 24-Stunden-Arbeitszeit (durch die Zeitverschiebung) tätig werden. In allen Unternehmen gab es ausgebaute Informationssysteme *(global human resource information systems),* die in Verbindung mit elektronischen Bulletins offene Positionen im internen Arbeitsmarkt sichtbar machen und auf die man sich bewerben kann.

Die „virtuellen Lösungen" eignen sich speziell für Mitarbeiter, die im Heimatland tätig sind, aber Ländererfahrung und Know-how aus den unterschiedlichen Ländern und Regionen in ihrer Arbeit berücksichtigen müssen. Daneben können „virtuelle Lösungen" auch in Verbindung mit anderen Strategien eingesetzt werden.

6. Der Erfolg von **Direktinvestitionen** im Ausland ist nur in **Verbindung mit kompetenter Manpower** im global agierenden Unternehmen möglich. Diese Binsenweisheit beginnt sich langsam durchzusetzen. Die Aufgabenfelder, die eine kompetente Manpower über die Zeit hinweg in global agierenden Unternehmen „beackern" muss, haben zum Großteil eine Entwicklungskomponente – und sollten deshalb von einem erfahrenen FKE-ler als Entwicklungsautorität im Unternehmen wahrgenommen werden.

6.2. Strategieumsetzende Aktionsfelder in der internationalen FKE-Arbeit

Ich möchte nur einige dieser neuen Aktionsfelder skizzieren, die sich einem FKE-ler öffnen, wenn er den Prozess der Internationalisierung vorantreiben möchte.

6.2.1. Identifizierung und Auswahl von Mitarbeitern für internationale Aufgaben

Die Auswahl der Mitarbeiter ist ein besonders bedeutsames Aktionsfeld. Dabei wird oft vergessen, dass vor der Identifizierung von im Ausland einsetzbaren Mitarbeitern deren **Bereitschaft zur Übernahme von Auslandsaufgaben** steht. In einem Beitrag von *Brett/Stroh* (1995, S. 405 ff.) werden Zusammenhänge über Einflussfaktoren auf die Bereitschaft für Auslandseinsätze aufgezeigt, wobei in dieser Studie als auffällig herausgearbeitet wird, dass

- die Verfügbarkeit von Führungskräften für internationale Einsätze ganz wesentlich von den Partnern abhängt, und da es sich bei den Auslandsdelegierten zumeist um Männer handelt, heißt dies,
- dass die Haltung der Frauen den Ausschlag gibt, wobei die Studie interessante Einsichten gewährt, welcher Typ von Ehefrau eher zum „Bremser" oder eher zum „Förderer" einer internationalen Karriere wird.

Bei der eigentlichen Auswahl will man an die Stelle einer amateurhaft **betriebenen Einsatzpolitik**, die sich primär an der Fachkompetenz von Mitarbeitern orientiert, eine **professionelle Einsatzpolitik** setzen, die danach fragt, wer im Unternehmen Potential für erfolgreiche Einsätze zeigt, oder stellt Mitarbeiter (Trainees) schon gezielt für spätere Auslandseinsätze ein. Die Überlegung dabei ist, dass die derart ausgewählten Mitarbeiter systematisch durch die Übernahme von bestimmten *„developmental experiences"* so aufgebaut werden können, dass mit ihrem späteren Auslandseinsatz eine geplante Direktinvestition zum Erfolg geführt werden kann.

McCall (1998, S. 127 ff.) hat in seinem Buch eine Liste von elf Dimensionen oder Potentialkategorien zusammengestellt, mit denen er nachweist, dass Mitarbeiter, die über eine höhere Einschätzung in diesen Dimensionen/Potentialkategorien verfügen, mehr aus ihren gemachten Erfahrungen als andere lernen und dieses Mehr an Lernen auch einen Indikator für den späteren Erfolg im Auslandseinsatz darstellt.

Elf Dimensionen/Potentialkategorien zur Einschätzung von Potential für erfolgreiche Auslandseinsätze
1. Sucht nach Gelegenheiten, bei denen man etwas lernen kann
Diese Dimension beschreibt eine Person, die ein Muster für Lernen über einen Zeitraum hinweg hat und die Erfahrungen zu machen trachtet, die die Perspektive verändern könnten oder eine Gelegenheit bieten, neue Dinge zu lernen. Eine solche Person zieht Vorteile aus den Gelegenheiten, neue Dinge zu tun, und entwickelt mit der Zeit neue Fertigkeiten.
2. Handelt mit Integrität
Eine Person, die ein Verhalten zeigt, das konsistent mit dieser Dimension ist, sagt die Wahrheit und wird von anderen als ehrlich beschrieben. Diese Person stellt sich nicht in den Vordergrund und übernimmt konsistenterweise Verantwortung für ihre Handlungen.
3. Passt sich kulturellen Unterschieden an
Diese Dimension beschreibt jemanden, der die Herausforderung genießt, in Kulturen, die sich von unserer unterscheiden, zu arbeiten und darin Erfahrungen zu machen. Eine solche Person ist sensibel für kulturelle Unterschiede, arbeitet hart, diese zu verstehen, und verändert ihr Verhalten dementsprechend.
4. Zeigt *commitment,* sich zu unterscheiden
Eine Person, die diese Dimension exemplifiziert, zeigt ein starkes *commitment* für den Erfolg des Unternehmens und ist bereit, persönliche Opfer zu bringen, um zu diesem Erfolg beizutragen. Diese Person arbeitet, um eine positive Wir-

kung für das Unternehmen hervorzubringen, indem sie Engagement und *commitment* mittels eines intensiven Strebens nach Ergebnissen zeigt.

5. Strebt ein breites Geschäftswissen an

Ein Individuum, das Verhaltensweisen zeigt, die diese Dimension umfasst, hat ein Verständnis vom Unternehmen, das über seinen begrenzten Bereich hinausgeht. Eine solche Person strebt danach, die Produkte und Dienstleistungen des Unternehmens ebenso wie die finanziellen Aspekte des Unternehmens sowie ihr Verhältnis zueinander zu erfassen.

6. Bringt das Beste aus den Leuten hervor

Diese Dimension beschreibt ein Individuum, das ein spezifisches Talent im Umgang mit Menschen hat. Das zeigt sich in der Fähigkeit, Leute in höchst effizienten Teams zusammenzubringen. Diese Person kann mit einer Bandbreite verschiedener Leute zusammenarbeiten, holt das Beste aus ihnen heraus und erreicht auch angesichts von Unstimmigkeiten einen Konsens.

7. Ist einsichtig: Sieht Dinge aus verschiedenen Blickwinkeln

Eine Person, die sich konsistent mit dieser Dimension verhält, wird von anderen wegen ihrer Intelligenz bewundert, besonders aufgrund ihrer Fähigkeit, verständige Fragen zu stellen, den wichtigsten Teil eines Problems oder eines Sachverhalts herauszustellen und Dinge aus einer anderen Perspektive zu sehen.

8. Hat den Mut, Risiken einzugehen

Diese Dimension beschreibt eine Person, die einen Standpunkt einnimmt, wenn andere nicht zustimmen, die gegen den Status quo angeht und auch angesichts von Opposition ihre Sache weiterverfolgt. Eine solche Person hat den Mut zu handeln, wenn andere zögern, und geht sowohl persönlich als auch geschäftlich Risiken ein.

9. Strebt Feedback an und verwendet es

Eine Person, die sich konsistent mit dieser Dimension verhält, strebt Feedback an, reagiert darauf und verwendet es. Diese Person fragt Informationen über ihre Wirkung nach und verändert sich als Resultat solchen Feedbacks.

10. Lernt aus Fehlern

Diese Dimension beschreibt jemanden, der die Richtung wechselt, wenn sich der eingeschlagene Weg als nicht gangbar erweist. Diese Person reagiert auf Daten, ohne defensiv zu werden, und startet nach Rückschlägen neu.

11. Ist offen für Kritik

Eine Person, die Verhaltensweisen zeigt, die konsistent mit dieser Dimension sind, geht effizient mit Kritik um und handelt nicht überdefensiv oder so, als fühle sie sich bedroht, wenn andere (insbesondere Vorgesetzte) kritisch sind.

6.2.2. Trainings- und Entwicklungsmaßnahmen für internationale Einsätze

Es ist mitunter erstaunlich, wie naiv man in manchen Unternehmen Trainings für internationale Einsätze konzipiert – und dies, obwohl es unbestritten ist, dass es in der internationalen FKE-Arbeit eine zusätzliche Dimension an Komplexität zu bearbeiten gilt.

Die **Zielgruppen** sind sehr unterschiedlich:

- Typ des *International Business Traveller* (IBT) (*Welch/Worm* 2006, S. 283 ff.)
- Inländische Führungskräfte, die für längere Zeit in einem Land oder einer Region eine Tätigkeit ausüben und anschließend wieder ins Heimatland zurückkehren
- Ausländische Mitarbeiter, die von ihrem Heimatland an den Stammsitz des Unternehmens kommen und anschließend in ihrem Heimatland Führungsfunktionen übernehmen
- Gesamte *Host Country Workforce*, die mit dem Auslandsdelegierten aus Deutschland, Österreich oder der Schweiz zusammenarbeitet – ersatzweise ausgewählte *Host Country Nationals* (HCN), die die Rolle eines Verbindungsorgans zwischen einem *Expatriate* bzw. IBT und den Firmenvertretern der inländischen Niederlassung übernehmen (*Vance* et al. 2009, S. 649 ff.).

Sämtliche Zielgruppen können in der strategieumsetzenden Entwicklungsarbeit zu Schlüsselpositionsinhabern werden, wenn in einer Internationalisierungsstrategie diesen Gruppen eine erfolgskritische Bedeutung für die vorgenommenen Direktinvestitionen zuerkannt wird.

Beim **Trainings-Design** lassen sich vier idealtypische Design-Konzepte unterscheiden, die nach der Auswertung einer großen Zahl von Veröffentlichungen in der progressiven FKE-Praxis als Klassifizierungsschema verwandt werden. (*Gudykunst/Hammer* 1983, S. 118 ff.)

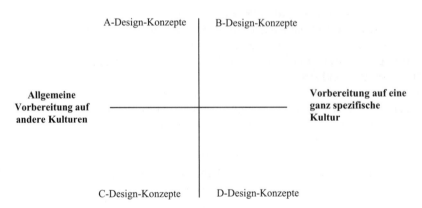

A-Design-Konzepte

Diese Trainings gehen häufig auf frühere gruppendynamische Designs zurück und möchten die Teilnehmer für die Kommunikation in anderen Kulturkreisen sensibilisieren und ihnen durch Entdeckung die Bausteine von „Kultur" generell verdeutlichen. Da zur allgemeinen Vorbereitung auf eine andere Kultur die Entdeckung des eigenen Selbst und der eigenen kulturellen Werte und Normen gehört, werden diese Themenkreise vorrangig behandelt oder – zutreffender – durch Simulationen oder strukturierte Erfahrungen als Lernmaterial vorgegeben.

B-Design-Konzepte
Diese Trainings bereiten auf einen speziellen Kulturkreis oder ein Gastland vor und verfolgen dazu ein erfahrungsorientiertes Lernkonzept. So gibt es beispielsweise eine ganze Reihe von durchgeführten und sehr detailliert beschriebenen Workshops, die Amerikaner auf die Zusammenarbeit mit Japanern oder auf die Arbeit in Japan vorbereiten. Wichtig ist bei diesen Ansätzen, dass sie durch das erfahrungsorientierte Lernen eine Verhaltensentwicklung beim Teilnehmerkreis beabsichtigen und nur nachrangig die zur Stützung des Verhaltenslernens notwendige Information zur Verfügung stellen.

C-Design-Konzepte
Bei diesen Trainings werden viele allgemeine Inhalte aus der interkulturellen Kommunikation und der Sozialanthropologie angeboten. Mit der häufigen Verwendung von Video-Spots als Input und ihrer anschließenden Generalisierung werden allgemeine Einsichten in fremde Kulturen entwickelt und der lernende Teilnehmer hat die Möglichkeit, seine eigenen Annahmen und die Annahmen der in anderen Kulturen zugrunde liegenden Verhalten zu erwerben.

D-Design-Konzepte
Diese Trainings bereiten den Teilnehmer auf einen Kulturkreis oder ein ganz bestimmtes Land vor und enthalten in der Regel

- faktische Informationen über das Land
- Informationen über das Verhalten und die Einstellung der Menschen
- eine Diskussion der jeweiligen Probleme, denen der Teilnehmer in einem bestimmten Kontext seines Tätigkeitsbereichs im Gastland begegnet.

Dazu gibt es eine Vielzahl von Informationsmaterial, das den Teilnehmern zur Verfügung gestellt wird oder das über eine Art von Checkliste selbst aus Quellen und Unterlagen von den Teilnehmern erarbeitet wird.

Schließlich möchte ich auf die **zeitlichen Phasen im Design** von internationalen FKE-Maßnahmen zu sprechen kommen. So gut wie alle geplanten Trainings und Interventionen sind eine Fehlinvestition, wenn sie lediglich als freistehende singuläre *„One-shot"*-Übung durchgeführt werden. Aufgrund meiner eigenen Erfahrungen habe ich beispielsweise für ins Ausland delegierte Führungskräfte ein Sieben-Phasen-Schema angewandt, bei dem ich heute insbesondere die siebte Phase noch wesentlich stärker ausbauen würde, denn unzulängliche Betreuung und Wiedereingliederung führt sehr häufig dazu, dass diese erfahrenen Führungskräfte zur Konkurrenz abwandern. *„Managers are increasingly defining expatriate assignments as preparation for careers in other firms"* – so könnte man das Fazit einer Studie über die Repatriierung von Auslandsdelegierten bezeichnen (*Jassawalla/Sashitta* 2009, S. 769 ff.).

	Phasen	Zielgruppe	Ort und Form der Durchführung
1.	Hilfestellung bei der Identifizierung von Führungskräften, die über Auslandspotential verfügen.	Führungskraft mit Berücksichtigung des Ehepartners	Im Inland, wobei die Durchführung von „Assessment"-Kursen bei externen Beratern oder Institutionen möglich ist.
2.	Generelle Vorbereitung für Auslandseinsätze und Entscheidungshilfen für die Auflösung des inländischen Wohnsitzes	Führungskraft mit Ehepartner	Inland; Informationsseminare
3.	• Gezielte Vorbereitung auf den Auslandseinsatz	Führungskraft	Inland, Seminare auf der Basis des erfahrungsorientierten Lernkonzepts
	• (Parallel) gezielte Vorbereitung des Ehepartners auf Auslandseinsatz	Ehepartner	Inland; Informationsseminar und Seminar auf der Basis des erfahrungsorientierten Lernkonzepts
4.	Sammeln von Erfahrungen im Gastland	Führungskraft mit Familie	Gastland
5.	Aufarbeitung der Erfahrungen im Gastland	• Führungskraft (parallel) • Ehepartner	Gastland (Seminarleitung durch Angehörige des Gastlandes)
6.	Periodisch-proaktive und aperiodisch-reaktive Betreuung durch den betrieblichen FKE-ler während des gesamten Aufenthalts	Führungskraft (parallel)	Sämtliche elektronische Medien
7.	Vorbereitung auf die Wiedereingliederung ins Stammhaus und in das Heimatland	Führungskraft mit Familie	Durchführung eines Wiedereingliederungsseminars im Inland – vor Arbeitsaufnahme im Inland.

6.2.3. Führung und Entwicklung von internationalen Teams

Es gibt in der internationalen FKE für **Führungskräfte zwei markant neue Situationen**, deren Bewältigung oder Anforderungen sich dann in der **dritten Situation** potenzieren:

- Die **Fähigkeit zum virtuellen Führen** wird insgesamt von allen Führungskräften zukünftig in höherem Maße verlangt. Bei Führungskräften im internationalen Kontext wird diese Fähigkeit zur neuen Kernkompetenz.

- Die **Führung von internationalen Teams** mit oft **multikultureller Zusammensetzung** wird zur Normalität im Alltag einer Führungskraft im internationalen Unternehmen.

- Der **Aufbau, die Führung und die Entwicklung eines multikulturell zusammengesetzten Teams**, deren Mitglieder in unterschiedlichen Regionen und Zeitzonen arbeiten und die nur einen **virtuellen Vorgesetzten** haben, ist die potenzierte Komplexität, von der ich eingangs gesprochen habe.

Virtuell führen – Eine Herausforderung in internationalen Unternehmen
Ein virtueller Manager ist ein Vorgesetzter, der Mitarbeiter führt, die in einem anderen geografischen Gebiet arbeiten und mit denen die Kommunikation über andere Möglichkeiten als die *„Face-to-face"*-Kommunikation in normalen Vorgesetzten-Mitarbeiter-Beziehungen erfolgen muss (*Smith/Sinclair* 2003).

Global aufgestellte Unternehmen können ihre Produktivität gewaltig steigern, wenn sie mit virtuellen Arbeitsformen das Konzept der *„follow-the-sun 24 hour workdays"* verfolgen. Mit der Zunahme von virtuellen Arbeitsformen muss aber auch ein anderes Führungsverhalten des virtuellen Vorgesetzten einhergehen, das man bislang nicht als neuen Bedarf wahrgenommen hat. Die verbreitete Vermutung, dass ein guter Manager gleichzeitig immer auch ein guter virtueller Manager ist, hat man zwischenzeitlich in den Unternehmen als Trugschluss entlarvt, die sich die Mühe machten, die Fehlerfahrungen mit der virtuellen Führung auszuwerten.

Virtuelles Arbeiten bedeutet größtenteils physische Trennung von Kollegen und anderen Mitgliedern der Organisation; dies führt zu Isolation und Vereinsamung und bedeutet gleichzeitig auch mehr Bedarf an Selbstorganisation und heißt zuweilen auch mehr Stress. In diesem Kontext hat virtuelles Arbeiten enorme Auswirkungen auf Strukturen und Systeme von Organisationen, Rollen und notwendige Fähigkeiten bis hin zu der Rolle des einzelnen Mitarbeiters, der sich zukünftig in Bezug zu seinem Unternehmen definiert.

Der einzelne Mitarbeiter ist sich selbst überlassen, muss sich selbst organisieren und untersteht keiner Supervision. Im gleichen Maße entfällt auf Seiten des Vorgesetzten die direkte Anleitung und Kontrolle. Neue Formen des Führens sind gefragt, wobei es auch um den Aufbau oder die Einführung bestimmter kultureller Merkmale und Spielregeln geht, die das virtuelle Führen begünstigen.

Bei näherer Betrachtung sind es insbesondere **zwei Merkmale**, die das virtuelle Führen vom normalen Führen im Arbeitsalltag unterscheiden:

- Die **Bedeutung von Vertrauen** in den Beziehungen und seine Wertigkeit für den Erfolg
- **Neue Kommunikationsformen,** die eine zusätzliche Komplexität gegenüber dem traditionellen *„Face-to-face"-Führen* im normalen hierarchischen Setting mit sich bringen.

Führung und Entwicklung multinationaler/multikultureller Teams
Zum neuen Bedarfsfeld der multinationalen/multikulturellen Teamentwicklung (TE) gehört die Bearbeitung realer und virtueller Teams. Ich verwende die Begriffe Gruppe und Team im Folgenden austauschbar und synonym und mache hier keinen Unterschied, obwohl mir die Differenzierungen in der Literatur durchaus geläufig sind.

Bevor ich ein durch Forschungsprojekte gut gesichertes Arbeitskonzept von *Distefano/Maznevski* (2000, S. 45 ff.) vorstelle, möchte ich auf einige Erfahrungen mit TE-Interventionen von einem meiner Netzwerk-Partner hinweisen: Ein kanadischer Hochschullehrer und erfahrener Berater hat bei einer virtuellen multikulturellen Projekt-TE in einem internationalen Pharmaunternehmen im Wesentlichen mit *Carl Gustav Jung* und dem MBTI-Ansatz gearbeitet und hervorragende Ergebnisse erzielt. Dieses relativ einfache Arbeitskonzept – in der Hand eines erfahrenen Internationalisten – bestätigt die früher bei der Weltbank praktizierte Vorgehensweise, die *Pierre Casse* in zwei älteren Büchern beschrieben hat und die im Kern auf der *Jung*schen Typologie basiert.

Distefano/Maznevski haben multinationale/multikulturelle Teams daraufhin untersucht, was Hochleistungsteams von anderen unterscheidet, nachdem sie festgestellt hatten, dass es **drei Leistungskategorien** gab, in die diese Teams eingeordnet werden konnten:

- Die Mitglieder von *„Destroyer"-Teams* konnten nicht mit der Diversität umgehen und haben die Chancen zur Leistungssteigerung „zerstört", die in der Reichhaltigkeit der Mitglieder-Ressourcen in ihrem Team vorhanden gewesen wären.
- Die Mitglieder von *„Equalizer"-Teams* – die am häufigsten vertretene Kategorie – waren stolz darauf, dass ihnen die vorhandene Diversität in der Gruppe nicht in die Quere kam und die Leistung beeinträchtigte. Ihr Credo spricht für sich selbst: *„We handle our differences well. They don't affect our performance."* (S. 47)
- In den *„Creator"-Teams* waren die Mitglieder in der Lage, in einer kreativ-synergistischen Weise mit ihrer Diversität umzugehen und Höchstleistungen zu produzieren – und zwar in einem Maße, dass die Ergebnisse sogar die individuellen Erwartungen der Gruppenmitglieder übertrafen.

Der Schlüssel für diese Leistungen lag für die beiden kanadischen Autoren in der **Art, wie die Mitglieder mit ihren Unterschieden umgingen** – und das bedeutete, diese zunächst zu verstehen, dann mit ihnen zu arbeiten und schließlich diese Unterschiede als Hebel zu mehr Leistung zu verwenden. Die Ergebnisse ihrer Studien von multinationalen und multikulturellen Hochleistungsteams haben die Autoren in einem gut strukturierten Konzept dargestellt:

CREATING VALUE IN DIVERSE TEAMS: THE MBI APPROACH

MAP Understand the differences.	BRIDGE Communicate, take differences into account.	INTEGRATE Bring together and leverage the differences.	CREATE VALUE Develop and execute high quality solutions effectively.
• Define the territory	• Prepare the ground	• Manage participation	
• Draw the map	• Decenter to other shore	• Resolve disagreements	
• Access the terrain	• Recenter to span	• Build on ideas	

Ich möchte im Folgenden den **MBI-Ansatz** der beiden Autoren kurz erläutern:

1. **M** steht im MBI-Ansatz für *„Mapping to understand the differences"*. Es ist offensichtlich, dass es in einem multinational/multikulturell zusammengesetzten Team Unterschiede gibt. *„Mapping"* bedeutet, dass sich die Teammitglieder explizit damit auseinandersetzen,

   – welche konkreten Diversitätsmerkmale im Team eine Bedeutung hinsichtlich der Realisierung der vorgegebenen Ziele haben,

   – über welche Ausprägungen die einzelnen Teammitglieder bei identifizierten Dimensionen verfügen, die für die Interaktion zur Erzielung von Ergebnissen wichtig sind, und

   – wie die identifizierten ergebnisrelevanten Mitglieder-Charakteristika zur Klärung von Problemsituationen oder Diskussions-„Knoten" im Team herangezogen werden.

   Mitglieder von *„Destroyer"*-Teams arbeiten in der Stufe des *„mapping"* auf der Basis von gutem Willen und gleiten alsbald in ihrer Arbeit auf die Ebene von Stereotypen ab, was letztlich dazu führt, dass die wertvollen Unterschiede der einzelnen Teammitglieder untergehen.

   Mitglieder von *„Equalizer"*-Teams betonen beim *„mapping"* die vorhandenen Ähnlichkeiten der einzelnen Teammitglieder und übergehen deren Unterschiede.

   Mitglieder von *„Creator"*-Teams gehen von projekt- und ergebnisrelevanten Unterschieden in ihrer Gruppe aus und leiten daraus eine Art Interpretationsrahmen ab, der ihnen hilft, später auftretende Probleme untereinander besprechbar zu machen.

2. **B** steht im MBI-Ansatz für *„Bridging to communicate across differences"* und enthält das Gebot an die Mitglieder im Team *„... sending and receiving meaning as it was intended"*. (S. 51) Die Autoren schlagen für das *„bridging"* drei Schritte vor:

   – Zunächst müssen die Teammitglieder sich auf die Kommunikation entsprechend vorbereiten. Dies erfolgt dadurch, dass die Einzelnen motiviert sind und genügend Zuversicht und Selbstvertrauen haben, angesichts der oft überwältigend erscheinenden Komplexität nach der *„Mapping"*-Phase zu kommunizieren.

   – Als zweiten Schritt verwenden die Autoren den eher seltenen englischen Begriff *„decenter"*, um die Bedeutung des „Sich-selbst-Zurücknehmens" und des Einfühlungsvermögens in die Welt der anderen in der Kommunikation zu betonen. *„Decentering is empathy in practice, with the map as a translation key."* (S. 52)

   – Den dritten Schritt beim *„bridging"* bezeichnen die Autoren als *„recenter"* – *„...finding or developing shared ground upon which to build a new basis of interaction"*. (S. 53)

   Die Mitglieder von *„Destroyer"*-Teams machen sich über die unterschiedlichen Normen zu einzelnen ergebnisrelevanten Parametern (z.B. die Rolle von Meetings im Projekt) lustig – mit der Folge, dass sich einzelne Mitglieder dadurch verletzt fühlen und aus der Interaktion zurückziehen.

Die Mitglieder von *„Equalizer"*-Teams einigen sich oft auf den kleinsten gemeinsamen Nenner bei Normen in der Gruppe und lassen die Besonderheiten der Mitglieder außer Acht.

Die Mitglieder von *„Creator"*-Teams bestätigen sich wiederholt untereinander in der Kommunikation, dass es unterschiedliche Normen bei einzelnen projektrelevanten Diskussionen gibt, die man ganz offen anspricht und zulässt.

3. **I** steht im MBI-Ansatz für *„Integrating to leverage differences"* und beinhaltet das systematische und bewusste Zusammenführen des *„mapping"* und des *„bridging"*, um Ergebnisse zu erzielen. Dazu bieten die Autoren ebenfalls drei Schritte für die Umsetzung an:

   – Damit sich die Diversität der Teammitglieder in positiver Weise auf das Ergebnis auswirken kann, braucht es für alle ein akzeptierbares Klima der Partizipation, das ihnen ermöglicht, ihre Ideen und Vorstellungen einzubringen. Die zentrale Aussage der Autoren lautet: *„You can't get good ideas from team members if they don't participate in some active way in the team's ongoing dialogue and discussion."* (S. 55) Beispielhafte Formen zur Förderung der Partizipation in einer multinationalen/multikulturellen Gruppe werden sodann angeführt.

   – Bei einer erwünschten hohen Partizipation der Teammitglieder ist es ganz natürlich, dass gegensätzliche Positionen vertreten werden. Dies macht es jetzt – im zweiten Schritt – erforderlich, die Konflikte so zu lösen, dass die positive Hebelwirkung aus den unterschiedlichen Positionen nicht verloren geht. Dafür gibt es keine magische Formel. *„For a diverse team, the important thing is to keep the task in mind and avoid personal conflict, and to find ways to bring all the perspectives out and discuss them. Perseverance becomes critical."* (S. 57)

   – Als dritten Schritt rekurrieren die Autoren beim „I" in ihrem MBI-Ansatz auf eine allgemeine TE-Weisheit: *„Build on ideas for optimal leverage."* (S. 57) Dieser Schritt enthält für multinationale/multikulturelle Teams keine spezielle Besonderheit.

Nicht alles ist bei der multinationalen/multikulturellen TE neu. Wenn diese TE-Anforderungen jetzt noch mit der virtuellen Führung des Teams einhergehen, ist auch ein erfahrener Manager schnell am Ende mit seinem „Führungs-Latein".

Was man nicht unterschätzen sollte – und dies kann ich aus eigener Erfahrung als früheres Teammitglied in international zusammengesetzten Arbeitsgruppen und aus der Vorbereitungsarbeit deutscher Fachkräfte für die Mitwirkung in internationalen Telekom-Konferenzen der ursprünglichen International Telecommunication Union (ITU) weitergeben: Bei dem sehr nachvollziehbaren kognitiven Raster der kanadischen Autoren steht hinter dem „Wissen wie" die Ebene von vielfältigen Fähigkeiten und Fertigkeiten, die bei Teammitgliedern im multinationalen und multikuturellen Kontext eine lange Einübung und dauernde Praxis braucht, um aus einem Team ein *„Creator"*-Team werden zu lassen. Bei der geringen Auslandserfahrung vieler Fach- und Führungskräfte in deutschen Unternehmen kann man jedoch bereits von einem hohen Nutzen in der Vorbereitung sprechen, wenn man vermieden hat, dass die Teammitglieder einen Auftrag als *„Destroyer"*-Team beenden.

6.3. Aufbau von dezentralen FKE-Strukturen in internationalen Unternehmen

Mit der zunehmenden Verlagerung von Produktionsstätten in die Absatzregionen dieser Erde und dem Aufbau von eigenen Vertriebssystemen können deutsche DAX-Unternehmen immer weniger als eigentlich deutsche Unternehmen bezeichnet werden. Zwar hat die oftmals noch dominante ethnozentrische Führungskultur in ihrer Entwicklung nicht mit der Allokation der Direktinvestitionen Schritt gehalten, die daraus resultierenden Probleme in der Beziehung zur deutschen Hauptverwaltung nahm man jedoch billigend in Kauf oder man hat in besonders kritischen Fällen eine Trainingsintervention vor Ort vorgenommen.

Ich habe selbst vor Jahren bei einer Trainingsintervention in einem deutsch-brasilianischen Gemeinschaftsunternehmen, bei dem die Zusammenarbeit der deutschen Ingenieure mit ihren brasilianischen *counterparts* verbessert werden musste, die klassische Problematik von stetig internationaler werdenden Firmen für die einheimische FKE-Abteilung kennengelernt. Die deutsche Firma hatte seinerzeit mit der brasilianischen Regierung eine Gemeinschaftsfirma, die NUCLEN, gegründet. Dabei wurde vereinbart, dass innerhalb einer bestimmten Zeit das deutsche Know-how an die brasilianischen *counterparts* weitergegeben werden sollte. Die Sprache im *Joint Venture* war Englisch, weil die Fachliteratur in Englisch vorhanden war. Bei der Erfüllung dieses Vertragsteils entstanden massive Probleme, die den deutschen Vertreter in der *Joint-Venture*-Führung veranlasste, um Unterstützung in Deutschland nachzusuchen.

Ich bin jüngst anlässlich der Lektüre eines Beitrags über den unterstützten Aufbau von Management-Weiterbildung und Business Schools in Russland und in Osteuropa (*Paton/McCarthy* 2008, S. 93 ff.) wieder an meine Erfahrungen in Brasilien erinnert worden. Die beiden Autoren unterscheiden in ihrer Systematik zum Wissenstransfer drei Ebenen (S. 94).

Options for knowledge transfer – three levels of intervention			
	Form	**Focus**	**Intended results**
Level 1	Visiting experts **or** visit the experts	Content	Managers with new knowledge, skills, attitudes
Level 2	Training the trainers	Content & pedagogy	As level 1, plus new cohort of management educators
Level 3	System transfer	Content, pedagogy & institutional capacity	As level 2, plus new educational arrangements, locally embedded

Ich habe bei meinen Trainingseinsätzen vor Ort, bei denen ich von dem P-Leiter des deutschen Unternehmens, einem Südafrikaner, begleitet wurde, auf der ersten Interventionsebene operiert. Die Trainings mit den deutschen und ihren brasilianischen *Counterpart*-Ingenieuren waren erfolgreich. Ich machte jedoch dem deutschen Auftraggeber im *Joint Venture* in der zweiten Hälfte meines sechswöchigen Aufenthalts klar, dass es absolut notwendig ist, bei der vielfältigen Dynamik in dem neuen *Joint-Venture*-Unternehmen eine kleine **Fachstelle für die Bearbeitung von PE- und OE-Fragen** aufzubauen – also auf den Ebenen 2 und 3 des obigen Schemas zu intervenieren. Ich stellte bei meinen Gesprächen und Bedarfsanalysen vor Ort fest, dass sich die neue Organisation einer größeren Anzahl von massiven Problemen gegenübersah, die man rechtzeitig bearbeiten musste – bevor sie in eine Krisensituation einmündeten.

Die unten stehenden Personaleinsatzzahlen sind dem deutsch-brasilianischen *Joint Venture* entnommen, bei dem der brasilianische Partner (B) 75 Prozent des Kapitals und der deutsche Partner (G) 25 Prozent des Kapitals aufbrachte.

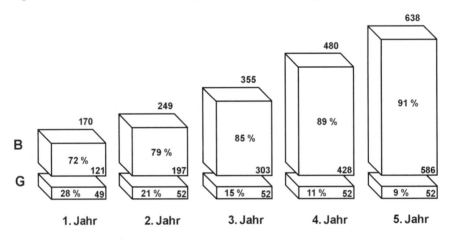

Die PE-/FKE-Abteilung des deutschen Unternehmens war nicht begeistert von der Entwicklung des Trainingsauftrags. Da der P-Leiter bei den Gesprächen in Brasilien immer dabei war, stand der Ausdehnung des Trainings von Interventionsebene 1 auf die Ebenen 2 und 3 nichts Vordergründiges im Wege. Zudem hatte sich die NUCLEN verpflichtet, das Folgeprojekt mit mir direkt zu finanzieren, so dass wegen des Budgets keine Einwendungen von deutscher Seite kommen konnten – obwohl man wegen der selbst erlebten Unfähigkeit die „Faust im Sack" machte. Das Projekt ist dann aber wegen der zeitweise eingeführten Devisenbewirtschaftung des brasilianischen Reals gestrichen worden. Die deutsche PE-/FKE-Abteilung war sehr froh darüber, nicht weiter vorgeführt zu bekommen, dass sie als PE-/FKE-Abteilung in einem internationalen Unternehmen nicht über „Produkte" und Kompetenzen verfügte, die essentiell für die Kerngeschäfte des Unternehmens waren.

Ich sehe in der damaligen Situation der PE-/FKE-Abteilung einen prototypischen Vorläufer für viele der heutigen PE-Abteilungen in der KMU- und Großindustrie. Die **internationale Mentalität der PE-ler** hat mit der **massiven Internationalisierung des Geschäfts nicht Schritt gehalten**. Vielleicht hat man gerade noch an einem Seminar im Ausland mitgewirkt oder dafür kompetente Fachleute eingesetzt. Am Aufbau von dezentralen lokalen Stellen – also Interventionsebene 2 und 3 – hat man sich jedoch nicht oder nur in wenigen Fällen engagiert.

Das *„institution-building"* in PE und FKE vor Ort ist eine große unmittelbare Herausforderung für die Praxis. Man braucht beispielsweise als deutscher FKE-ler in einem Geschäftsbereich oder einer Sparte mit großem China-Investment einen chinesischen *counterpart*.

Das internationale PE-Geschäft hat viele Facetten. Die einfacher zu bewältigenden Probleme sind die auf Interventionsebene 1 auftretenden Themen. Der entscheidende Wettbewerbsvorsprung wird jedoch durch die Arbeit auf Ebene 2 und 3 geleistet. Dafür steht mittlerweile aus dem Bereich des „Transfers von Management-Lernsystemen" – als Oberbegriff für den Wissenstransfer auf den drei Interventionsebenen – eine Vielzahl von Erfahrungen zur Verfügung. Eine davon habe ich zum Anlass genommen, FKE-ler in global agierenden Unternehmen an die neue Herausforderungen zu erinnern.

Allein aus den geplanten Personaleinsatzzahlen im *Joint Venture* mit seinen diversen kulturellen Eigenheiten kann ein erfahrener FKE-ler eine Fülle von Problemen vorhersehen. Wenn man dann noch um die spezifischen Umstände und Details der Arbeitsverträge weiß – im damaligen brasilianischen Umfeld mit offiziellen und inoffiziellen Inflationsraten von 55 bzw. 80 % p.a. –, dann hätte ein FKE-ler vor Ort genügend Arbeit gehabt.

Ein desillusionierendes Fazit

Wenn man den Stand der anspruchsvollen und praxisrelevanten Fachliteratur kennt, dann muss man konstatieren, dass die internationale FKE-Arbeit weit unter ihren Möglichkeiten bleibt. Während es in einigen global agierenden Unternehmen wie IBM, die sich schon länger in einer geozentrischen Entwicklungsstufe befinden, eine vorzeigbare Praxis gibt, ist die Mehrzahl der international tätigen Unternehmen noch weit davon entfernt, eine seriöse internationale FKE-Arbeit zu betreiben.

Dafür gibt es zwei vordergründige Erklärungen:

- Ich habe bei GF-Vertretern von Unternehmen bei uns den Eindruck, dass man konkurrenzüberlegene Wettbewerbsfähigkeit im internationalen Geschäft mit allen möglichen Maßnahmen betreibt, zu denen Top-Qualität der Produkte, Preis-/Leistungsverhältnis oder ingenieurwissenschaftliche Konstruktionskunst gehören. Der Bereich der soften interkulturellen Fähigkeiten, die ich mit dem eingangs in diesem Kapitel verwendeten Zitat von *Lane/Distefano* (1988, S. 2) unterstrichen habe, gehört nicht dazu.
- Die Position eines internationalen FKE-Managers gibt es sehr selten in Unternehmen – und wenn es sie gibt, dann ist sie nicht mit dem Kaliber besetzt, das notwendig wäre, um die richtigen strategieumsetzenden Akzente zu setzen.

Wenn man dieser Kritik entgegenhält, dass Unternehmen bei uns nicht wegen, sondern trotz dieser Schwächen international so erfolgreich sind, dann kann man darin noch die großen Produktivitätsreserven erkennen, die die Veredelung der Direktinvestionen beinhalten, wenn man nicht nur an seinen technischen Sachverstand, sondern auch an die weichen Erfolgsfaktoren im Auslandsgeschäft glaubt. Ein Schnappschuss mit *„War-story"*-Qualität – wie man die rapportierten Geschichten von international eingesetzten Führungskräften bezeichnet – bestätigt den Eindruck, den ich bis in die jüngste Zeit gewonnen habe und den ich mit Bezug zu einer öffentlichen Äußerung aus einem respektierten und erfolgreichen Unternehmen wiedergeben möchte.

In der FAZ (v. 11.9.1996, S. 25) hatte ich Gelegenheit, Zeuge eines peinlichen Spektakels zu werden. Auf einer halben Seite des Wirtschaftsteils stellte die **ZF Friedrichshafen** ihre neue **Südostasien-Strategie** vor: „ZF Friedrichshafen setzt große Hoffnungen auf die Region Süd-Ost-Asien." In einem Kasten lanciert die ZF dann einige gesammelte **interkulturelle Begebenheiten** ihres bisherigen Engagements in dieser Region – wohl um zukünftigen Misserfolgen mit Hinweisen auf die großen Schwierigkeiten vorzubeugen – und gibt beispielsweise die folgenden *Incidents* zum Besten:

- *„Für Gespräche mit Behörden und asiatischen Partnern sei regelmäßig ein voller Tag einzuplanen, wobei stundenlang über das Wetter und die Familie geplaudert würde und erst ganz am Schluss kurz das eigentliche Thema zur Sprache käme."*
- *„Die Büroeinrichtung stellt ebenfalls eine Hürde dar. Der Schreibtisch muss in einer bestimmten Himmelsrichtung ausgerichtet sein, bei den Möbeln ist eine spezielle Anordnung einzuhalten. ‚Ich habe eine Wanduhr über den Eingang gehängt. Am nächsten Tag lag sie auf dem Tisch', erzählt ein ZF-Mitarbeiter aus Singapur. Eine Uhr über der Wand bringe Unglück."*
- *„Bei der Auswahl der Materialien und der Größe der Möbelstücke müsse die strenge Hierarchie eingehalten werden. Der Wunsch des deutschen Niederlassungsleiters nach einem einfachen Schreibtisch ziehe die Neuanschaffung von Büromöbeln im gesamten Haus nach sich."*

Die ZF hatte zu jener Zeit einen hochbezahlten MD-Leiter in der Zentrale – so nannte er sich –, der mit seiner „bodenständigen Arbeitsbiografie" allerdings wenig eigenen Erfahrungshintergrund und keine Kompetenz für die offensichtlichen Probleme der Führungskräfte in den Auslandsmärkten der ZF einbringen konnte – und was offensichtlich in den Chefetagen nicht beanstandet wurde.

7. Führung einer FKE-Abteilung – FKE-Management als eigenständiger Erfolgsfaktor

Ich führe meine „Strategische Woche", in der ich interne und externe PE- und FKE-ler in die Arkana der strategieumsetzenden Entwicklungsarbeit einführe, seit über 20 Jahren durch. Da das Seminar mit einer Teilnehmerobergrenze von zwölf regelmäßig ausgebucht ist und ich dieses *„boot camp"* bis in die jüngste Zeit zweimal jährlich durchführte, habe ich etwa 500 Teilnehmer erlebt, die in PE- und FKE-Abteilungen und als PE- und FKE-Berater mit zumeist vormaliger Zugehörigkeit zu einer PE-/FKE-Abteilung tätig sind. Dazu kommen Change-Projekte in Unternehmen, in denen ich in der Weiterentwicklung der betrieblichen PE-/FKE-Abteilungen als begleitender Berater beteiligt war. Dies sind mein empirischer Hintergrund und meine Erfahrungsbasis, die sich von den „empirischen Erbsenzähler-Studien" der Hochschul-PE-ler unterscheiden, die sich zumeist Daten über die PE- und FKE-Wirklichkeit via Fragebogen (mit Response-Raten um 20 Prozent) beschaffen und dabei noch vergessen, dass die Praxisvertreter, die eine derartige Erforschung der Wirklichkeit mit ihrer Kooperationsbereitschaft beim Ausfüllen von Nonsense-Fragebogen unterstützen, eigentlich eine negative Stichprobe der PE-/FKE-Wirklichkeit vermitteln.

Ich habe meine Beratung immer auch mit einer Form von „naturalistischer Erkundung" verbunden. Meine Eindrücke aus den Projekten und den „Strategischen Wochen" nähern sich zuweilen einer „Diaschau", wie der Anthropologe *Geertz* (1988, S. 53 ff.) dieses Vorgehen einmal nannte. Ich führe diesen anderen empirischen Bezug meiner Arbeit hier deshalb an, weil die akademischen Erbsenzähler mit ihren Studien und den anschließenden „wissenschaftlichen Phantastereien" auf der Basis von sehr geringen Response-Raten ihrer Probanden diese Sicht der Praxis als **die** akademisch erforschte Wirklichkeit vermitteln wollen. Ein repräsentatives Beispiel dafür ist *Becker* (2009), der in seiner letzten Erhebung über eine Rücklaufquote seiner Fragebögen von 17,9 Prozent berichtet (S. 70).

Aus meinen Erfahrungen habe ich für mich die generelle Erkenntnis abgeleitet, dass das Führen einer FKE-Abteilung ein eigenständiger Erfolgsfaktor ist, der mit seinen Entscheidungen auf der strategischen, administrativen und operative Ebene neben die Entwicklungsentscheidungen tritt.

Im Rückblick meiner Projekte und der erlebten Personen würde ich heute für das FKE-Management zu folgenden **Empfehlungen** kommen:

1. Wenn man eine größere FKE-Abteilung führt, muss man sich intensiv mit den **klasssischen Rollen eines FKE-Managers** beschäftigen, bei denen ich in Anlehnung an eine frühere Studie von *Mintzberg* (1973), deren Ergebnisse auch in einer neueren deutschen Studie (*Schreyögg/Hübl* 1992, S. 82 ff.) bestätigt wurden, die folgenden Rollen unterstreichen würde:
   - Seine **Rolle als Sozialarchitekt** in der Führung seiner Mitarbeiter.

- Seine **Rolle in der Kommunikation und Zusammenarbeit mit betrieblichen Interessengruppen oder Stakeholdern.**
- Seine **Rolle als Manager von Ressourcen**, die ihm für die Bearbeitung der Entwicklungsprojekte zur Verfügung stehen oder die er für seine Projekte zu mobilisieren in der Lage ist.
- Seine nach außen gerichtete **Rolle als Monitor** von relevanten Informationen und Signalen für die eigene Arbeit wie auch die Rolle des Repräsentanten seines Unternehmens nach außen.
- Seine **Rolle im Qualitätsmanagement** und in der Produktivitätsverbesserung des eigenen Produktionsprozesses FKE.

2. Große FKE-Abteilungen tendieren dazu, sich zu intensiv mit sich selbst zu beschäftigen. Es ist bedenklich, wie **wenige produktive Tage gegenüber Klienten** eingesetzt werden, wenn man diese „Produktivität" mit ihren Kosten ins Verhältnis zu extern eingekauften Trainer- und Beratertagen und deren Honoraren setzt.

3. Große FKE-Abteilungen verfügen mit ihren angestellten Mitarbeitern und deren Fachkompetenz nicht über die Flexibilität, um sich sehr schnell auf wechselnde Bedarfe im Unternehmen einzustellen. Aus diesem Grund favorisiere ich **kleine FKE-Abteilungen mit sehr kompetenten Mitarbeitern** und einem **größeren Budget,** um die notwendige Expertise projektbezogen vom externen Trainer- und Beratermarkt einzukaufen. Es wird in Großunternehmen vergessen, dass sich die Kapazität einer FKE-Abteilung aus drei Kapazitätsfaktoren – Zahl der Planstellen, Kompetenz der Mitarbeiter und Höhe des Budgets – zusammensetzt, die wechselseitig substituierbar sind.

4. Die **Qualität der FKE-Arbeit** hängt in entscheidender Weise von deren **Akzeptanz im Management** und von der **Unterstützung der GF** ab. Diese Akzeptanz und Unterstützung ist umso größer, je mehr der leitende FKE-ler auch über Erfahrungen in der Linie und über Ergebnisverantwortung in einer Schlüsselabteilung des Unternehmens verfügt.

5. Ein FKE-Manager erkennt den **Unterschied** zwischen dem **Management seiner Abteilung** und dem **Management der FKE-Funktion im Unternehmen**. Man kann in der FKE-Arbeit seine Abteilung erfolgreich führen und trotzdem mit seiner Arbeit im Unternehmen wenig wirkungsvoll sein. Echte erfolgreiche FKE-Arbeit ist nicht nur das Ergebnis eines guten Abteilungs-Managements, sondern wird auch davon bestimmt, wie der „Entwicklungs-Gedanke" im Unternehmen auf der Führungs- und insbesondere auf der Geschäftsführungs-Ebene vorgelebt wird, und wie man es im Laufe der Zeit schafft, im Unternehmen eine **„Lernkultur und personalentwickelnde Infrastruktur"** aufzubauen.

6. Ein **FKE-Manager** muss durch hohe Sichtbarkeit als Person mit seiner Abteilung bei gleichzeitig vorhandener Unsichtbarkeit von wirklich erfolgreichem Entwicklungshandeln für Außenstehende immer ein *„cultural hero"* sein. Er ist aber auch in Zeiten ständig zunehmender Turbulenz Inhaber einer strategisch bedeutsamen Schlüsselposition, die keine Abweichung in der Leistung

duldet, wenn das Unternehmen über die immanente Multiplikatorfunktion des FKE-Managers nicht gefährdet werden soll.

7. Ein **FKE-Manager** ist sich bewusst, dass er als Teil seiner Arbeit immer an sensitive Daten von Personen gelangt, die Macht bedeuten und für deren Umgang ein hoher Grad an **Integrität in seiner Person** notwendig ist und so auch von außen wahrgenommen werden muss.

8. Ein **FKE-Manager** erkennt, dass ein langfristiger Wert für das Unternehmen nicht nur in Aktionen, sondern über ein **„Wirken durch Sein"** begründet wird und er als Person und als Abteilung modellhaft und wegweisend für das Unternehmen ist – gleichsam durch institutionales Vorleben verändernd wirkt.

9. Ein **FKE-Manager** lamentiert nicht ständig über die wiederkehrend erlebten **Unvollkommenheiten im Alltag**, sondern sieht sie als Teil seiner Aufgabe. Sie entweder zu verändern oder – wenn notwendig – andere im Unternehmen darin zu unterstützen, dass sie diese Unvollkommenheiten als Teil des kulturellen Webmusters akzeptieren, gehört zum Kernbereich seines Geschäfts.

10. Ein FKE-Manager sieht die **Balance** zwischen einer **„kosmopolitischen Ausrichtung der Abteilung"** und der Verankerung der Entwicklungsarbeit durch **„lokal orientierte Mitarbeiter"** (*Gouldner* 1957, S. 281 ff.). Die kosmopolitische Orientierung sichert Innovation und Vorsprungskompetenz; die lokale Orientierung sichert Umsetzungsstärke und Dauerhaftigkeit bei der Implementierung von Veränderungen.

8. Permanente Qualitätsverbesserung der FKE-Arbeit

Wenn ich meine Trainings- und Beratungsarbeit für Unternehmen auf einen einfachen Nenner bringe, dann war es mein ständiges Anliegen, die Qualität der eingesetzten Ressourcen zu verbessern. War am Beginn meiner Tätigkeit eher der Fokus auf der Design-Ebene C, indem ich mich mit Lehrmethoden-Effizienz im Unterricht für Führungskräfte befasste, wechselte meine Blickrichtung später auf die Design-Ebene B, als ich über Jahre hinweg, von Anfang der 70er bis Anfang der 80er Jahre, in zahlreichen Veröffentlichungen – u.a. auch mit Co-Autoren – die transferfördernde Gestaltung von Seminaren und Workshops behandelte. Unternehmen brauchen jedoch nicht nur mehr Nachhaltigkeit im Sinne eines dauerhaften positiven Lerntransfers ihrer Einzelmaßnahmen. Es muss insbesondere die Frage nach der richtigen Gesamtanlage der FKE-Arbeit in einem Unternehmen gestellt werden, was für den Qualitäts-Fokus bedeutet, dass die Design-Ebene A seit Mitte der 80er Jahre bei mir absoluten Vorrang erhalten hat.

Mit der qualitätsverbessernden Beschäftigung von Design-Ebene C über B zur Design-Ebene A wollte ich den beratenen Klientensystemen helfen, aus ihrer Dienstleistungsfunktion als Veranstalter von Trainings- und Entwicklungsmaßnahmen für Mitarbeiter zu einer echten Business-Partner-Rolle für Geschäftsführungen aufzusteigen. Auf diesem Weg der Qualitätsverbesserung und Qualitätsveränderung sind viele FKE-Abteilungen stehen geblieben.

Die Rolle der Qualitätsverbesserung ist Teil des FKE-Managements. Ich möchte jedoch diesen Teil der FKE-Arbeit separat behandeln, weil Qualitätsverbesserung und das dieser Funktion zugrunde liegende Fachgebiet der Evaluierung eine zentrale Bedeutung in Unternehmen hat.

8.1. Bestandsstücke und Untersuchungsbereiche eines Systems der Qualitätsverbesserung der FKE-Arbeit

Wenn man in einem Unternehmen die FKE-Arbeit einem „Qualitäts-Check" unterzieht, braucht man eine Art **„Diagnose-Modell"**, dessen Bestandsstücke von einem Auftraggeber akzeptiert werden können. Ich verwende in meiner Arbeit **fünf größere Untersuchungsbereiche oder Bestandsstücke**, über deren Zustand via qualitative und quantitative Daten man ein recht aussagekräftiges Bild der Qualität eines FKE-Systems in einem Unternehmen erhält. Dabei möchte ich mit meiner Evaluierung keine wissenschaftliche Forschung, sondern eine Datensammlung zum Zwecke der Weiterentwicklung eines FKE-Systems betreiben, bei dem Unschärfe, Einfachheit und Verständlichkeit im Vordergrund stehen. Ich möchte im Gespräch mit GF-Vertretern als Partner im Qualitätsverbesserungs-Prozess nicht in Details untergehen, sondern das Wesentliche sichtbar machen, und möchte damit auch eine Kompetenz auf oberen Führungsebenen demonstrieren, die man als *„proficient superficiality"* (*Kaplan* et al. 1987, S. 229 ff.) bezeichnet.

Meine im Folgenden dargelegten Bestandsstücke oder Untersuchungsbereiche

- Strategische Orientierung der FKE
- Art und Gestaltung der FKE-Entwicklungsaktivitäten/-felder
- Management und Marketing der FKE-Arbeit
- Bedingungsrahmen für FKE im Unternehmen
- Person des FKE-Leitungsverantwortlichen

werden kurz erläutert und mit einem oder zwei Beispielen der jeweiligen Datenerhebung belegt. In der Realität eines betrieblichen Qualitätsverbesserungs-Projekts erfolgt die „Standortbestimmung" bei den FKE-Bestandsstücken wesentlich umfangreicher.

Strategische Orientierung der FKE

Bei diesem Untersuchungsbereich geht es darum, dass man sich ein Bild verschafft, mit welchem unternehmensstrategischen Bezug die FKE betrieben wird. Wenn man eine strategische Orientierung verfolgt, sind die Kenntnis der Strategie oder der strategischen Erfolgspositionen (SEPs) und deren Umsetzung sowie die Übersetzung der Soll-Kulturwerte in die FKE-Arbeit von überragender Bedeutung.

Zwei **Beispiele** dazu:

- Ich habe an anderer Stelle **sieben Entfaltungsstufen der FKE-Arbeit** in Anlehnung an *Burgoyne* skizziert (*Stiefel* 2010, S. 14), die für mich ein Raster darstellen, um die FKE-Arbeit nach qualitativen Interviews mit diversen Interview-Partnern (obere Führungskräfte, FKE-Mitarbeiter, externe Trainer etc.) einzuordnen.

  Stufe 1: In Unternehmen gibt es keine systematische Entwicklungsarbeit. Man verlässt sich auf das, was durch das natürliche Lernen unbewusst an Entwicklung passiert.

  Stufe 2: Es gibt im Unternehmen einzelne isolierte Maßnahmen, die eher reaktiv als Antwort auf Probleme, Krisen oder spezielle Situationen abgefordert werden.

  Stufe 3: Es gibt im Unternehmen ein Angebot an Entwicklungsmöglichkeiten und -maßnahmen, die zur Verfügung gestellt werden.

  Stufe 4: Die FKE erhält konkrete, strategisch relevante Aufträge und Angaben zur Umsetzung im Unternehmen, nachdem strategische Entscheidungen im Unternehmen getroffen wurden.

  Stufe 5: Die FKE wird um ihren periodischen Input gebeten, wenn es um die Formulierung der langfristig gültigen Marschrichtung des Unternehmens geht.

  Stufe 6: Zwischen der FKE und den strategieformulierenden Stellen der Geschäftsführung gibt es eine enge Kooperation und einen intensiven Austausch an Informationen.

  Stufe 7: Die FKE ist voll integriert in unternehmenspolitische Entscheidungen.

- Eine strategisch ausgerichtete FKE-Arbeit arbeitet insbesondere auch mit Kulturhelden und kulturprägenden Schlüsselpositionen und -projekten. Kulturhelden sind Personen, die die Werte und Normen der für die Umsetzung der SEPs zu entwickelnden Sollkultur bereits verinnerlicht haben und durch ihre Ausstrahlung bei anderen Mentalitätsveränderungsprozessen in Gang setzen. Kulturprägende Positionen und Projekte sind natürliche Lernstationen, auf denen durch die zu bearbeitenden Aufgaben essentielle Kompetenzen für das Unternehmen erworben werden.

    Durch Interviews und Analysen (z.B. Rotationssysteme, Projekt-Einsätze) erhält man ein Bild darüber, wie konsequent man mit diesen Parametern einer strategischen FKE arbeitet.

Art und Gestaltung der FKE-Entwicklungsaktivitäten/-felder

Bei diesem Untersuchungsbereich werden Art und Gestaltungsqualität von Aktivitäten und Entwicklungsfeldern überprüft, inwiefern sie zur Umsetzung von strategischen Initiativen geeignet sind.

Zwei **Beispiele** dazu:

- Coaching kann für die Verbesserung von Führungsleistung sehr unterschiedlich eingesetzt werden. Wenn man ein System eingerichtet hat, das **Coaching zwingend für Schlüsselpositionsinhaber** verfügbar macht, hat man diesen Teil seiner FKE-Arbeit **strategisch** ausgerichtet.
- Jedes Unternehmen hat ein mehr oder weniger elaboriertes **System der Rekrutierung, Auswahl und Integration von externen Führungskräften**. Ich orientiere mich bei meiner Einschätzung dieses Systems an den folgenden zehn Items, die ich zur Beurteilung dem leitenden FKE-ler und seinem Vorgesetzten übergebe und deren Ergebnis ich anschließend im Gespräch abrunde.

1. Wir haben klare Bedingungen in unserem Unternehmen formuliert, wann wir bei der Suche von Führungskräften nach außen gehen.
2. Wenn man eine neue Führungskräfte-Position von außen zu besetzen hat, wird systematisch überlegt, welche Veränderungen sich in der Position aufgrund der neuen strategischen Bedingungen im Unternehmen erkennen lassen.
3. Bei der Formulierung der Anzeigentexte für eine bestimmte Position kommen die Werte des Unternehmens voll zur Geltung.
4. Wir suchen bei Führungskräften vom Arbeitsmarkt zwar eine Position zu besetzen, doch wird immer auch die weitere zukünftige Verwendung im Unternehmen überprüft.
5. Wir machen bei der Überprüfung des Erfüllungsgrades der Anforderungen einen Unterschied zwischen Lücken, die durch Training und Entwicklung geschlossen werden können, und Lücken, die sich aus der Passung von Persönlichkeit zu unserer Kultur ergeben.
6. Die Passung von Persönlichkeit zu Soll-Kulturwerten ist ein wesentliches Kriterium bei jeder externen Rekrutierung von Führungskräften.

7. Jede neue Führungskraft von außen ist für uns immer auch Träger von Innovationspotential, das uns helfen soll, im Unternehmen weiterzukommen.
8. Wir setzen spezielle Auswahlmethoden ein, um die Passung zu unserer zukünftigen Führungskultur im Unternehmen einzuschätzen.
9. Die Integration der neuen Führungskraft wird durch ein sichtbares Engagement von oberen/obersten Führungskräften unterstützt.
10. Die Integration der externen Führungskraft im Unternehmen wird abteilungsübergreifend durch „Sozialisationsmaßnahmen" unterstützt.

Management und Marketing der FKE-Arbeit

Zur Standortbestimmung der FKE-Arbeit gehört nicht nur die Einschätzung, was sie tut, sondern auch, was sie ist. Denn das Management der Abteilung, die für FKE im Unternehmen eine sichtbare hauptamtliche Aufgabe übernimmt, bestimmt dadurch nicht nur längerfristig die Qualität ihrer management-andragogischen „Produkte und Serviceleistungen". Das Management und das Marketing einer FKE-Abteilung regen über ihre institutionelle Qualität als Abteilung auch Entwicklungsprozesse für andere Abteilungen im Unternehmen an, weil sie zum Vorbild für Veränderungen wird.

Zwei **Beispiele** dazu:

• Ein erster Indikator der Management-Qualität der eigene Abteilung ergibt sich aus der Überprüfung des „Führungsdreiecks":

Führung heißt demnach:
• Beziehungen des einzelnen Mitarbeiters zu den Aufgaben der Abteilung,
• Beziehungen der Arbeitsgruppe zu den Aufgaben der Abteilung und die
• Beziehungen des einzelnen Mitarbeiters zur Arbeitsgruppe

so zu gestalten, dass eine hohe Leistungsqualität für die Kunden im Unternehmen und eine hohe Arbeitszufriedenheit bei den Mitarbeitern entsteht.

Anhand eines Fragebogens **„Sozialarchitektur der FKE-Abteilung"** werden von den Mitarbeitern der Abteilung Daten erhoben.

1. Wir rekrutieren für unsere Abteilung Mitarbeiter, die fähig und bereit sind, die sich aus der Konzeption unserer Entwicklungsarbeit für Führungskräfte ergebenden Projekte durchzuführen.
2. Ein neuer Mitarbeiter in der Abteilung wird so eingeführt, dass er sehr schnell integriert wird und immer auch als Chance zur Weiterentwicklung unserer Arbeit in der Abteilung gesehen wird.
3. Ein Mitarbeiter hat bei uns sämtliche Möglichkeiten, sich entsprechend seinen Interessen und den durchgeführten Arbeitsaufgaben weiterzuentwickeln.
4. Die quantitative Aufgabenübernahme wird für den Einzelnen so gesteuert, dass sie nicht zur Überforderung führt.
5. Der qualitative Aufgabenquerschnitt wird vom Einzelnen als lern- und entwicklungsfördernd wahrgenommen.
6. Für die Aufgaben sind klare Zielvorgaben vereinbart, die regelmäßig durchgesprochen werden.
7. Die Entlohnung der Arbeit wird als fair wahrgenommen.
8. Die Arbeitsgruppe ist in ihrer Entwicklungsarbeit kunden- und serviceorientiert organisiert.
9. Die Arbeitsgruppe hat für sich Methoden in der Verteilung der Aufgaben akzeptiert, die sicherstellen, dass die jeweiligen Aufgabenpakete von zufriedenen Mitarbeitern bearbeitet werden.
10. Die entwicklungsorientierte Führung des Vorgesetzten wird als unterstützend und hilfreich erlebt.
11. Wir haben ein faires System, wer von uns in der Gruppe die Leistungen der Abteilung außerhalb des Unternehmens repräsentiert und in externen Veranstaltungen verwertet.
12. Wir praktizieren unter uns in der Abteilung die Werte, die wir auch nach außen vertreten.
13. Wir leben das nach außen als Arbeitsgruppe vor, worin wir andere in der Verhaltensentwicklung unterstützen.
14. Wenn ein Mitarbeiter unsere Arbeitsgruppe verlässt, kann er immer unter attraktiven Positionen im Unternehmen wählen.

- Mit einem weiteren Datenerhebungs-Instrument möchte ich mir ein Bild darüber verschaffen, welches **Abteilungsimage** die FKE bei bestimmten Schlüsselabteilungen oder -ressorts des Unternehmens hat. Dazu setze ich ein **Polaritätsprofil** ein, das sowohl von der FKE-Abteilung als auch von der jeweiligen Schlüsselabteilung bearbeitet wird.

Beschreibungsmerkmale von FKE-Abteilungen	
1. einfallslos	1. kreativ
2. wenig hilfreich	2. sehr hilfreich
3. interessant	3. langweilig
4. ungenau	4. genau
5. pedantisch	5. großzügig
6. man ist nur eine Nummer	6. man hat eigene Verantwortung
7. amateurhaft	7. professionell
8. bürokratisch	8. beweglich
9. oberflächlich	9. tief
10. konfrontierend	10. friedlich
11. steif	11. flexibel
12. ruhig	12. aufdringlich
13. schwer zugänglich	13. leicht zugänglich
14. schwach	14. stark
15. konservativ	15. modern
16. streng	16. locker
17. sparsam	17. verschwenderisch
18. schnell	18. langsam
19. statisch	19. dynamisch
20. zuverlässig	20. unzuverlässig
21. unglaubwürdig	21. glaubwürdig
22. zurückschauend	22. vorwärts blickend
23. aktiv	23. passiv
24. kooperativ	24. autoritär
25. orientiert am Problem „Kunden"	25. Befolgung von Regeln

Bedingungsrahmen für FKE im Unternehmen

Damit eine FKE-Abteilung ihren strategieumsetzenden Auftrag erfüllen kann, braucht es nicht nur geeignete Maßnahmen im Rahmen einer richtigen Gesamtanlage der FKE-Arbeit, sondern auch einen Bedingungsrahmen, der gleichsam Voraussetzungen und Bedingungen aufzeigt, die eine zentrale Bedeutung für die FKE-Arbeit haben.

Die Mitarbeiter der FKE-Abteilung bearbeiten – um ein **Beispiel** zu nennen – zunächst individuell die folgenden Items. Anschließend führe ich mit der gesamten Gruppe einen Kurz-Workshop durch, in dem die individuellen Beurteilungen der Punkte diskutiert werden und eine Gesamteinschätzung erstellt wird.

1. Unsere Abteilung hat einen akzeptierten und respektierten Status von Unabhängigkeit im Unternehmen.
2. Wir können uns erlauben, zu „Aufträgen" und Projekten aus der Linie „nein" zu sagen, wenn wir nicht die entsprechenden Voraussetzungen für die Entwicklungsarbeit verankert sehen.

3. Die Mitglieder der Geschäftsführung zeigen ihre aktive Unterstützung der FKE dadurch an, dass sie genügend Mittel und Ressourcen für die Entwicklungsarbeit zur Verfügung stellen.

4. Die Mitglieder der Geschäftsführung zeigen ihre aktive Unterstützung der FKE dadurch an, dass sie sich selbst aktiv in der Entwicklungsarbeit sichtbar engagieren und auch durch symbolhaftes Handeln ihr Engagement für Entwicklung manifestieren.

5. Strategieumsetzende FKE setzt voraus, dass die Abteilung direkt der Geschäftsführung untersteht und keine „Filter-Ebene" zwischengeschaltet ist.

6. Dauerhaft wirksame, strategisch geprägte Entwicklungsarbeit setzt voraus, dass die Geschäftsführung für Feedback-Daten aus dem Prozess der Strategieumsetzung und den dabei auftretenden Widerständen und Problemen offen ist.

7. Mentalitäts- und kulturverändernde Entwicklungsarbeit sind längerfristige Prozesse, bei denen es immer Widerstände und Friktionen gibt und es – gerade deshalb – eine unabdingbare Voraussetzung braucht, dass eine Geschäftsführung signalisiert, trotz widriger Umstände „auf Kurs zu bleiben".

8. Für die FKE gilt grundsätzlich Sanktionsfreiheit innerhalb der ablaufenden Lern- und Entwicklungsprozesse (ausgenommen Maßnahmen wie Assessment-Centers, in denen es ausschließliches Ziel ist, Beurteilungen vorzunehmen).

9. Erfolgreiche FKE braucht eine Philosophie, die Entwicklung nicht als Zusatz zur Führung, sondern Führung als Entwicklung sieht, und bei der die Fachabteilung für die Stärkung der Linie unterstützend mitarbeitet.

10. Strategieumsetzende FKE erfordert bei allen Verantwortlichen eine sehr intime Kenntnis der strategischen Marschrichtung des Unternehmens, um die Erfolgspositionen im ständigen Kommunikationsprozess gegenüber Führungskräften überzeugend vertreten zu können.

Person des FKE-Leitungsverantwortlichen

Meine langjährige Erfahrung in der Zusammenarbeit mit FKE-Abteilungen und meine Beobachtung von FKE-Verantwortlichen lassen mich heute zu dem Ergebnis kommen, dass die Person des Leitungsverantwortlichen für FKE einen zentralen Qualitätsfaktor für die Einschätzung der FKE-Arbeit in einem Unternehmen darstellt. Man kann kein Qualitäts-Audit der FKE ohne eine Einschätzung der Person des FKE-Verantwortlichen vornehmen.

Ich habe an anderer Stelle (*Stiefel* 2010, S. 97 ff.) anhand der Skizzierung einiger Leiter-Typen zu erklären versucht, warum die Implementierung einer strategieumsetzenden Entwicklungsarbeit in der Praxis oft in Ansätzen stecken bleibt. Aus dieser Erfahrung heraus plädiere ich bei einer qualitativen Standortbestimmung dafür, dass die Person des FKE-Leitungsverantwortlichen ein eigener Untersuchungsbereich wird.

Fachkompetenz und Persönlichkeit sind in jedem Fall wichtige Bestimmungsgrößen für die Gestaltung der FKE-Arbeit. Daneben gibt es noch andere Größen, die man in einem Audit zugänglich macht. Insbesondere nehme ich mir die **Verweildauer des FKE-Verantwortlichen in der Leiterposition** vor, weil es einen empirisch nachgewiesenen Zusammenhang zwischen dem Innovationsverhalten eines Mitarbeiters und seiner Verweildauer in der Position gibt. Eine hohe Verweildauer führt zu folgenden nachgewiesenen Ergebnissen:

• zunehmender Unbeweglichkeit
• Verpflichtung zur Einhaltung von bestehenden Praktiken
• zunehmendem Sich-Sperren von externen Informationen
• zunehmender selektiver Wahrnehmung
• zunehmendem Sich-Abstützen auf die eigene Erfahrung und
• zunehmender Verengung der Fähigkeiten (*Katz* 1982, S. 165 f.).

Der langjährige FKE-Leiter ist für ein Unternehmen die beste Garantie dafür, dass sich relativ wenig in der FKE-Arbeit verändert!

8.2. Prozess der Qualitätsverbesserung

Die systematische Erfassung von Evaluierungsdaten dient der Verbesserung der Qualität der FKE und soll zu keinen wissenschaftlichen Befunden führen. Deshalb orientiert sich der Prozess der Qualitätsverbesserung mehr an den Grundsätzen der Evaluierungsforschung (z.B. *Weiss* 1974) und weniger an der Methodologie der empirischen Sozialforschung.

In der Praxis würde man unter **zeitlichen Aspekten drei Typen der Qualitätsverbesserung** unterscheiden:

• Wenn immer in der Realität der FKE Evaluierungsdaten bei einer Maßnahme anfallen, ist die Frage zu stellen, wie sich diese oder ähnliche Maßnahmen in der Zukunft durch Berücksichtigung der Evaluierungsdaten verändern sollen. Dieser rollierende Prozess der Qualitätsveränderung, der sich speziell aus der FKE-Philosophie ableitet, dass alles „FKE-Tun" mit einem Evaluierungsstrang ausgestattet ist, sollte Teil des ganz normalen Alltags in einer FKE-Abteilung sein.
• Daneben stellt sich ein FKE-Leiter die Frage, welche Evaluierungsdaten er von Zeit zu Zeit (z.B. monatlich oder vierteljährlich) braucht, um den gesamten „Produktionsprozess der FKE" zu steuern.
• Schließlich gibt es – zumindest einmal jährlich – eine Art Audit oder Standortbestimmung der gesamten FKE-Arbeit, für die ich im vorherigen Kapitel die Untersuchungsbereiche aufgezeigt habe. An dieser Form der Evaluierung muss insbesondere die Geschäftsführung ein vitales Interesse haben, denn mit einer konkurrenzüberlegenen FKE wird langfristig ein imitationsgeschützter Wettbewerbsfaktor geschaffen.

Ich habe mich zu Beginn meiner Tätigkeit – bis Anfang der 80er Jahre – intensiv und auch wissenschaftlich mit der Evaluierungsforschung befasst und das Thema in Publikationen und Workshops behandelt. Die Resonanz war damals gering und auch heute noch ist das gesamte Gebiet der „Evaluierung der FKE" ein Stiefkind in vielen Unternehmen.

Wenn man die Situation in FKE-Abteilungen etwas näher kennt – und die Leitungsorgane von Management-Instituten und Akademien sind davon nicht ausgenommen –, dann kann man sich des Eindrucks nicht erwehren, dass das FKE-Management ein eher distanziertes Verhältnis zur Evaluierung hat. Man möchte sich mit seinen „hausgestrickten FKE-Systemen" nicht in die Karten schauen lassen und sieht in jedem Evaluierungsprojekt einen Akt der Beurteilung, den man zu vermeiden sucht.

Der richtige **Umgang** mit und die richtige **Einstellung zu Evaluierungsdaten** ist ein Indikator dafür, ob man es mit einer **innovativen oder innovationsarmen FKE-Abteilung** zu tun hat. Spätestens dann, wenn man Evaluierung und Qualitätsverbesserung in Verbindung zu Innovationen in der FKE bringt, braucht es die aktive Rolle der Geschäftsführung, denn es muss ihr Anliegen sein, dass man FKE im Unternehmen nach einem *„Leading-edge"*-Format betreibt.

Ich möchte am Ende dieses Kapitels noch einmal meinen Grundsatz der *„sophisticated simplicity"* erwähnen, der mein gesamtes Berufsleben durchzogen hat und der auch bei der evaluierungsbasierten Qualitätsverbesserung der FKE eine große Bedeutung hat und bei Evaluierungsprojekten so oft verletzt wird, die der Qualitätssteuerung eines FKE-Systems im Unternehmen dienen.

Auch wenn es heute nicht mehr besonders „in" ist, den früheren Business-Bestseller von *Peters/Waterman* (1982) zu zitieren, möchte ich mit einer zu diesem Kapitel passenden Erkenntnis über den Umgang mit Einfachheit und Komplexität in Organisationen schließen: *„One of the key attributes of the excellent companies is that they have realized the importance of keeping things simple despite overwhelming genuine pressures to complicate things."* (S. 63)

9. Statt eines Schlussworts

Ich bin in das Arbeitsfeld der FKE vor über 40 Jahren eingetreten, weil ich den Eindruck hatte, dass ich in diesem Feld etwas bewegen kann, zumal ich im Lernen von Führungskräften eine wachsende Bedeutung sah. Meine in diesem Buch ausgefaltete Arbeitsbiografie und auch die dargestellten Praxisinnovationen, die ich im Laufe der Jahre im Kontext der MAO-FKE entwickelt und bei Klienten eingeführt habe, sind insgesamt ein anschauliches Beispiel, wie man mit Engagement und Leidenschaft seinen eigenen beruflichen Weg beschreitet.

Wenn man in seinem beruflichen Leben Spuren zieht und nicht nur ausgetretene Wege gehen will, dann ist und bleibt man mit vielen konzeptionellen Entwicklungen und vertretenen Positionen ein **Außenseiter** – einfach deshalb, weil man nicht zum *„mainstream"* gehört oder weil man in der Lebenskurve von FKE-Produkten und FKE-Dienstleistungen sehr weit unten eine Innovation kreiert.

Ich könnte auf das Erreichte stolz sein. Bei kritischer Betrachtung der FKE-Szene bleiben jedoch auch heute noch viele „Baustellen" und offene Fragen, aber auch einige unangenehme Wahrheiten, die sich mir stellen, wenn ich mit ähnlichem Blick und einer vergleichbaren beruflichen Disposition wie vor 40 Jahren in das Berufsfeld der FKE eintrete (siehe auch Seite 58 f.).

Ich wurde in den vergangenen Jahren gelegentlich gefragt, ob ich nicht angesichts der Verwerfungen im externen Trainer- und Beratermarkt (z.B. dessen wachsende gaunerhafte Durchseuchung, der Kluft zwischen „Hochschul-PE" und Praxis-PE/Praxis-FKE, der immer noch ungenügenden Wertschätzung der FKE in GF-Kreisen oder der Betonung von Modethemen und des tendenziellen Entertainments bei externen Management-Instituten) nicht langsam die Lust an meiner Arbeit verliere. Wenn man sich so engagiert – so oft die Frage – für die Anliegen der FKE einsetzt, müsste man doch mehr Resonanz in der Praxis erleben.

Darauf kann ich nur die folgenden Antworten geben:

- Man muss für sich ein eigenes Tempo der Rezipierung seiner beruflichen Arbeit zugrunde legen. Es gibt so etwas Ähnliches wie die „Millimeter-Wertschätzung" für das beruflich Erreichte. Jegliche Ungeduld ist fehl am Platz.
- Man muss seine berufliche Tätigkeit mit einer enormen Dosis von *„flow"* betreiben und vorab Voraussetzungen schaffen, dass *„flow"* überhaupt eine Erfolgskategorie werden kann. In einer freiberuflichen Solo-Tätigkeit, in der man seine Partner mit einem hohen Sympathiefaktor aussuchen kann, sind ideale *„Flow"*-Bedingungen vorhanden.
- Man sollte seine beruflichen Projekte mit Leidenschaft und Hingabe betreiben, denn nur daraus entstehen herausragende Leistungen. Aber man darf nie vergessen, dass das berufliche Tun in einen größeren Lebensraum eingebettet ist, der zur Maxime der subjektiv optimierten Lebensqualität führt.
- Man darf trotz aller Hingabe und Leidenschaft nicht vergessen, dass finanzieller Erfolg auch eine Wertschätzung für das eigene Tun in dem Marktse-

gement wird, in dem man als FKE-ler tätig ist. Eine meiner vorbildhaften Referenzpersonen in meiner FKE-Arbeit, *Reginald W. Revans*, hat bis ins hohe Alter nahezu missionarisch für seine Positionen des Action Learning geworben. Aber er hat darüber die wirtschaftliche Seite seines Tuns völllig aus den Augen verloren.

- Wenn man seine beruflichen Projekte mit großer Leidenschaft betreibt, bleibt es nicht aus, dass man Enttäuschungen erlebt und sich Frustrationen aufstauen können, für die es eine geeignete Form des Abbaus oder Ventile braucht. Ich habe MAO 1979 für mich primär als Form der Katharsis eingerichtet. Diese Funktion hat MAO bis heute neben vielen anderen Funktionen beibehalten, was dazu beigetragen hat, dass ich nie in die Nähe eines „*Burnout*" kam. Ist man langfristig in einem so intensiven Geschäft wie der FKE tätig, muss man selbst zum wichtigsten Klienten werden. Oder mit anderen Worten: **Führung der eigenen Person ist als oberstes Gebot angesagt.**

Ich habe mich in meinem Engagement für die FKE eigentlich immer als Unternehmer begriffen. Aus diesem Rollenverständnis heraus entsprang meine berufliche Leidenschaft, für die ich jüngst zwei psychologische Erklärungskonzepte fand:

- *„Entrepreneurial passion is a consciously accessible, intense positive feeling.*
- *Entrepreneurial passion results from engagement in activities with identity meaning and salience."* (*Cardon* et al. 2009, S. 515 f.)

Abkürzungen

CEI	Centre d`Etudes Industrielles
EAMTC	European Association for Management Training Centres
GF	Geschäftsführung
FKE	Führungskräfte-Entwicklung
HR	Human Resources (entspricht der Personal-Funktion)
HRD	Human Resource Development
MAO	Management-Andragogik und Organisationsentwicklung
MbO	Management by Objectives
MD	Management Development (gleichbedeutend mit FKE)
OISE	Ontario Institute for Studies in Education
ÖPWZ	Österreichisches Produktivitäts- und Wirtschaftlichkeits-Zentrum
OE	Organisationsentwicklung
OFK	Obere Führungskräfte
P	Personal-Funktion
PE	Personalentwicklung
RKW	Rationalisierungskuratorium der Wirtschaft
SEP	Strategische Erfolgspositionen
TE	Teamentwicklung
USW	Universitätsseminar der Wirtschaft

Literatur

Ahlemeyer, Heinrich W., Schöppl, Heinz: Ein Coaching für den Vorstand, in: Harvard Businessmanager, 24. Jg., Heft 4/2002, S. 9 ff.

Andlinger, G. R.: Business games – Play one!, in: Harvard Business Review, 36. Jg., Heft 2/1958, S. 115 ff.

Arndt, Hans-Joachim et al.: Weiterbildung wirtschaftlicher Führungskräfte an der Universität, Düsseldorf 1968

Bartlett, Christopher A., Goshal, Sumantra: Wie sich die Rolle des Managers verändert hat, in: Harvard Businessmanager, 20. Jg., Heft 6/1998, S. 79 ff.

Becker, Manfred: Wandel aktiv bewältigen! Empirische Befunde und Gestaltungshinweise zur reifegradorientierten Unternehmens- und Personalentwicklung, München 2009

Becker, Brain, E., Huselid, Mark A., Ulrich, Dave: The HR sorecard. Linking people, strategy, and performance, Boston 2001

Bedeian, Arthur G.: The gift of professional maturity, in: Academy of Management Learning and Education, 3. Jg., Heft 1/2004, S. 92 ff.

Bellman, Geoffrey M.: The consultant's calling. Bringing who you are to what you do, San Francisco 1990

Binsted, Don: Design for learning in management training and development: A view, in: Journal of European Industrial Training, 4. Jg., Heft 8/1980, S. 1 ff.

Binswanger, Mathias: Die Tretmühlen des Glücks, Freiburg 2006

Block, Peter: Foreword, in: *Harrison, Roger*: Consultant's journey. A dance of work and spirit, San Francisco 1995, S. IX ff.

Bower, Joseph L.: Solve the succession crisis by growing inside-outside leaders, in: Harvard Business Review, 85. Jg., Heft 11/2007, S. 91 ff.

Brett, Jeanne M., Stroh, Linda K.: Willingness to relocate internationally, in: Human Resource Management, 34. Jg., Heft 3/1995, S. 405 ff.

Burgoyne, John: Creating the managerial portfolio: Building on competency approaches to management development, in: Management Education and Development, 20. Jg., Heft 1/1989, S. 68 ff.

Cardon, Melissa S. et al.: The nature and experience of entrepreneurial passion, in: Academy of Management Review, 34. Jg., Heft 3/2009, S. 511 ff.

Casse, Pierre: Training for the cross-cultural mind, 2. Aufl. Washington 1981

Casse, Pierre: Training for the multicultural manager. A practical and cross-cultural approach to the management of people, Washington 1982

Chatwin, Bruce: Was mache ich hier?, München 1989

Chatwin, Bruce: Traumpfade. The Songlines, München 1987

Classen, Martin, Kern, Dieter: HR Business Partner. Die Spielmacher des Personalmanagements, Köln 2010

Csikszentmihalyi, Mihaly: Flow. Das Geheimnis des Glücks, Stuttgart 1990

Conger, Jay A., Fishel, Brain: Accelerating leadership performance at the top: Lessons from the Bank of Amerika's executive on-boarding process, in: Human Resource Management Review, 17. Jg., Heft 4/2007, S. 442 ff.

Cunningham, Ian, Dawes, Graham, Bennett, Ben: The handbook of work based learning, Aldershot 2004

Dalton, Gene W., Thompson, Paul H.: Novations. Strategies for career management, Glenview 1986

Deadrick, Diana L., Gibson, Pamela A.: Revisiting the research-practice gap, in: HR: A longitudinal analysis, in: Human Resource Management Review, 19. Jg., Heft 2/2009, S. 144 ff.

Delong, Thomas J. et al.: When professionals have to lead. A new model for high performance, Boston 2007

Depres, Charles: Clients, consultants and the social cognition of organizational change, in: Journal of Strategic Change, 3. Jg., Heft 1/1994, S. 29 ff.

Derr, C. Brooklyn: Managing the new careerists, San Francisco 1986

Dixon, Nancy M.: Developing managers for the learning organization, in: Human Resource Management Review, 3. Jg., Heft 3/1993, S. 245 ff.

Döring, Tobias: Bar übersetzen, in: Frankfurter Allgemeine Zeitung vom 31.12.2007, S. 34

Drucker, Peter: The practice of management (New York) 1954, zitiert bei *Wright, Patrick* et al.: Comparing line and HR executives' perception of HR effectiveness: Services, roles, and contributions, in: Human Resource Management, 40. Jg., Heft 2/2001, S. 111

Easterby-Smith, Mark: Evaluation of management education, training & development, Aldershot 1986

Easterby-Smith, Mark, Braiden, Elizabeth, Aston, David: Auditing management development, Aldershot 1980

Gardner, Andrew: Coping with structural unemployment, in: Recruitment, Selection & Retention, 1. Jg., Heft 1/1992, S. 16 ff.

Gladwell, Malcolm: The tipping point. Wie kleine Dinge Großes bewirken können, Berlin 2000

Gosling, Jonathan, Mintzberg, Henry: Management education as if both matter, in: Management Learning, 37. Jg., Heft 4/2006, S. 419 ff.

Gouldner, Alvin W.: Cosmopolitans and locals: Toward an analysis of latent social roles – I, in: Administrative Science Quarterly, 2. Jg. Heft 3/1957, S. 281 ff. und – II, in; 2. Jg. Heft 4/1957, S. 444 ff.

Guba, Egon, Lincoln, Yvonne S.: Fourth generation evaluation, Newbury Park 1989

Gudykunst, William B., Hammer, Mitchell R.: Basic training designs: Approaches to intercultural training, in: *Landis, Dan, Brislin, Richard W.* (Hrsg.): Handbook of intercultural training. Band 1: Issues in theory and design, New York 1983, S. 118 ff.

Hall, Douglas T., Mirvis, Philip H.: The new protean career: Psychological success and the path with a heart, in: *Hall, Douglas T.* & Associates (Hrsg.): The career is dead. Long live the career. A relational approach to careers, San Francisco 1996, S. 15 ff.

Hall, Peter D., Norris, Peter W., Stuart, Roger: Making management development strategically effective, Wadenhoe 1995

Harrison, Roger, Hopkins, Richard L.: The design of cross-cultural training: An alternative to the university model, in: Journal of Applied Behavioral Science, 3. Jg., Heft 4/1967, S. 431 ff.

Harrison, Roger: Understanding your organization's character. In: Harvard Business Review, 50. Jg., Heft 3/1972, S. 119 ff.

Harrison, Roger: Consultant's journey. A dance of work and spirit. San Francisco 1995

Harrison, Roger: The collected papers of Roger *Harrison*, San Francisco 1995

Hawrylyshyn, Bohdan W.: L'education des dirigeants. Aspects methodologiques, Bern 1977

Hersey, Paul, Blanchard, Ken: Management of organizational behaviour, 3. Aufl., Englewood Cliffs 1977

Hersey, Paul, Blanchard, K., Hambleton, R.: Contracting for leadership style: A process and instrumentation for building effective work relationship. Working Paper, La Jolla 1977

Hirth, R., Sattelberger, Th., Stiefel, Rolf Th.: Life Styling. Das Leben neu gewinnen, Landsberg 1981

Hunt, David E.: Beginning with ourselves. In practice, theory, and human affairs, Cambridge 1987

Ibarra, Herminia: Working identity. Unconventional strategies for reinventing your career, Boston 2003

Jaques, Elliott, Clement, Stephan D.: Executive leadership. A practical guide to managing complexity, Arlington 1991

Jassawalla, Avan R., Sashitta, Hemant C.: Thinking strategically about integrating repatriated managers in MNCs, in: Human Resource Management, 48. Jg., Heft 5/2009, S. 769 ff.

Jones, John E., Woodcock, Mike: Manual of management development, Aldershot 1987

Joyce, Bruce, Weil, Marsha: Models of teaching, Englewood Cliffs 1972

Kaplan, Robert E. et al.: Development at the top: A review and a prospect, in: *Woodman, Richard W., Pasmore, William A.* (Hrsg.): Research in organizational change and development, Band 1, Greenwich 1987, S. 229 ff.

Katz, R.: Managing careers: The influence of job and group longevities, in: *Katz, R.* (Hrsg.): Career issues in human resource management, Englewook Cliffs 1982, S. 160 ff.

Kayes, D. Christopher: Experiential learning and its critics: Preserving the role of experience in management learning and education, in: Academy of Management Learning & Education, 1. Jg., Heft 2/2002, S. 137 ff.

Kets de Vries, Manfred F.R.: The many colors of success. What do executives want out of life?, in: Organizational Dynamics, 39. Jg., Heft 1/2010, S. 1 ff.

Kets de Vries, Manfred F.R., Korotov, Konstantin: Creating transformational executive education programm, in: The Academy of Management Learning & Education, 6. Jg., Heft 3/2007, S. 375 ff.

Knowles, Malcolm S.: The modern practice of adult education. Andragogy versus pedagogy, New York 1970

Kouzes, James M., Posner, Barry Z.: The leadership challenge. How to get extraordinary things done in organizations, San Francisco 1987

Lane, Henry W., Distefano, Joseph J.: International management behaviour, Scarborough 1988

Laske, Stephan et al. (Hrsg.): Personalentwicklung und universitärer Wandel, München 2004

Lawler III, Edward E., Boudreau, John W.: Achieving excellence in human resources management. A assessment of human resource functions, Stanford 2009

Levinson, Harry: Ausgebrannt: Ein Leiden mit Folgen, in: Harvard Businessmanager, 19. Jg., Heft 1/1997, S. 9 ff.

Magretta, Joan: Why business models matter, in: Harvard Business Review, 80. Jg., Heft 5/2002, S. 86 ff.

McCall jr., Morgan W.: Leadership development through experience, in: Academy of Management Executive, 18. Jg., Heft 3/2004, S. 127 ff.

McCall jr., Morgan W., Lombardo, Michael M.: Off the track, Why and how successful executives get derailed, in: *Kurtz, Hans-Jürgen, Stiefel, Rolf Th.* (Hrsg.): Laufbahn und Laufbahngestaltung. Englischsprachige Arbeitsmaterialien für Life Styling-Trainer, München 1985, S. 47 ff.

McCall jr., Morgan W., Lombardo, Michael M., Morrison, Ann M.: Erfolg aus Erfahrung, Stuttgart 1995

McCamy, John, Presley, James: Human life styling, New York 1975

McGregor, Douglas: The human side of enterprise, New York 1960

Meck, Georg: Der Prediger, in: Frankfurter Allgemeine Sonntagszeitung vom 04.04.2010, S. 38

Meifert, Matthias (Hrsg.): Strategische Personalentwickung, Berlin 2008

Micklethwait, John, Wooldridge, Adrian: The witch doctors. Making sense of the management gurus, New York 1996

Mintzberg, Henry: The nature of managerial work, New York 1973

Mintzberg, *Henry*: Strategy Safari. Eine Reise durch die Wildnis des strategischen Managements, Wien 1999

Mitchell, Kathleen E. et al.: Planned happenstance: Contructing unexpected career opportunities, in: Journal of Counseling & Development, 71. Jg. Heft 1/1999, S. 115 ff.

Mosson, T.M.: Introduction, in: *Mosson, T.M.* (Hrsg.): Teaching the process of management, London 1967, S. 17 ff.

NPI: Organisationsentwicklung: Prozedur für das Entwickeln von Grundsatzbeschlüssen „U-Prozedur", Skriptum des Instituut voor Organisatie Ontwikkeling, Zeist, Nr. 3082.783 FG/LG, o.J.

Odiorne, George S.: Strategic management of human resources, San Francisco 1985

O'Neil, Deborah A., Hopkins, Margaret M.: The teacher as coach approach: Pedagogical choices for management educators, in: Journal of Management Education, 26. Jg., Heft 4/2002, S. 402 ff.

Pahl, Ray: Was kommt nach dem Erfolg?, in: gdi-impuls, 14. Jg., Heft 4/1996, S. 17 ff.

Papaloizos, Antoine, Stiefel, Rolf Th.: Effectiveness of participative teaching methods, in: The Alberta Journal of Educational Research, 17. Jg., Heft 3/1971, S. 179 ff.

Paton, Rob, McCarthy, Patricia: How transferable are management learning systems? Reflections on 15 years of large-scale transnational partnerships, in: Management Learning, 39. Jg., Heft 1/2008, S. 93 ff.

Peters, Tom, Waterman, Robert H.: In search of excellence: Lessons from America's best run companies, New York 1982

Peters, Tom: The Tom Peters seminar. Crazy times call for crazy organizations, New York 1994

Phills jr., James A.: The dynamics of trust and credibility in the client-consultant relationship. Vortrag und Arbeitspapier auf der Jahreskonferenz der Academy of Management in Cincinnati, August 1996

Pöggeler, Franz: Methoden der Erwachsenenbildung, Freiburg 1964

Priess, Arne: Das große HR-Audit: Stellen Sie Ihre Personalarbeit auf den Prüfstand, in: Personalmagazin, Heft 2/2004, S. 20 ff.

Progroff, Ira: At a journal workshop. The basic text and guide for using the Intensive Journal, New York 1975

Raelin, Joseph A.: Don`t bother putting leadership into people, in: Academy of Management Executive, 18. Jg., Heft 3/2004, S. 131 ff.

Raelin, Joseph A.: Work based learning. The new frontier of management development, Upper Saddle 2000

Reiss, Steven: Das Reiss-Profile: Die 16 Lernmotive. Welche Werte und Bedürfnisse unserem Verhalten zugrunde liegen, Offenbach 2009

Revans, Reginald W.: Developing effective managers: A new approach to business education, London 1971

Roberts, Karen, Kossek, Ellen Ernst, Ozeki, Cynthia: Managing the global workforce: Challenges and strategies, in: Academy of Management Executive, 12. Jg., Heft 3/1998, S. 93 ff.

Runkel, Philip J., Harrison, R., Runkel, Margaret (Hrsg.): The changing college classroom, San Francisco 1969

Rutherford, Mattew W., Bullel, Paul, F.: Searching for the legitimacy threshold, in: Journal of Management Inquiry, 16. Jg., Heft 1/2007, S. 78 ff.

Schein, Edgar H.: Organizational culture and leadership, 2. Aufl., San Francisco 1992

Schein, Edgar H.: Karriere-Anker. Die verborgenen Muster in Ihrer beruflichen Entwicklung, Frankfurt 1992

Schein, Edgar H.: Career anchors revisited. Implications for career development in the 21st century, in: The Academy of Management Executive, 10. Jg., Heft 4/1996, S. 80 ff.

Schein, Edgar H.: Organizational socialization and the profession of management, in: *Kolb, David A.* et al. (Hrsg.): Organizational psychology. A book of readings, Englewood Cliffs, S. 1 ff.

Scherm, Ewald: Personalmanagement in der Krise, in: Personalwirtschaft, 31. Jg., Heft 1/2004, S. 53 ff.

Schleyer, Hanns-Martin: Die Ausbildung von Führungskräften der Wirtschaft, Stuttgart 1965 (Vortrag am 26.01.1965)

Schön, Donald A.: A reflective practitioner. How professionals think in action, New York 1983

Schreyögg, Georg, Hübl, Gudrun: Manager in Aktion: Ergebnisse einer Beobachtungsstudie in mittelständischen Unternehmen, in: Zeitschrift Führung + Organisation, 61. Jg., Heft 2/1992, S. 82 ff.

Seiwert, Lothar J.: Life-Leadership, Frankfurt 2001

Simonette, Jack: Organizational survival & success. Do you have what it takes?, Bryn Mawr 1987

Smith, Andy, Sinclair, Annette: What makes an excellent virtual manager? Horsham 2003

Som, Ashok: Redesigning the human resources function at Lafarge, in: Human Resource Management, 42. Jg., Heft 2/2003, S. 271 ff.

Stähli, Albert: Management-Andragogik, Zürich, 2. Aufl. 2001

Steinweg, Sven: Systematisches Talent Management, Kompetenzen strategisch einsetzen, Stuttgart 2009

Stiefel, Rolf Th.: Management-Andragogik – Eine neue Richtung in der Wirtschaftspädagogik, in: Wirtschaft und Erziehung, 19. Jg., Heft 10/1967, S. 439 ff.

Stiefel, Rolf Th.: Externe Unternehmerschulung, Dissertation an der Hochschule für Welthandel, Wien 1969

Stiefel, Rolf Th.: Brauchen wir managementandragogische Lehrstühle?, in: Betriebswirtschaftliche Forschung und Praxis, 22. Jg., Heft 9/1970, S. 525 ff.

Stiefel, Rolf Th.: Lehren und Lernen in der Management-Schulung, Frankfurt 1973

Stiefel, Rolf Th.: Fortbildungsphilosophie und Programmplanung. Sonderheft 1 der Zeitschrift „Verwaltung und Fortbildung", Köln 1973

Stiefel, Rolf Th.: A framework for program planning in postexperience management education, in: Journal of European Training, 3. Jg., Heft 2/1974, S. 97 ff.

Stiefel, Rolf Th.: Scheitert die Hochschuldidaktik an der Hochschulstruktur? Zur Strategie und Organisation hochschuldidaktischer Arbeitsgruppen, in: Schul- und Unterrichtsorganisation, 1. Jg., Heft 3/1974, S. 23 ff.

Stiefel, Rolf Th.: Humanistische Management-Schulung, Ansätze einer management-andragogischen Neuorientierung im Unternehmen, Frankfurt 1975

Stiefel, Rolf Th.: Management-Schulung und Hochschuldidaktik, in: Betriebswirtschaftliche Forschung und Praxis, 27. Jg., Heft 1/1975, S. 68 ff.

Stiefel, Rolf Th.: Towards a more humanistic approach in management education, in: Management Education and Development, 6. Jg., Heft 3/1975, S. 156 ff.

Stiefel, Rolf Th., Mühlhoff, W. Rudolf: Chefs müssen Mitarbeiter wieder selbst trainieren, Landsberg 1978

Stiefel, Rolf Th.: Training und Einsatz in fremden Ländern, Frankfurt 1978

Stiefel, Rolf Th.: Autonomes Lernen in der betrieblichen Weiterbildung. Eine Betrachtung der Fachliteratur unter Berücksichtigung anglo-amerikanischer Quellen, in: Zeitschrift für Arbeitswissenschaft, 32. Jg., Heft 2/1978, S. 99 ff.

Stiefel, Rolf Th.: Planung und Durchführung von Induktionsprogrammen. Die Einführung neuer Mitarbeiter als Instrument der Integration und Innovation, München 1979

Stiefel, Rolf Th. et al.: Überbetriebliche Weiterbildung besser nutzen. Schnellerer Lerntransfer in den Betrieb, Köln 1979

Stiefel, Rolf Th.: Aufgaben des Interaktionstrainers in der Management-Bildung, in: Jahrbuch der Absatz- und Verbrauchsforschung, 25. Jg., Heft 3/1979, S. 226 ff.

Stiefel, Rolf Th.: Lernen im Zweier-Team. Einsatz der Lernpartnerschaft in der Management-Bildung, München 1980

Stiefel, Rolf Th.: Neue Kooperationsformen zwischen betrieblicher und überbetrieblicher Management-Schulung, in: *Stiefel*, Rolf Th.: Betriebliche Weiterbildung. Erfahrungen, Konzepte, Entwicklungstendezen, München 1980, S. 73 ff.

Stiefel, Rolf Th.: Organisationsentwicklung in der betrieblichen Ausbildung – Ein Berater berichtet, in: *Kurtz, H.-J., Sattelberger, Th.* (Hrsg.): Organisationsentwicklung in der betrieblichen Ausbildung, München 1980, S. 187 ff.

Stiefel, Rolf Th., Kailer, Norbert: Problemorientierte Management-Andragogik, München 1982

Stiefel, Rolf Th.: Management-Training – Eine besondere Form von Entertainment?, in: Harvardmanager, 4. Jg., Heft 3/1982, S. 30 ff.

Stiefel, Rolf Th.: Innovationsfördernde Personalentwicklung in Klein- und Mittelbetrieben. Lernen vom Großbetrieb oder eigene Wege gehen? Neuwied 1991

Stiefel, Rolf Th.: Lektionen für die Chefetage, Stuttgart 1996

Stiefel, Rolf Th.: Förderungsprogramme. Handbuch der personellen Zukunftssicherung im Management, Leonberg 2003

Stiefel, Rolf Th.: Strategieumsetzende Personalentwicklung. Schneller lernen als die Konkurrenz, Wien 2010

Strebel, Paul, Keys, Tracy: High-impact learning, in IMD (Hrsg.): Mastering executive education, London 2004, S. 1 ff.

Sull, Donald: Are you ready to rebound?, in: Harvard Business Review, 88. Jg., Heft 3/2010, S. 71 ff.

Tannenbaum, Scott I.: Enhancing continuous learning. Diagnostic findings from multiple companies, in: Human Resource Management, 34. Jg., Heft 4/1997, S. 437 ff.

Ulrich, Dave: Human resource champions, Boston 1997

Ulrich, Dave et al.: The GE work-out. How to implement GE´s revolutionary method for busting bureaucracy and attacking organizational problems – fast!, New York 2002

Ulrich, Dave, Smallwood, Norm: Leadership brand. Developing customer-focused leaders to drive performance and build lasting value, Boston 2007

Vaill, Peter B.: Lernen als Lebensform. Ein Manifest wider der Hüter der richtigen Antworten, Stuttgart 1996

Vance, Charles M. et al.: The vital liaison role of host country nationals in MCN knowledge management, in: Human Resource Management, 48. Jg., Heft 4/2009, S. 649 ff.

van Maanen, John: Tales of the field. On writing ethnography, Chicago 1988

von Nordenflycht, Andrew: What is a professional service firm? Toward a theory and taxonomy of knowledge-intensive firms, in: Academy of Management Review, 35. Jg., Heft 1/2010, S. 155 ff.

Voss, Gerd-Günter: Lebensführung als Arbeit. Über die Autonomie der Person im Alltag der Gesellschaft, Stuttgart 1991

Weisbord, Marvin R.: Organizational diagnosis: A workbook of theory and practice, Reading 1978

Weiss, Carol: Evaluierungsforschung, Opladen 1974

Wegerich, Christine: Strategische Personalentwicklung. Instrumente, Erfolgsmodelle, Checklisten, Weinheim 2007

Welch, Denice E., Worm, Verner: International business travellers: a challenge for IHRM, in: *Stahl, Günter K., Bjorkman, Ingmar* (Hrsg.): Handbook for research in international human resource management, Cheltenham 2006, S. 283 ff.

Wright, Patrick et al.: Comparing line and HR executives' perceptions of HR effectiveness: Services, roles, and contribution, in: Human Resource Management, 40. Jg., Heft 2/2001, S. 111 ff.

Stichwortverzeichnis